ENCICLOPEDIA DELLE TECNICHE DI ORIGAMI E LAVORAZIONE DELLA CARTA

ENCICLOPEDIA DELLE TECNICHE DI ORIGAMI E LAVORAZIONE DELLA CARTA

AYAKO BRODEK
A CURA DI CLAIRE WAITE BROWN

IL CASTELLO

UN LIBRO QUARTO

Titolo originale: THE NEW ENCYCLOPEDIA OF ORIGAMI AND PAPERCRAFT TECHNIQUES

Via Milano 73/75 - 20010 Cornaredo (MI)
Tel. 02 99762433 - Fax 02 99762445
e-mail: info@ilcastelloeditore.it
www.ilcastelloeditore.it

Direzione generale: Luca Belloni
Direzione editoriale: Viviana Reverso

Seconda edizione: gennaio 2013

Traduzione: Francesca Pe'
Revisione a cura della revisione de Il Castello srl
Elaborazione testi a computer: Elena Turconi

Ideato, progettato e realizzato da
Quarto Publishing plc
The Old Brewery
6 Blundell Street
London
N7 9BH

Capo editor: Chloe Todd Fordham
Art editor: Joanna Bettles
Designer: Anna Plucinska
Art director: Caroline Guest
Ricerca iconografica: Sarah Bell
Direttore creativo: Moira Clinch
Direttore editoriale: Paul Carslake

Stampato in Cina da 1010 Printing International Ltd

SOMMARIO

DUE MANI DUE VOLTE
PAUL JACKSON

Queste immagini mostrano le due facce di una stessa opera d'arte. Una stampa fotografica delle dimensioni di 150 x 86 cm raffigurante le mani dell'artista viene pieghettata sia in orizzontale che in verticale ottenendo 96 rettangoli, dopodiché si realizzata una complessa griglia di piccoli tagli. Quando il foglio viene riaperto, i tagli provocano il rovesciamento di alcune parti, creando una seconda immagine sul rovescio. Dopo la manipolazione l'opera misura 75 x 43 cm. La fotografia originale è sul lato "intessuto", anche se l'immagine non è ottenuta con la tessitura: l'effetto nasce invece dall'illusione ottica dovuta alla riduzione della superficie dopo la pieghettatura. L'immagine più astratta compare sul retro della "trama".

Nonostante l'impiego di tecniche tradizionali quali l'origami e il kirigami (una variante dell'origami che prevede l'esecuzione di tagli), l'opera è insolita poiché applica queste tecniche a un'immagine anziché a un foglio bianco. In tal senso le tecniche non sono un mezzo per ottenere uno scopo, ma sono usate come metafora per esprimere l'interesse dell'artista per il linguaggio della raffigurazione.

L'ARTE DELLA CARTA

Tra il 1990 e il 1991 ho avuto il grande piacere di scrivere e curare il volume *The Encyclopedia of Origami and Papercraft*, di cui questo libro è un'edizione ampliata e aggiornata. All'epoca gli artisti della carta non erano in contatto fra loro, non si conoscevano e non erano organizzati; inoltre erano considerati eccentrici, poiché usavano un materiale che pochi fra i non addetti ai lavori ritenevano serio. Quel libro – il primo libro nel suo genere – ha dato visibilità a noi artisti e ha mostrato al mondo che seminascoste in angoli male illuminati c'erano persone unite dalla passione per la carta che creavano opere eccezionali con una grande varietà di tecniche e contesti. Forse più di chiunque altro so quanto il libro abbia colto lo spirito del tempo, contribuendo nel suo piccolo a legittimare la carta come materiale e le creazioni con la carta come opere d'arte.

A due decenni dalla stampa di quel libro, sono del parere che la carta sia diventata lo strumento più significativo e stimolante per gli artisti contemporanei. In tutto il mondo, ormai, vengono allestite mostre sulle creazioni con la carta, le quali sono regolarmente presenti anche nelle gallerie e nei musei più prestigiosi accanto a materiali più tradizionali. Due decenni fa, al di là della sua funzione tradizionale di sfondo neutro, la carta era quasi invisibile.

Che cosa ha provocato il cambiamento? Ritengo che si tratti di una felice combinazione di fattori, il più importante dei quali è il grado intrinseco di artigianalità del lavoro: la carta lascia il controllo completo all'artista e offre un antidoto alla cultura tecnologica moderna, nella quale spesso il funzionamento delle cose sfugge alla nostra comprensione. In più, la carta è versatile, anticonformista, accettabile (oggi) ma ancora un poco azzardata, e offre un'ampia gamma di tecniche e forme di espressione, dalla geometria tridimensionale degli origami alle superfici bidimensionali della carta fatta in casa.

L'*enciclopedia delle tecniche di origami e della lavorazione della carta* combina tante sezioni tecniche e una selezione di opere provenienti da tutto il mondo da cui trarre ispirazione. Spero che incoraggi una nuova generazione di lettori a scoprire le gioie della carta come mezzo creativo e contribuisca ad affermarne ulteriormente il ruolo come il materiale più vitale dei nostri tempi.

Paul Jackson

TUTTO SULLA CARTA

ESISTE UN NUMERO SBALORDITIVO DI TIPI DI CARTA ADATTI A USI PARTICOLARI, E CIASCUNA TECNICA ILLUSTRATA NELLE PAGINE SEGUENTI PREVEDE ANCHE SUGGERIMENTI SULLE TIPOLOGIE DI CARTA PIÙ INDICATE. TUTTAVIA LE SPECIFICHE TECNICHE NON SEMPRE INTERESSANO L'ARTISTA, PER IL QUALE SONO PIÙ IMPORTANTI L'ASPETTO E LA CONSISTENZA DEL MATERIALE. DETTO QUESTO, PUÒ ESSERE UTILE CONOSCERE ALCUNE TIPOLOGIE DI BASE E LA TERMINOLOGIA PRECISA.

ORIGAMI

Gli origami possono essere realizzati con qualsiasi tipo di carta. I tradizionali fogli quadrati comprendono sia quelli semplici, con un lato colorato e l'altro bianco, sia la carta detta "washi", resistente, morbida, facile da piegare e decorata con motivi deliziosi. Anche la carta per lo scrapbooking è facilmente reperibile in una vasta gamma di splendidi disegni, e spesso i fogli sono già quadrati. Un'ottima alternativa è la carta da regalo. Per esercitarsi è perfetta la carta per fotocopie.

POP-UP

I lavori pop-up si preparano con cartoncino sottile ed elastico, disponibile in un ampio assortimento di colori presso i negozi di fai da te e materiale da ufficio. Per i prototipi è possibile utilizzare anche carta di grammatura media.

SCULTURE DI CARTA

Per le sculture la scelta migliore è la carta spessa, supportata se necessario da un'armatura in cartoncino. Le opere più grandi riescono meglio con la carta più pesante, ma è più difficile da manipolare. La carta per fotocopie è adatta per sculture piccole e poco in rilievo.

RILEGATURE

Per creare le pagine di un libro è ottimo il cartoncino; sono adatti anche i fogli da disegno, per la pittura ad acquarello e quelli fatti in casa. Nel caso dei quaderni, è possibile usare la carta per fotocopie. Il cartoncino è indicato inoltre per le copertine morbide; le copertine di cartone rigido possono essere rivestite con fogli abbastanza sottili da piegarsi bene sugli angoli, in modo da ottenere margini precisi e puliti. Esistono molti tipi di carta, industriale o fatta in casa, destinati in modo specifico alle copertine dei libri, ma è possibile ricorrere ad alternative come la carta da regalo.

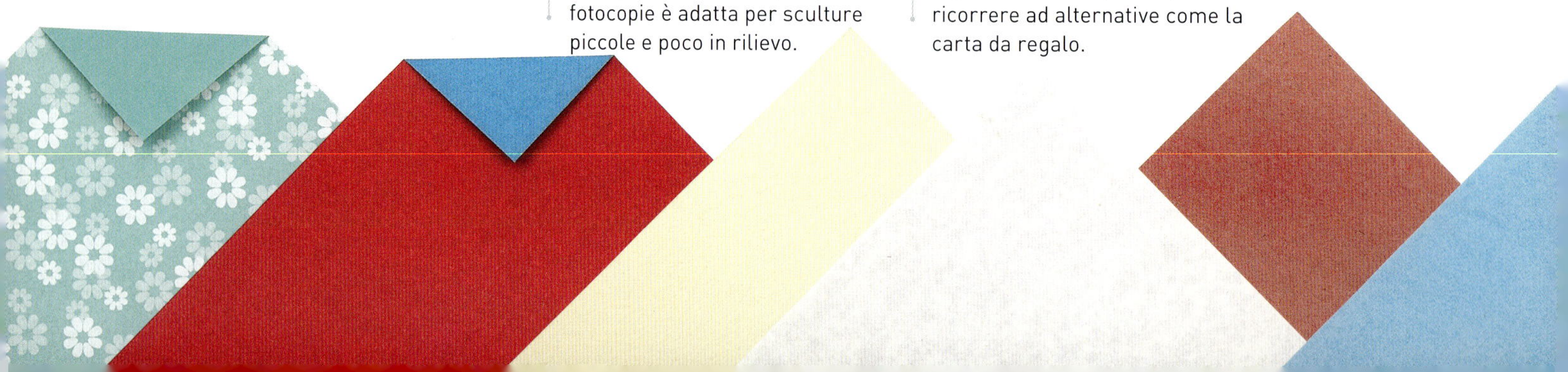

FILIGRANA
Questa tecnica impiega strisce di carta di colori e ampiezze variabili, prodotte e vendute specificamente per questo scopo. Uno dei formati più utilizzati è quello da 3 mm di ampiezza. È possibile ritagliare da soli le strisce, ma è un'attività laboriosa.

TESSITURA
La carta di grammatura media è l'ideale per chi è alle prime armi nella tessitura, anche se con l'esperienza è possibile ricorrere a grammature e consistenze di qualsiasi tipo per ottenere splendidi effetti. Provate a sperimentare con carta velina e da regalo, carta fatta in casa dalla consistenza particolare e carta riciclata, per esempio le pagine di vecchie riviste.

INTAGLIO
Quasi tutti i tipi di carta sono adatti a questa tecnica. La carta di alta qualità è ottima, perché permette tagli molto precisi, ma anche la carta riciclata, quella per origami e i fogli traslucidi sono di grande effetto. La carta fatta in casa tende a rompersi quando viene tagliata, ma può essere impiegata come sfondo su cui assemblare i pezzi ritagliati.

GRAMMATURA DELLA CARTA
La grammatura è un dato utile a capire le proprietà e il prezzo della carta. Questa grandezza è definita come il peso in grammi di un foglio delle dimensioni di un metro quadro. Di conseguenza si dice che la carta per fotocopie ha grammatura 80 g/mq (o 80 g/m^2), perché un foglio di un metro quadro pesa 80 grammi. La carta più sottile, come quella per la posta aerea, pesa circa 45 g/mq, mentre la carta più spessa, come quella da disegno, raggiunge i 150 g/mq. Un cartoncino di grammatura media va dai 210 ai 290 g/mq. Oltre i 500 g/mq, il cartoncino è classificato in base allo spessore, misurato in micron.

Alcuni tipi di carta e cartoncino hanno una compattezza o una porosità insolita. In questo caso la grammatura risulta maggiore o minore rispetto allo spessore, che non sempre è un indicatore affidabile del peso.

COLLAGE
Il collage sfrutta qualsiasi tipo di carta: acquistata, fatta in casa o riciclata. L'unico aspetto da considerare è l'effetto estetico e l'accostamento più o meno riuscito dei vari tipi di carta nell'insieme della composizione.

CARTAPESTA
La tradizione vuole che si utilizzino fogli di giornale strappati. Rispetto ai tabloid, i quotidiani di grande formato usano carta di migliore qualità, che diventa più flessibile e modellabile quando viene imbevuta di colla. La carta velina, colorata o fatta in casa può essere aggiunta sullo strato finale per ottenere un effetto decorativo.

PASTA PER FABBRICARE LA CARTA
La pasta si può ottenere da qualsiasi tipo di carta riciclata, purché non sia lucida o rivestita: usate vecchi giornali, carta per fotocopie, opuscoli e volantini pubblicitari.

CARTA FATTA IN CASA
La pasta di carta riciclata si ottiene da quasi tutti i tipi di carta: blocchi per appunti, carta da ufficio, carta velina, carta da regalo e volantini pubblicitari. Tuttavia i quotidiani e le riviste patinate sono da evitare, poiché la loro carta è molto acida e il foglio risultante rischierebbe di ingiallire e diventare fragile in poco tempo.

GRANA DELLA CARTA

TUTTE LE OPERE COSTRUITE CON LA CARTA E IL CARTONCINO DEVONO TENERE IN CONSIDERAZIONE LA GRANA DEL FOGLIO E IL MODO IN CUI ESSA CONDIZIONA LE TECNICHE TRADIZIONALI CON CUI LA CARTA VIENE PIEGATA, STRAPPATA E ARROTOLATA.

La carta e il cartoncino di produzione industriale presentano una certa grana, originata quando le fibre filamentose e glutinose incollate insieme a formare il foglio vengono compattate per trovarsi allineate alla direzione del nastro trasportatore che muove la pasta dall'estremità "umida" del macchinario a quella "asciutta", creando poco alla volta la carta. Nella carta fatta in casa non esiste la grana, poiché le fibre si dispongono in modo casuale su tutto il foglio.

DIREZIONE DELLA GRANA

Quando si disegna su un foglio, la grana è irrilevante. Tuttavia, quando la carta viene piegata, arrotolata, strappata o tagliata, assume un'importanza cruciale che le fibre siano disposte in parallelo.

ELEVATION TERRACOTTA INGRID SILIAKUS

La natura della carta richiede un grosso impegno da parte dell'artista. Quando si progetta una scultura di carta da zero, servono doti da architetto per creare un disegno bidimensionale che poi, con la pazienza e la precisione di un chirurgo, viene trasformato in una meraviglia di carta, ingegnosa e a tre dimensioni. Dopo la fase di progettazione, creare un'architettura di carta richiede una combinazione minuziosa di tagli e pieghe che tenga anche conto della grana della carta e della sua direzione.

VERIFICA DELLA GRANA

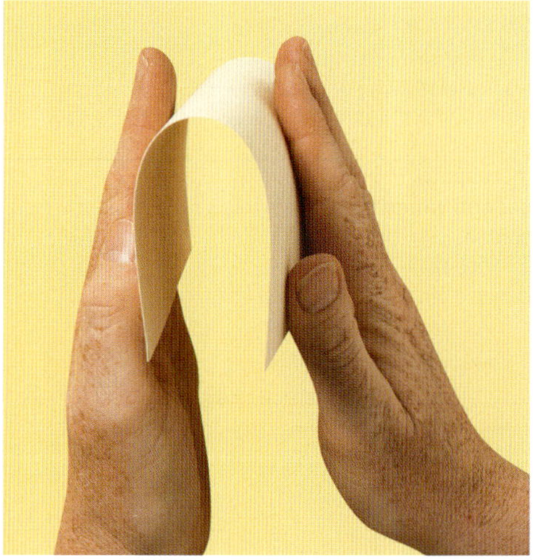

1 Per scoprire la direzione della grana, piegate più volte a metà il foglio, ma senza marcare la piega, in modo da valutare l'elasticità della carta o cartoncino. Ruotate il foglio di 90 gradi e avvicinate fra loro gli altri due bordi opposti. Noterete una differenza di tensione. Il foglio si piega più facilmente lungo la linea delle fibre, ovvero "nel senso della grana".

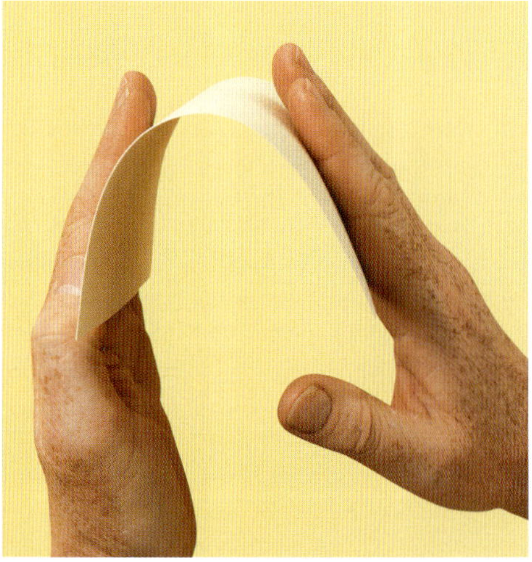

2 Il foglio di carta o cartoncino non è altrettanto flessibile quando viene piegato in perpendicolare rispetto alla linea delle fibre, ovvero "contro la grana". Se non ci avete mai fatto caso prima, rimarrete sorpresi da questo fenomeno.

PIEGARE NEL SENSO DELLA GRANA

La tendenza dei fogli a piegarsi più facilmente nel senso della grana è ancora più visibile se si utilizza una carta pesante e spessa. Nel caso di un foglio di carta pesante o cartoncino sottile, infatti, una piega effettuata contro la grana produce spesso un margine irregolare e increspato. Perciò, quando è possibile, i fogli pesanti vanno piegati nel senso della grana, non contro.

Una piega perpendicolare alla grana – in particolare se le pieghe realizzate sul foglio sono poche – determina una differenza di tensione ai due lati e deforma la superficie del foglio. Pertanto, nel caso di una forma ritagliata da un foglio più grande, è necessario orientare la sagoma affinché le pieghe siano effettuate in parallelo alla grana, non in perpendicolare.

Il foglio è stato piegato contro la grana, ottenendo un margine irregolare.

Una piega nel senso della grana produce un margine più liscio.

STRAPPARE NEL SENSO DELLA GRANA

1 Prevedibilmente, un foglio si strappa in modo più preciso nel senso della grana che contro. Gli strappi nel senso della grana producono una linea regolare che segue le fibre della carta.

2 Gli strappi contro la grana creano un effetto frastagliato, perché spezzano le fibre.

ARROTOLARE

Quando si devono creare cilindri con la carta, il foglio si arrotola più facilmente nel senso della grana: questo permette di ottenere cilindri più stretti.

Per trasportare fogli di grandi dimensioni, si consiglia di arrotolarli lungo la linea della grana senza stringere troppo il tubo. Per rispettare la grana, talvolta bisogna seguire il lato maggiore, creando un tubo più lungo del necessario, ma in questo modo la carta si rovina di meno. Arrotolandola contro la grana, infatti, si rischia di lasciare segni antiestetici sul foglio. Al momento dell'acquisto, insistete sempre perché la carta più pesante venga arrotolata nel senso della grana.

1 È più facile arrotolare il foglio nel senso della grana, con le fibre parallele alla lunghezza del tubo.

2 Arrotolare contro la grana, con le fibre perpendicolari al tubo, può essere molto difficile e rischia anche di danneggiare la carta.

PIEGARE E TAGLIARE

MOLTE TECNICHE CON LA CARTA PREVEDONO LA REALIZZAZIONE DI PIEGHE, MENTRE UN TAGLIO EFFETTUATO CON PRECISIONE PUÒ FARE LA DIFFERENZA TRA UN'OPERA BEN RIFINITA E UNA POCO CURATA.

TECNICHE PER PIEGARE

La realizzazione delle pieghe è un'operazione così elementare che spesso viene compiuta in modo casuale. I quattro metodi descritti qui sono l'ideale per tutte le pieghe e per qualsiasi tipo di foglio. La scelta dipende dalla grammatura della carta e dallo scopo della piega.

TECNICHE PER TAGLIARE

I due strumenti necessari per tagliare la carta e il cartoncino sono le forbici e il cutter. Ciascuno è più adatto a determinate operazioni, ma in generale basta scegliere quello con cui vi trovate meglio. Tuttavia le forbici si fermano alla carta di grammatura media e al cartoncino leggero; per i materiali più pesanti, dovrete usare il cutter. Esistono molti tipi di cutter, ma è consigliabile optare per uno con le lame intercambiabili.

VEDI ANCHE

Grana della carta, pagg. 10–11

PIEGARE A MANO

Prima di scegliere questo metodo, piegate un lembo del foglio nel senso della grana e contro la grana. Se i bordi risultano lisci e uniformi, il foglio può essere piegato a mano.

Se i margini sono irregolari, la carta è troppo pesante per essere piegata a mano ed è necessario ricorrere a un altro metodo.

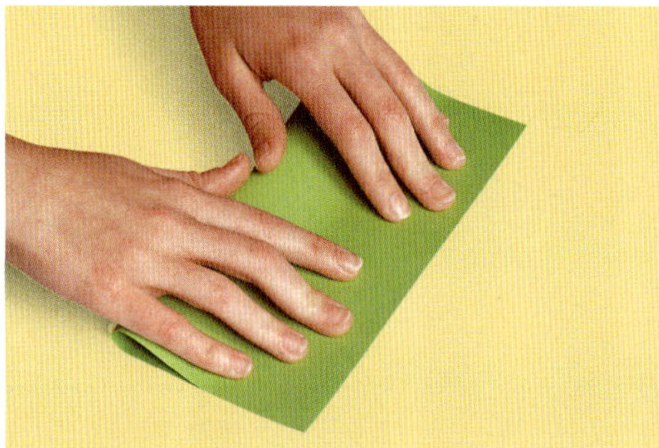

1 Stendete il foglio su una superficie piana, rigida e liscia. Orientate il foglio in modo che la linea della piega da realizzare corra in orizzontale da destra a sinistra rispetto a voi. Sollevate il lembo più vicino a voi.

2 Posizionatelo in modo da individuare la linea della piega. Tenete fermo l'angolo con un dito e usate un dito dell'altra mano per marcare la piega. Assicuratevi sempre di effettuare la piega sul fondo del foglio, mai lungo il lato o in cima.

Non tutte le pieghe vanno realizzate contro una superficie. Per quelle più piccole, soprattutto negli origami, è meglio tenere il foglio sollevato in aria.

INCIDERE

Un metodo facile per piegare la carta pesante e il cartoncino di grammatura leggera o media. Tuttavia, poiché si taglia la superficie del foglio, questa tecnica ha lo svantaggio di rendere più fragile il foglio in corrispondenza del margine piegato.

1 Posizionate un righello di metallo lungo la linea della piega e incidete con un cutter affilato, tagliando i due terzi del cartoncino. L'operazione va effettuata sempre a monte della piega (ovvero la parte esterna).

2 Piegate il cartoncino all'indietro lungo l'incisione. Nel caso del cartoncino rivestito, sappiate che l'incisione rivela il bianco sotto il colore. In tal caso è meglio effettuare la piega incavando il foglio.

INCAVARE

Questa tecnica è usata per piegare i cartoni e le scatole di produzione industriale. Sul cartoncino viene esercitata una pressione che non lo rende più fragile, bensì lo porta a incavarsi lungo la linea della piega.

1 Lavorate sul "rovescio" del foglio, in questo caso il lato bianco di un cartoncino colorato. Usando la lama del cutter al contrario, premete sul cartoncino lungo la linea della piega. Badate di non rompere la superficie del foglio.

2 Piegate il foglio verso di voi per formare la piega.

3 Girando il foglio, non si nota nessuna linea Bianca e il cartoncino rimane resistente.

TAGLIARE IN SICUREZZA

Lame affilate e dita delle mani non devono stare a distanza ravvicinata. Ricordate di tenere sempre la mano libera ben lontana dalla lama.

La mano che tiene il foglio non deve mai trovarsi lungo la linea di taglio della lama.

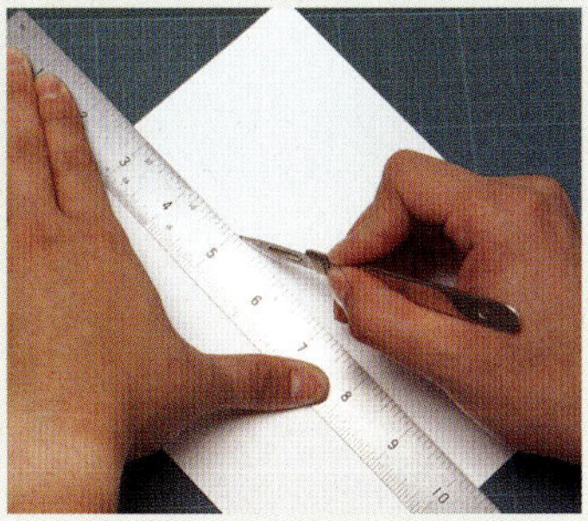

Assicuratevi che la mano che tiene saldo il foglio sia posizionata a distanza di sicurezza dalla lama.

TAGLIO-INCISIONE

Una tecnica a metà fra l'incidere e l'incavare, il taglio-incisione va utilizzato per piegare il cartoncino molto spesso o per dare al cartoncino più sottile una piega particolarmente flessibile, come nel caso del coperchio di una scatola.

Usando il cutter e un righello di metallo, tagliate il cartoncino in tutta la sua lunghezza con una serie di tocchi separati. La lunghezza dei tagli e la distanza fra l'uno e l'altro dipendono dallo spessore del cartoncino e dal grado di elasticità richiesto, anche se chiaramente i tagli lunghi rendono più fragile il materiale. Incavate la piega per aumentarne la flessibilità.

TAGLIARE CON LE FORBICI

Per realizzare tagli accurati, tenete le forbici ferme in una mano e muovete il foglio fra le lame.

TAGLIARE CON IL CUTTER

Per avere il massimo controllo, tenete in mano lo strumento come se fosse una penna. Esercitatevi a ruotare il manico mentre tagliate, in modo da non essere limitati dal movimento del polso quando effettuate una curva stretta. Assicuratevi che la lama sia affilata, per ottenere bordi precisi, e usate un tappetino per evitare di consumare la lama e di danneggiare i mobili.

ELEFANTE BLU
EVI BINZINGER
In genere piegare la carta significa dividerla in svariate superfici di dimensioni e forme diverse per mezzo di pieghe dritte. La tecnica dell'origami, dunque, richiede a priori la capacità di pensiero astratto. Ispirati dalla natura, i modelli di Evi Binzinger sono riconoscibili, seppure parzialmente astratti. Elefante blu è stato creato con un quadrato non tagliato di carta washi fatta a mano, a partire dalla base per il pesce, e comprende sink sulla schiena, pieghe rovesciate all'interno per il corpo e un leggero modellamento per rendere più espressivo il soggetto.

PIEGHETTA
La pieghetta non è uno strumento essenziale, ma può rivelarsi preziosa per piegare la carta in modo netto e preciso.

OCCORRENTE

A rigore di termini, le dita sono l'unico strumento necessario per realizzare gli origami. Tuttavia, per creare opere complesse e resistenti, potrebbero farvi comodo i seguenti utensili:

- Matita
- Cutter
- Tappetino
- Righello di metallo
- Forbici
- Forbicine da ricamo (ideali per i tagli più piccoli)
- Pieghetta
- Colla stick

SIMBOLI

I simboli usati in questo capitolo sono spiegati alle pagg. 16–17.

UNITÀ 1

ORIGAMI

L'ORIGAMI È LA PIÙ CONOSCIUTA FRA LE TECNICHE CON LA CARTA, FORSE PERCHÉ È LA PIÙ FACILE DA DEFINIRE E PERCHÉ TUTTI NOI L'ABBIAMO PROVATA ALMENO UNA VOLTA DA BAMBINI. LE SUE REGOLE FERREE NON PERMETTONO DI TAGLIARE O INCOLLARE LA CARTA, NÉ DI DECORARLA: IL FOGLIO PUÒ SOLO ESSERE PIEGATO. TUTTAVIA LE REGOLE ESISTONO PER ESSERE INFRANTE: COSÌ, ANCHE MOLTI ARTISTI NON SPECIALIZZATI IN QUESTA ARTE REALIZZANO LE PROPRIE OPERE RICORRENDO ALLE TECNICHE DI BASE PER PIEGARE LA CARTA.

SENZA TITOLO
MIRI GOLAN
Il modo in cui le figure sono state realizzate a partire dalle pagine suggerisce che esse siano ancora legate al libro, eppure anche libere. Quest'opera è un raro esempio di origami portatore di un messaggio: solleva infatti questioni globali e dibattute quali il conflitto e la riconciliazione, le somiglianze e le divisioni tra fedi e culture.
Le pagine bianche di due libri, fatte a mano utilizzando la carta sottile e opaca tipica dei testi sacri, sono state estratte con attenzione in modo da lasciare solo un'intelaiatura, e i rettangoli delle pagine sono stati divisi in quadrati, legati all'intelaiatura da una striscia sottile. I quadrati sono stati piegati secondo le tecniche tradizionali dell'origami per creare figure inginocchiate.

BREVE STORIA

La storia dell'origami è alquanto oscura. La parola, di origine giapponese, è la combinazione di ori, "piegare", e kami, "carta" (trasformato in gami per via dell'unione con ori). Il nome è un omaggio alla patria nativa di questa arte, anche se non è dato sapere con certezza se i primi a piegare la carta in modo artistico siano stati davvero i giapponesi, oppure i coreani o i cinesi. In Giappone i primi origami complessi furono elaborati intorno a 1.200 anni fa: avevano scopi simbolici o cerimoniali e, a dispetto delle regole create in seguito, i fogli venivano spesso tagliati. Verso la fine del XIX secolo, con l'arrivo di influssi occidentali, il simbolismo locale scomparve quasi del tutto, e l'origami divenne un puro svago. Negli anni Trenta un giovane giapponese, Akira Yoshizawa, iniziò a sviluppare nuove forme a partire dai modelli tradizionali sopravvissuti. La sua devota ostinazione e il suo genio creativo contribuirono a diffondere l'origami come forma d'arte. In Occidente, se si esclude un breve periodo in Spagna all'inizio del Novecento, piegare la carta è sempre stato considerato un passatempo per bambini. Tuttavia, nei primi anni Cinquanta, il famoso illusionista britannico Robert Harbin rimase affascinato dal potenziale creativo di questa tecnica. Raccolse il maggior numero possibile di progetti tradizionali (una quantità sorprendente), ne inventò alcuni nuovi e nel 1956 pubblicò Paper Magic, un volume che sancì la valenza artistica dell'origami anche nei paesi occidentali. I libri successivi di Harbin e dell'artista della carta americano Sam Randlett ne consolidarono definitivamente l'importanza. Da allora, sia in Oriente che in Occidente, sono state ideate decine di migliaia di modelli, in una notevole varietà di stili. L'origami è la tecnica con la carta che più di ogni altra è in grado di attirare le persone. Molti lo considerano una sorta di rompicapo da risolvere, il tentativo di creare un modello a partire dagli schemi di un libro, con la soddisfazione finale di ottenere uno splendido oggetto. Per altri è un ramo della matematica o un trucchetto da esibire a una festa, un riferimento per capire il design o persino un supporto educativo. È arte, scienza e gioco: divertente eppure, nella sua essenza, profondo.

TIPI DI CARTA

Non esistono limitazioni sulla scelta della carta. Molti amano i tradizionali quadrati di carta per origami, colorati su un lato e bianchi sull'altro, ma non sempre sono facilmente reperibili. Invece, per esercitarvi, usate la carta per appunti o per fotocopie, e per le opere definitive sperimentate con il più vasto assortimento possibile di carta. Per un effetto tono su tono usate la carta da regalo o i fogli per lo scrapbooking, spesso già quadrati, o create una decorazione a vostro piacimento con pastelli, pennarelli o altro. La carta tradizionale giapponese, detta "washi", è resistente, morbida, facile da piegare e disponibile in vari formati ornati di splendidi motivi. Alcuni artisti dell'origami preferiscono addirittura preparare la carta con le proprie mani, per essere certi di ottenere i risultati desiderati (vedi pagg. 142–157 per le indicazioni su come fare la carta in casa).

MUCCA
PROGETTO DI NOBORU MIYAJIMA, REALIZZAZIONE DI GILAD AHARONI
Quando un origami viene piegato in modo da mostrare entrambi i lati della carta, si ottiene un modello bicolore. Il progetto di Noboru Miyajima è complesso e formato da molti strati, dunque richiede un foglio ampio di carta sottile e resistente. Per realizzare la mucca in foto, Gilad Aharoni ha utilizzato un foglio nero di carta di riso thailandese incollato a un foglio bianco, creando un tipo di carta che, malgrado il doppio spessore, rimane abbastanza sottile e di ottima flessibilità.

AEROPLANO
HANNAH BROWN
Hannah Brown usa buste riciclate per creare origami a forma di aeroplano, sfruttando i motivi decorativi all'interno delle buste e piegandole con cura per assicurarsi che il francobollo finisca sulle ali.

SIMBOLI DEGLI ORIGAMI

PER DESCRIVERE I PASSAGGI NECESSARI ALLA CREAZIONE DI UN ORIGAMI, I SIMBOLI SONO FONDAMENTALI. NEGLI ULTIMI DECENNI LA NOTAZIONE È STATA UNIFICATA A LIVELLO GLOBALE, PER RENDERE GLI SCHEMI LEGGIBILI A PRESCINDERE DALLA LINGUA IN CUI SONO SCRITTI I LIBRI. ALCUNI DEI SIMBOLI SONO DI IMMEDIATA COMPRENSIONE, ALTRI SONO FACILMENTE MEMORIZZABILI CON L'ESERCIZIO.

Nel corso dello studio dei principi base dell'origami, fate riferimento a questi schemi per chiarire eventuali dubbi.

Direzione in cui si muove la carta

Piegare all'indietro

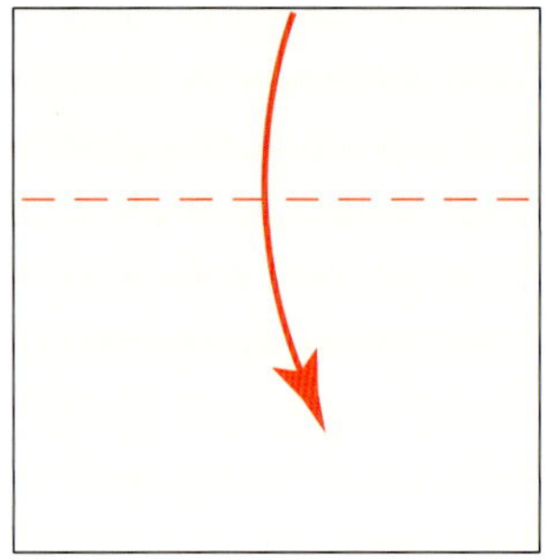

Piega a valle

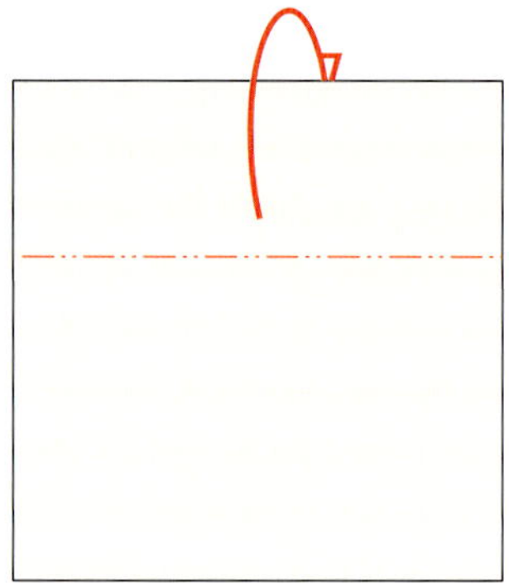

Piega a monte

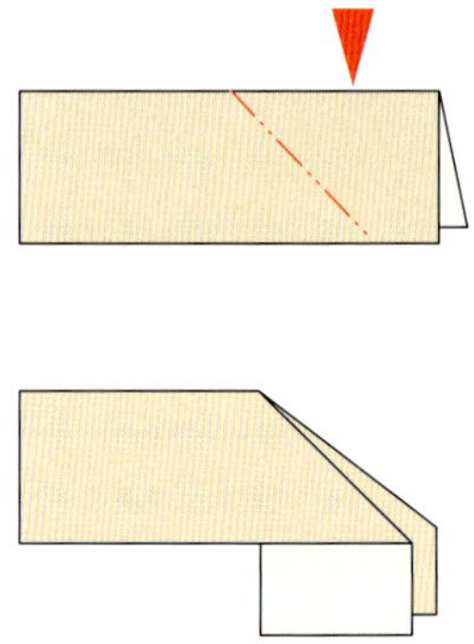

Esercitare pressione

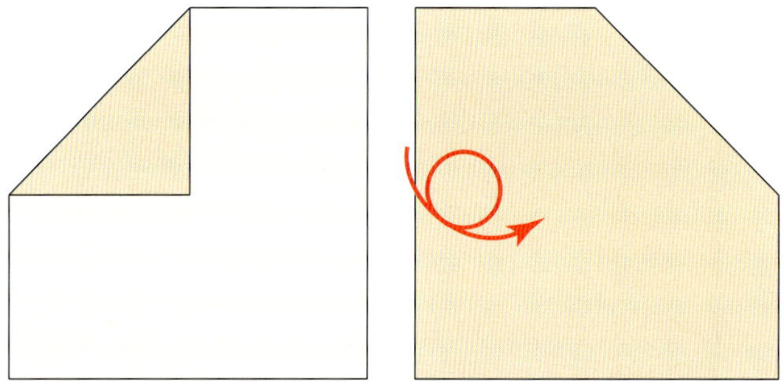

Voltare

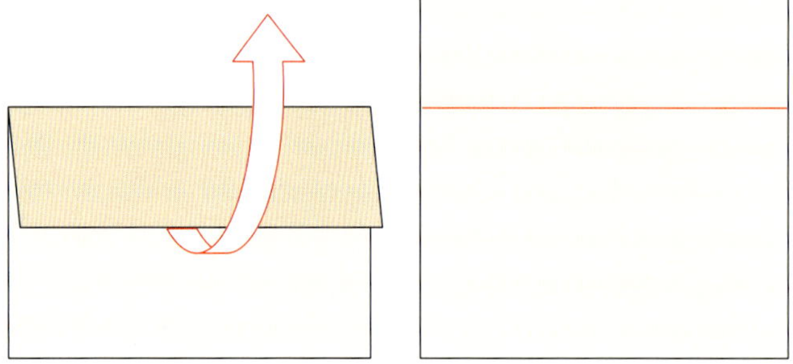

Aprire

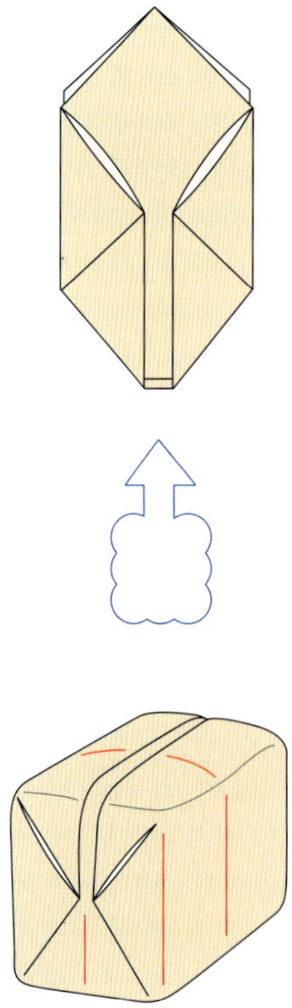

Soffiare

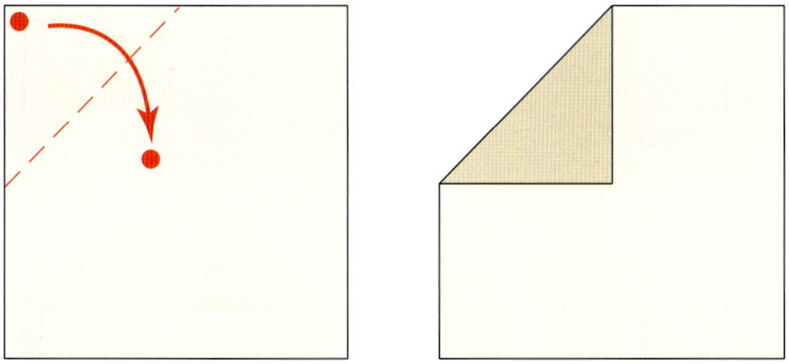

Sovrapporre i punti

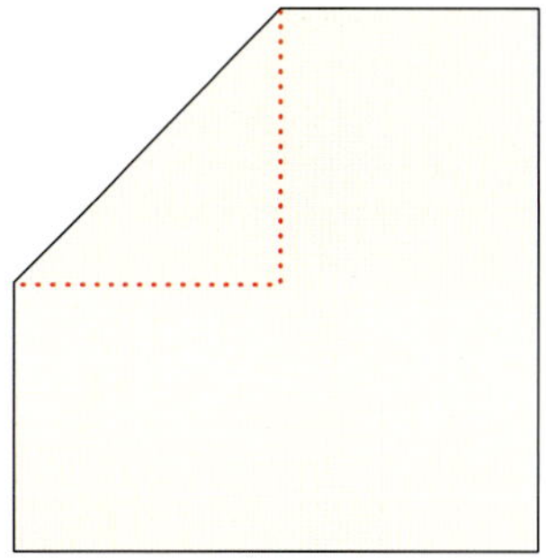

Piegare in dentro

Piega esistente

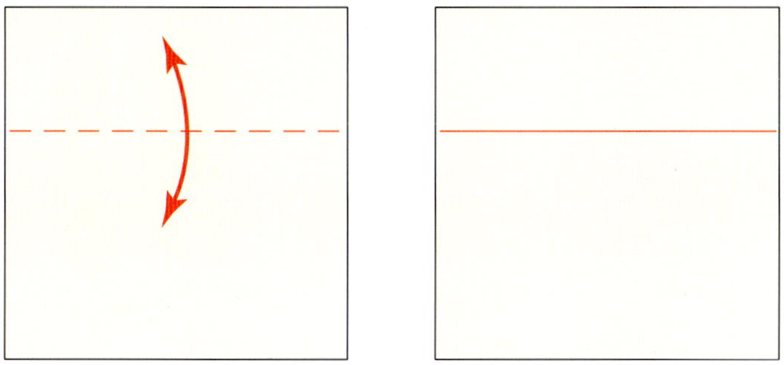

Piegare e aprire

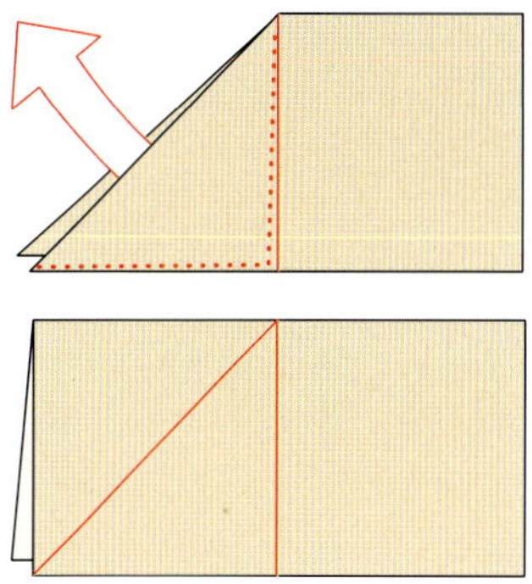

Estrarre la carta

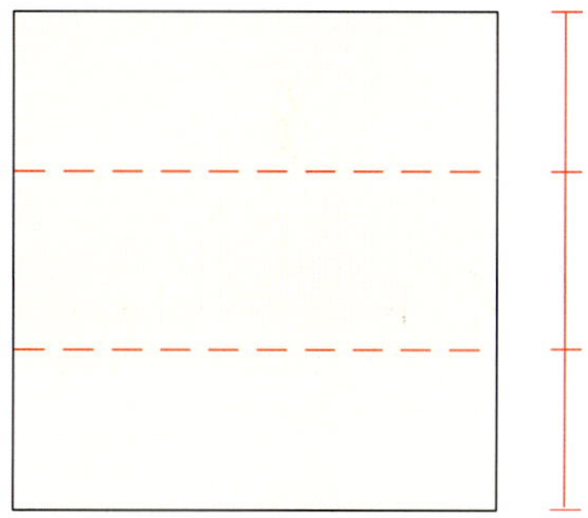

Distanze uguali

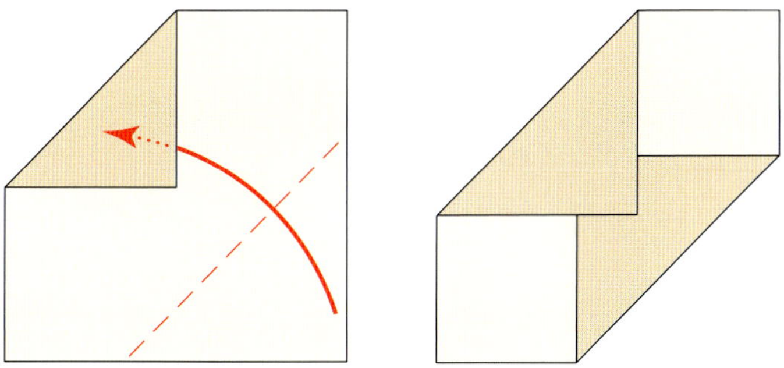

Piegare sotto

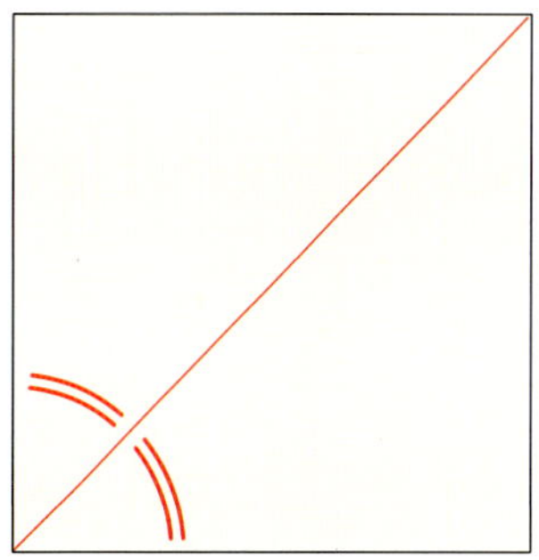

Angoli uguali

SIMBOLI ALTERNATIVI

Come varianti di quelli elencati sopra, potreste imbattervi in questi simboli.

Piega a monte

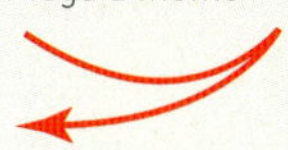

Piegare e aprire

Esercitare pressione

PIEGHE BASE

LE TECNICHE ILLUSTRATE IN QUESTE PAGINE COSTITUISCONO LA BASE DELL'ORIGAMI. TUTTAVIA SONO SOGGETTE A UNA GAMMA PRESSOCHÉ INFINITA DI INTERPRETAZIONI, PERCIÒ È IMPORTANTE COGLIERE I PRINCIPI GENERALI DI CIASCUNA E NON SENTIRSI VINCOLATI ALLE MODALITÀ SPECIFICHE MOSTRATE. IN REALTÀ, PIÙ L'ARTISTA È DOTATO, PIÙ LA DISTINZIONE FRA LE VARIE TECNICHE TENDE A SCOMPARIRE.

Parte del fascino dell'origami consiste nel fatto che non esiste un elenco fisso di tecniche. Ogni nuovo progetto può rivendicare l'introduzione di un metodo inedito, o l'invenzione di varianti, sottovarianti o inversioni di uno già esistente, proprio come ogni partita di scacchi presenta almeno un aspetto tecnico mai visto prima.
Il modo migliore per iniziare è esercitarsi sulle tecniche e prendere dimestichezza con la notazione concisa degli schemi. Poi, via via che perfezionerete le vostre abilità manuali, imparerete anche a riconoscere a prima vista le diverse tecniche.

NOTE PRATICHE

Quando vi esercitate, lavorate su una superficie piana, rigida e pulita. Eseguite le pieghe con grande cura, soprattutto le prime, poiché la loro errata collocazione comporta lo spostamento di tutte quelle successive. Piegate con decisione. Studiate uno schema e i suoi simboli, poi guardate anche il successivo per vedere quale sarà la forma seguente: non prendete mai come riferimento uno schema isolato.

PIEGHE A VALLE E A MONTE

Si tratta delle due pieghe fondamentali dell'origami e sono l'una la controparte dell'altra: una piega a valle non è altro che una piega a monte vista dal rovescio del foglio. È consigliabile memorizzare la differenza fra i due simboli fin dall'inizio, per evitare di confonderli.

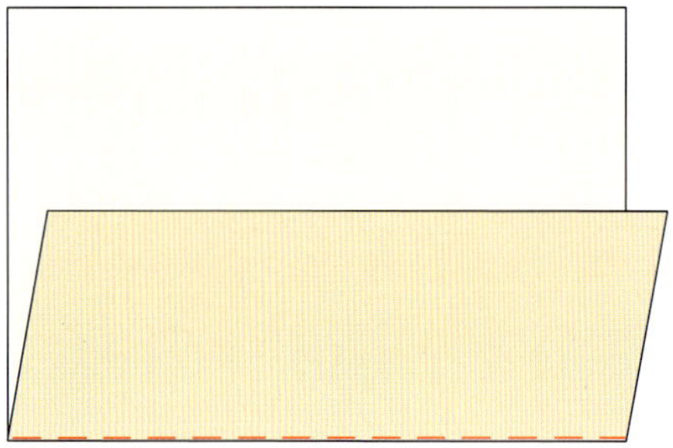

Piega a valle: sollevate un lembo e piegate il foglio, marcando la piegatura.

Piega a monte: poiché le pieghe a valle sono molto più facili, spesso, quando lo schema indica una piega a monte, è più agevole voltare il foglio ed eseguire una piega a valle. Pertanto procedete voltando il foglio sul rovescio, sollevate un lembo e piegatelo marcando la piegatura; poi voltate di nuovo il foglio.

SQUASH

Le pieghe a valle e a monte prevedono la realizzazione di una sola piega alla volta. Lo squash e altre tecniche permettono invece di creare diverse pieghe in un colpo solo.

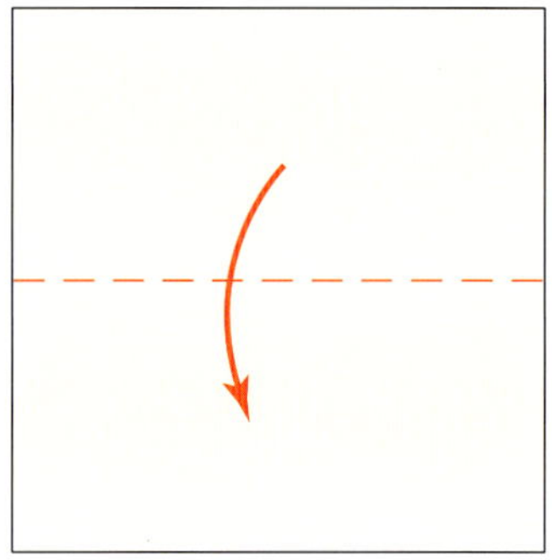

1 Piegate il foglio a metà.

NOTAZIONE SCHEMATICA PER LO SQUASH

Negli schemi questa piega viene rappresentata così:

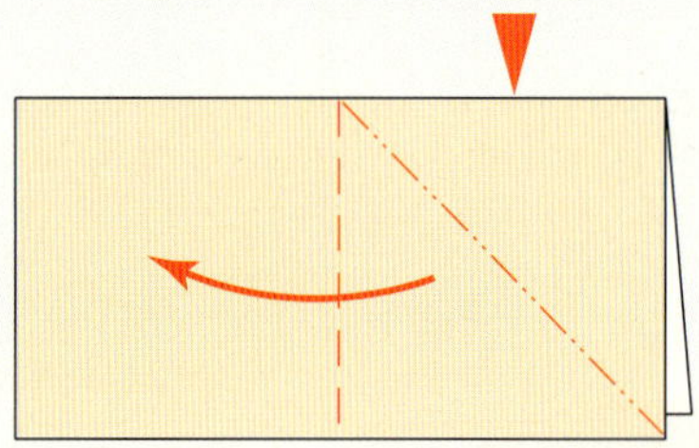

Squash

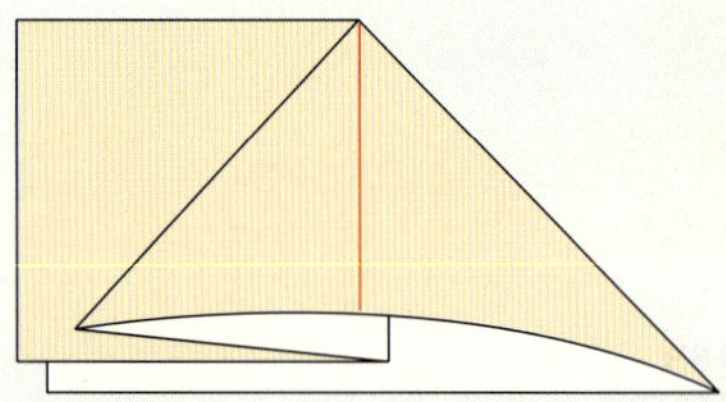

Completare

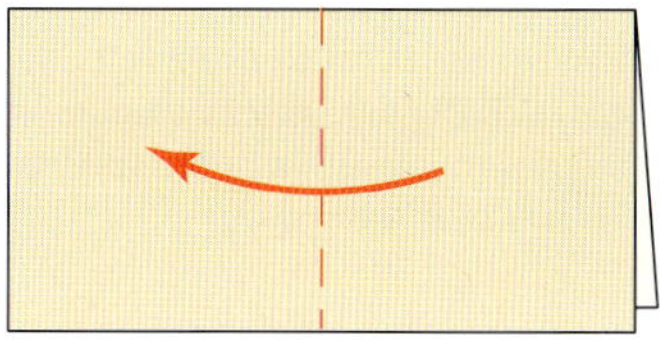

2 Piegate di nuovo a metà.

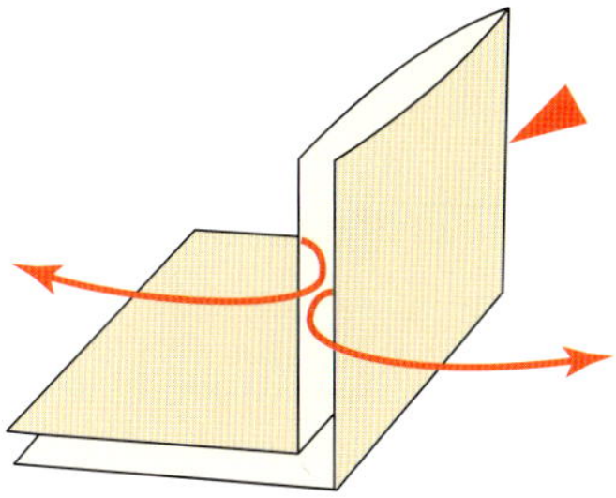

3 Allargate l'apertura e separate gli strati esercitando pressione.

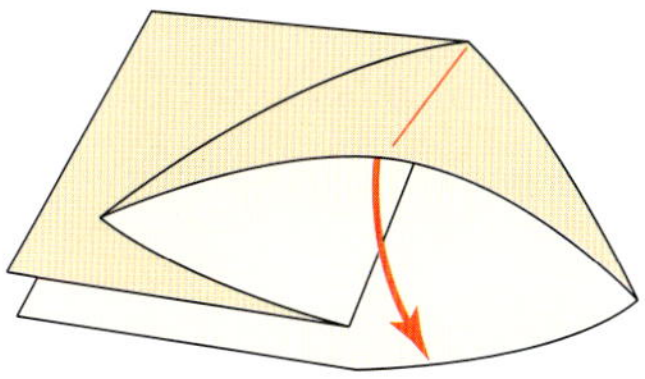

4 Appiattite. Ripetendo lo squash sull'altro lato, si ottiene la base per la palla (vedi pag. 31).

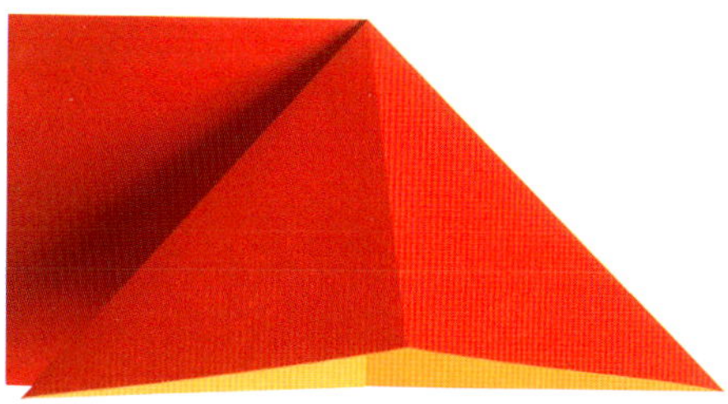

LO SQUASH COMPLETATO

PIEGA ROVESCIATA ALL'INTERNO

È la più utile fra le tecniche avanzate dell'origami, e assume qualsiasi forma a seconda delle esigenze del progetto. La differenza fra la piega rovesciata all'interno e quella rovesciata all'esterno è data dalla direzione in cui viene rivolta la parte mobile del foglio.

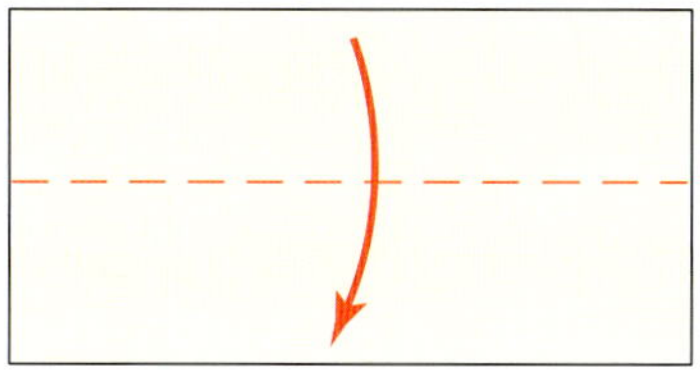

1 Piegate il foglio a metà.

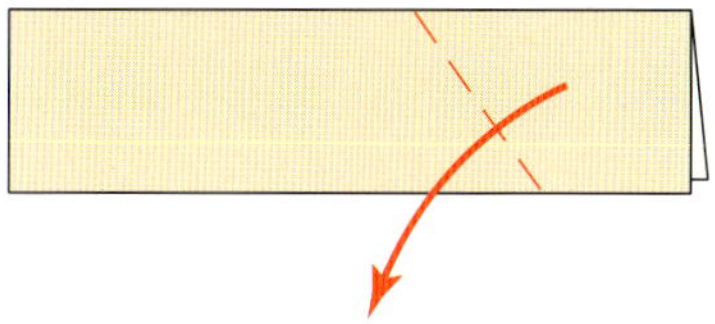

2 Eseguite una piega a valle dove indicato, volgendo il foglio verso il basso.

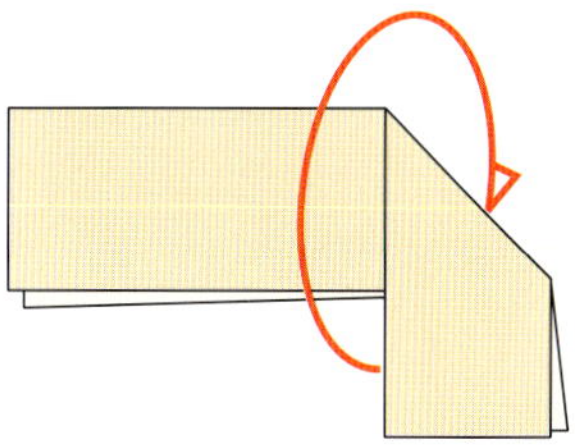

3 Piegate di nuovo lungo la stessa linea ma ruotando la parte mobile del foglio nel verso opposto.

NOTAZIONE SCHEMATICA PER LA PIEGA ROVESCIATA ALL'INTERNO

Negli schemi questa piega viene rappresentata così:

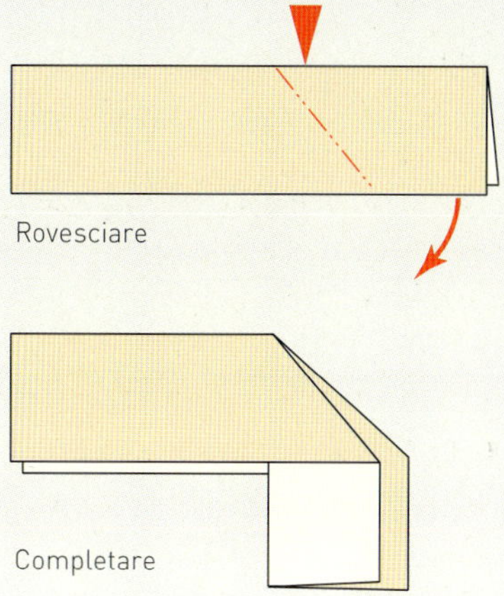

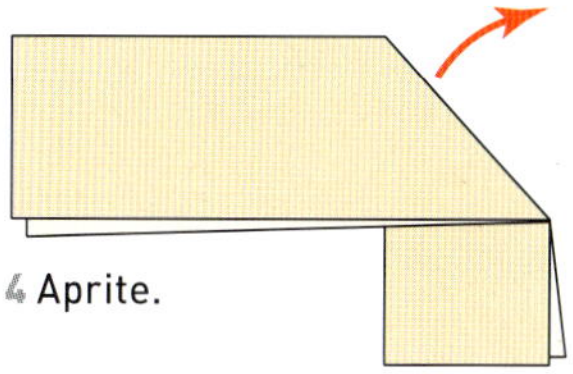

4 Aprite.

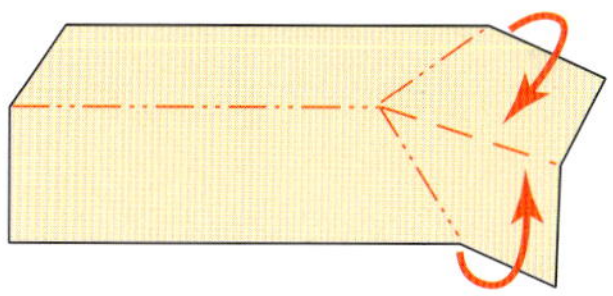

5 Formate una piega a valle e a monte dove indicato e appiattite. La parte della striscia di carta che è stata "rovesciata" si piegherà all'interno degli strati.

LA PIEGA ROVESCIATA ALL'INTERNO COMPLETATA

PIEGA ROVESCIATA ALL'ESTERNO

Di uso meno frequente rispetto alla piega rovesciata all'interno, si tratta comunque di una tecnica importante.

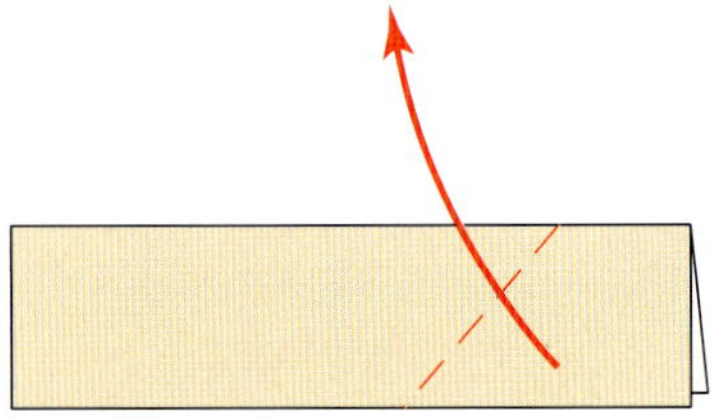

1 Piegate il foglio a metà, poi eseguite una piega a valle dove indicato, volgendo il foglio verso l'alto.

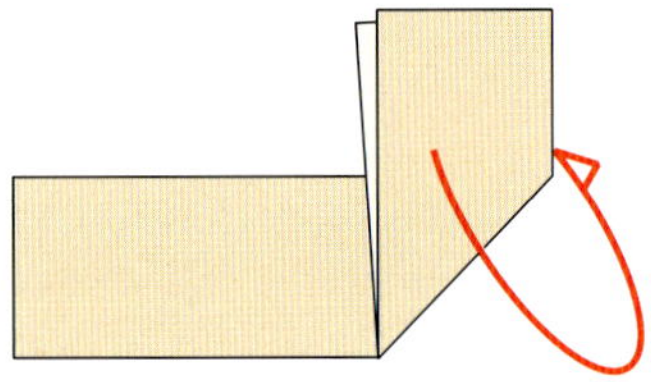

2 Piegate di nuovo lungo la stessa linea ma ruotando la parte mobile nel verso opposto.

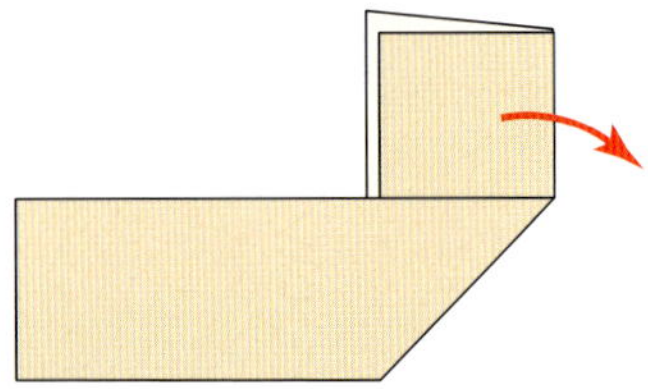

3 Aprite.

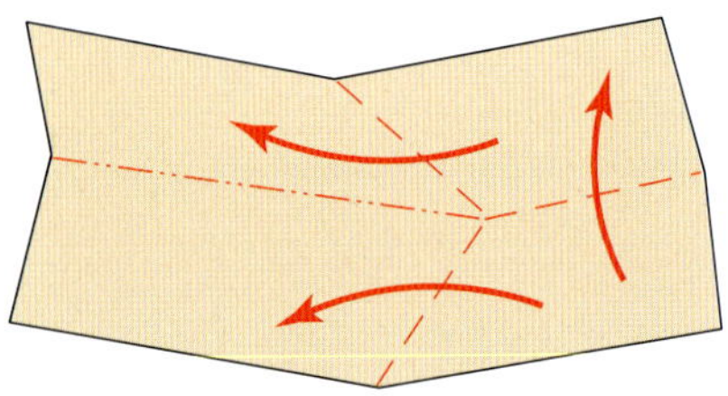

4 Formate una piega a valle e a monte dove indicato e appiattite.

NOTAZIONE SCHEMATICA PER LA PIEGA ROVESCIATA ALL'ESTERNO

Negli schemi questa piega viene rappresentata così:

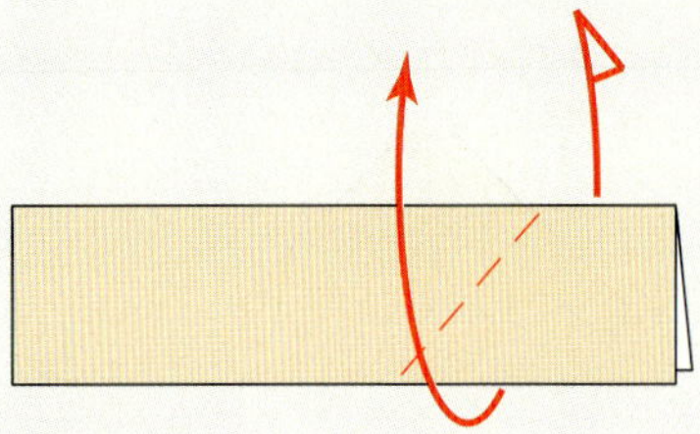

Rovesciare all'esterno

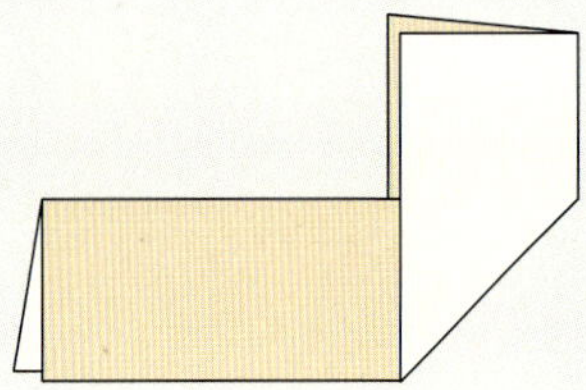

Completare

LA PIEGA ROVESCIATA ALL'ESTERNO COMPLETATA

ORECCHIO DI CONIGLIO

La tecnica è chiamata così perché la punta libera ricorda proprio l'orecchio di un coniglio. Spesso, nei passaggi successivi, la punta viene raddrizzata per eseguire uno squash.

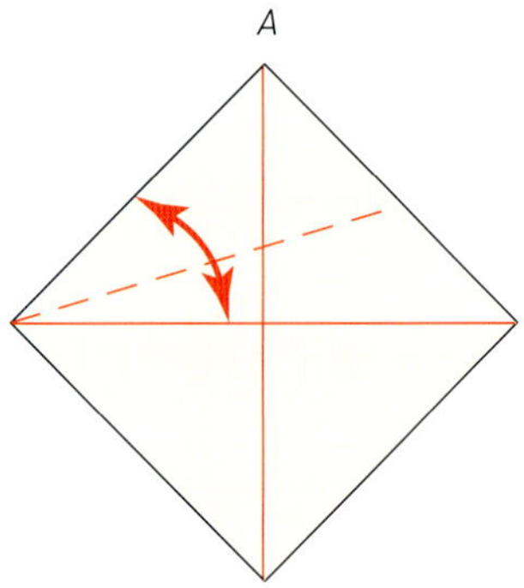

1 Piegate il foglio lungo le due diagonali e riapritelo. Piegate il bordo superiore sinistro in modo che combaci con la piega orizzontale e aprite.

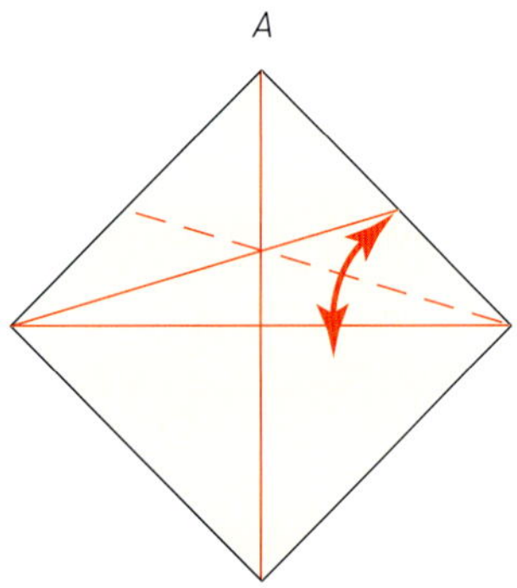

2 Piegate il bordo superiore destro nello stesso modo e aprite.

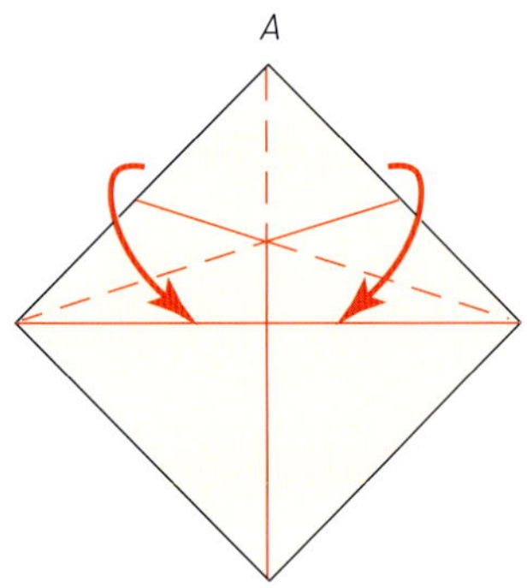

3 Quindi piegate entrambi i lati sulla linea orizzontale, sollevando il punto A per formare l'orecchio di coniglio.

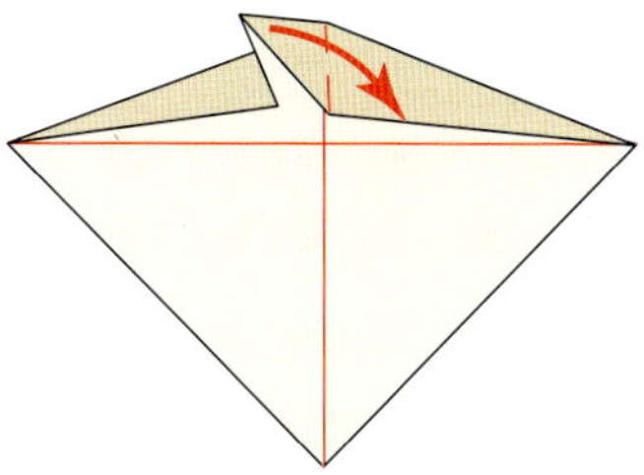

4 Appiattite l'orecchio da una parte o dall'altra.

L'ORECCHIO DI CONIGLIO COMPLETATO

Ripetendo le pieghe sulla metà inferiore del foglio si ottiene la base per il pesce con un metodo alternativo (vedi pag. 34).

NOTAZIONE SCHEMATICA PER L'ORECCHIO DI CONIGLIO

Negli schemi questa piega viene rappresentata così:

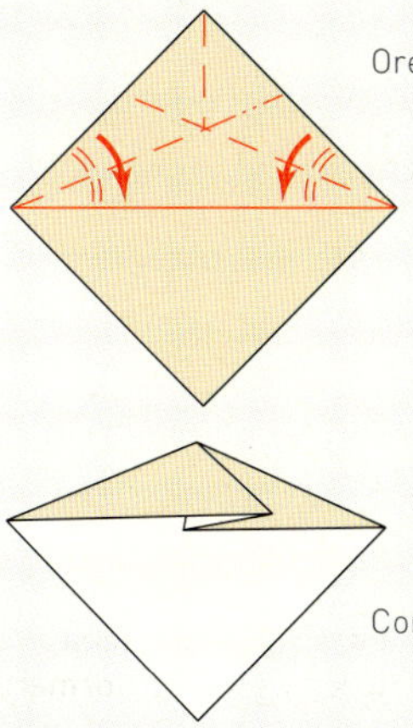

Orecchio di coniglio

Completare

SINK

È forse una delle tecniche più complesse, per via del grande numero di pieghe da realizzare contemporaneamente.

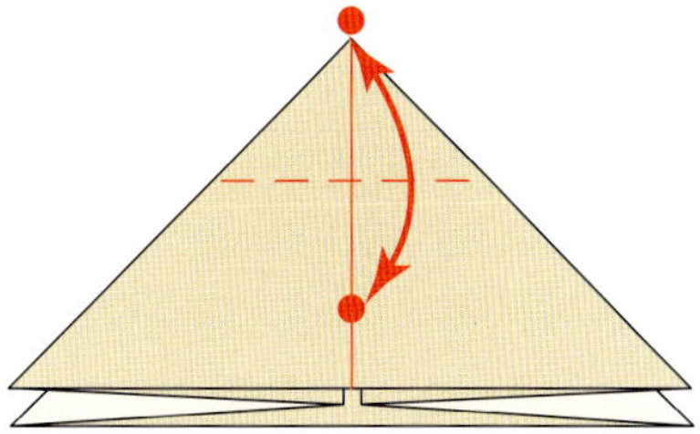

1 Iniziate con la base per la palla (vedi pag. 31). Sovrapponete i punti marcando la linea dove realizzare il sink, poi aprite.

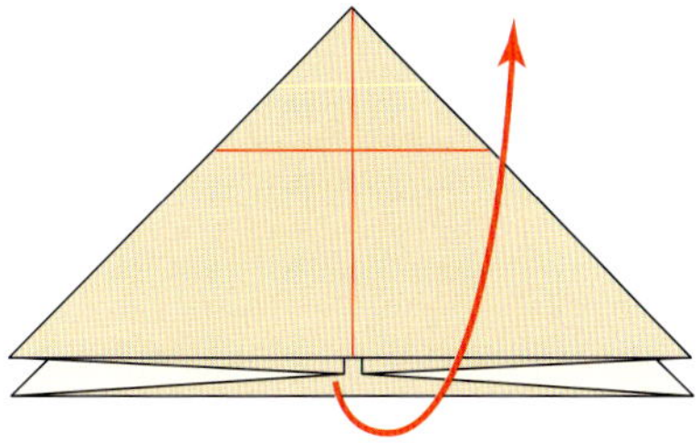

2 Aprite completamente il foglio.

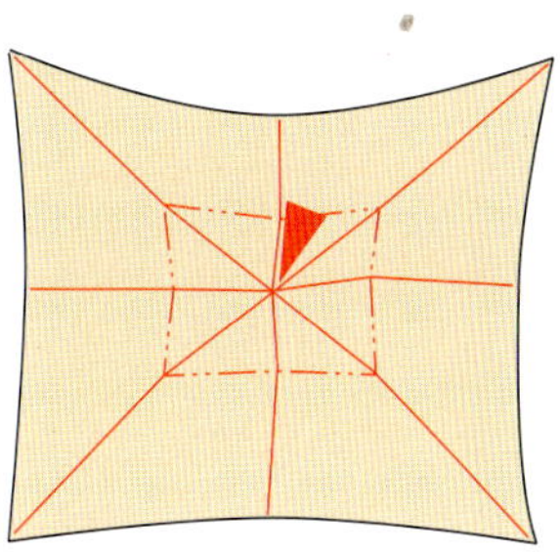

3 Eseguite pieghe a monte intorno al quadrato centrale, spingendo in basso il centro.

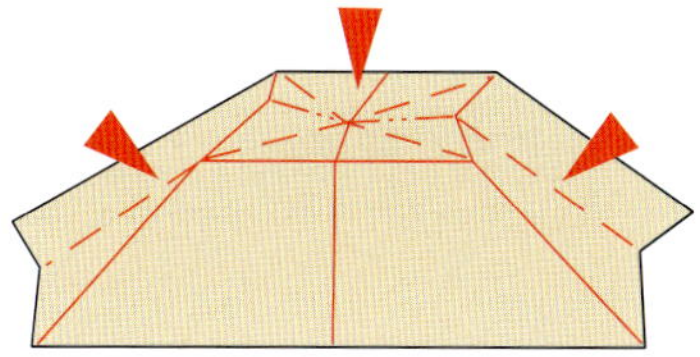

4 Appiattite verso l'interno spingendo da entrambi i lati.

IL SINK COMPLETATO

Negli origami qualsiasi punta "chiusa" può essere ribaltata creando un sink (anche più volte, in una serie di sink concentrici). È una tecnica molto utile per creare punte lunghe e libere.

NOTAZIONE SCHEMATICA PER IL SINK:

Negli schemi questa piega viene rappresentata così:

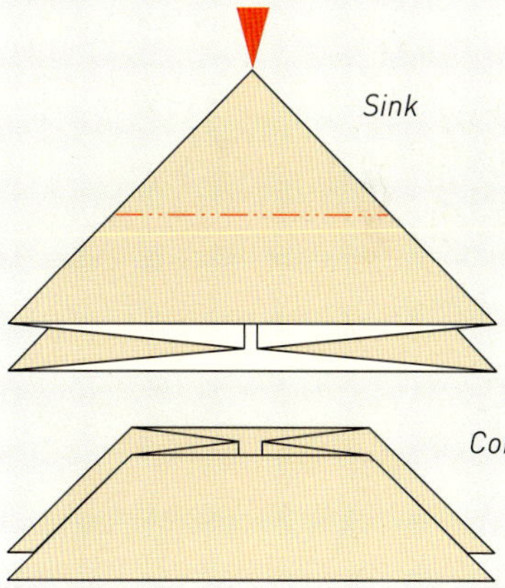

Sink

Completare

VEDI ANCHE

Simboli degli origami, pagg. 16–17

DIVISIONI GEOMETRICHE

IN TUTTI MODELLI DI ORIGAMI SI NASCONDONO PIEGHE GEOMETRICHE. NELLA MAGGIOR PARTE DEI CASI SI TRATTA DI SISTEMI SEMPLICI, PER ESEMPIO PER DIVIDERE UN LATO O UN ANGOLO A METÀ O IN QUARTI, MA ESISTONO ANCHE SCHEMI PIÙ SOFISTICATI. TALI SISTEMI SONO DUNQUE SUDDIVISI IN DUE CATEGORIE: DIVISIONE DI LATI O ANGOLI E REALIZZAZIONE DI POLIGONI (OVVERO FORME CON I LATI UGUALI, COME L'ESAGONO E L'OTTAGONO).

Non esistono divisioni realizzate a braccio: ciascuna viene eseguita sovrapponendo un punto specifico a un altro, e di ciascuna si può dimostrare l'accuratezza ricorrendo a teoremi di geometria o trigonometria. Si tratta di tecniche veloci e affidabili che non richiedono l'uso di goniometro, compasso, righello o matita, e, soprattutto, sono estremamente eleganti.
È sorprendente che non esista un solo metodo per piegare un poligono, ma tanti. Alcuni sono immediati, altri più complessi, e durante la costruzione noterete con estrema soddisfazione che i lati o le pieghe vanno ad allinearsi in modo inaspettato.

BECCO
Questo simpatico progetto, in cui la bocca si apre e si chiude, si ottiene dividendo il lato in tre parti. I puristi dell'origami non apprezzerebbero gli occhi disegnati, sostenendo che si potrebbero realizzare piegando la carta. E hanno ragione!

VEDI ANCHE
Simboli degli origami, pagg. 16–17

DIVISIONE DI UN LATO
Per suddividere un lato in tre parti uguali, seguite questi semplici passi.

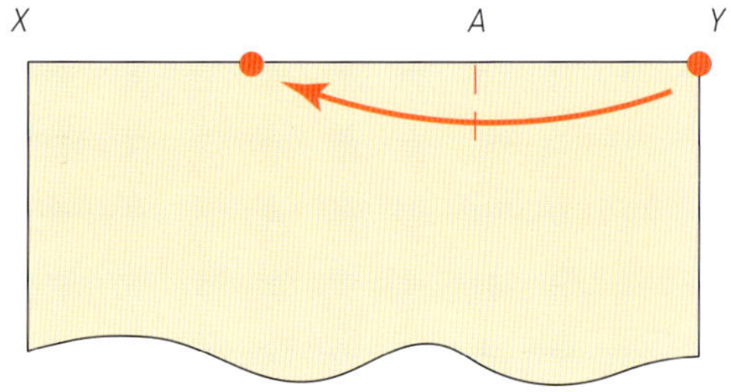

1 Piegate Y verso X, all'incirca a un terzo della lunghezza. Pizzicate il foglio in corrispondenza di A.

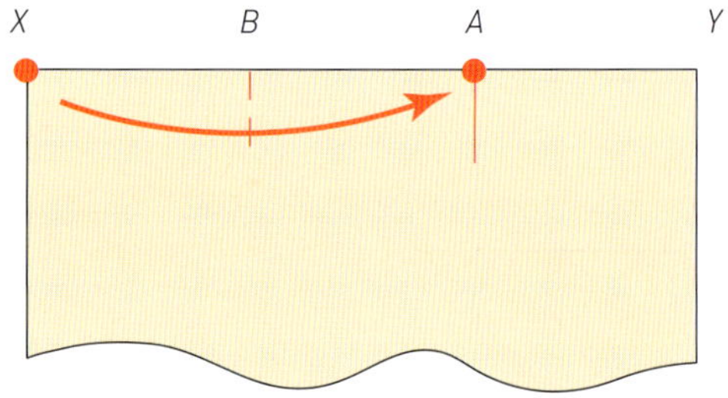

2 Piegate X verso A, pizzicando il punto B.

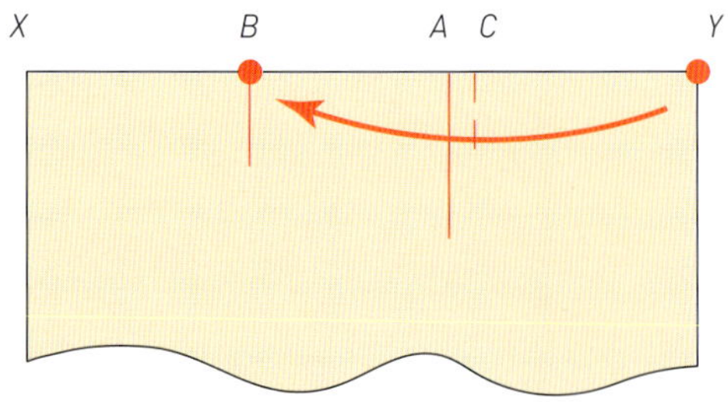

3 Piegate Y verso B, pizzicando il punto C (si troverà vicino al punto A).

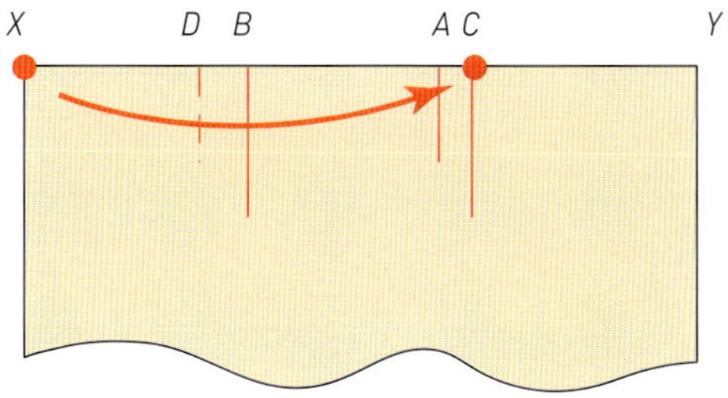

4 Piegate X verso C, pizzicando il punto D (si troverà vicino al punto B). Ripetete piegando alternativamente Y e X verso l'ultimo punto pizzicato, finché vi ritroverete a pizzicare un punto già toccato in precedenza: avrete individuato un terzo esatto del lato XY.

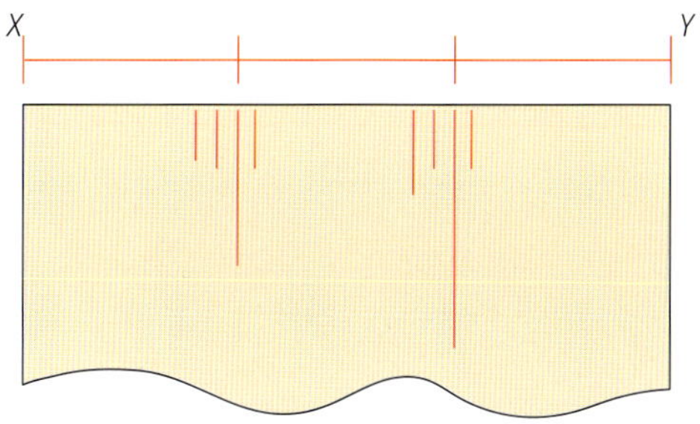

5 Sistemi simili, ma con una sequenza diversa di pieghe, possono essere utilizzati per dividere il lato in un numero qualsiasi di parti uguali.

DIVISIONE DI UN ANGOLO

Questo metodo per dividere un angolo in tre parti uguali è molto simile alla tecnica per dividere il lato.

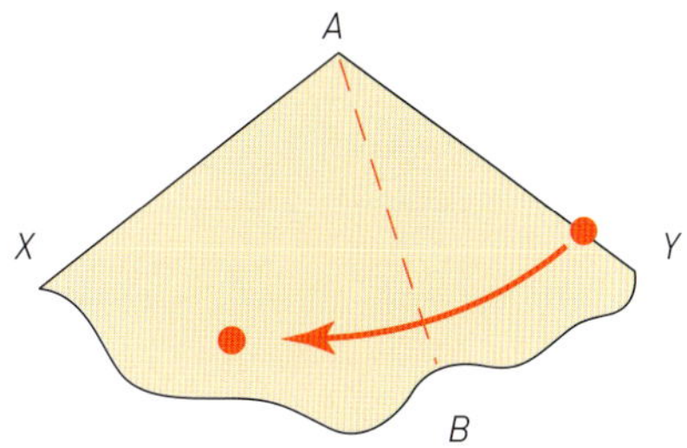

1 L'angolo XAY è arbitrario. Piegate AY verso AX, all'incirca a un terzo dell'ampiezza. Marcate la piega AB.

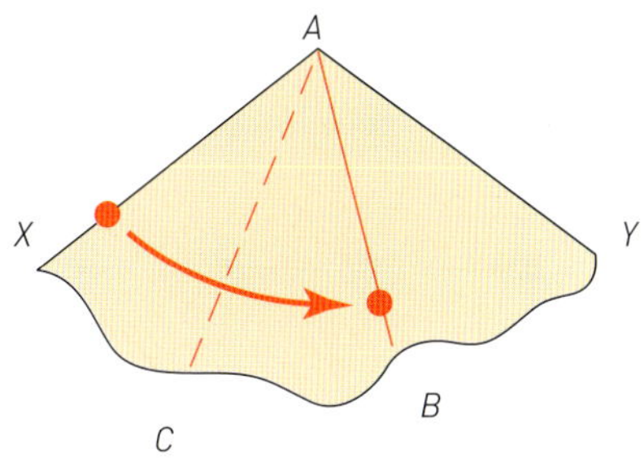

2 Piegate AX verso AB, marcando AC.

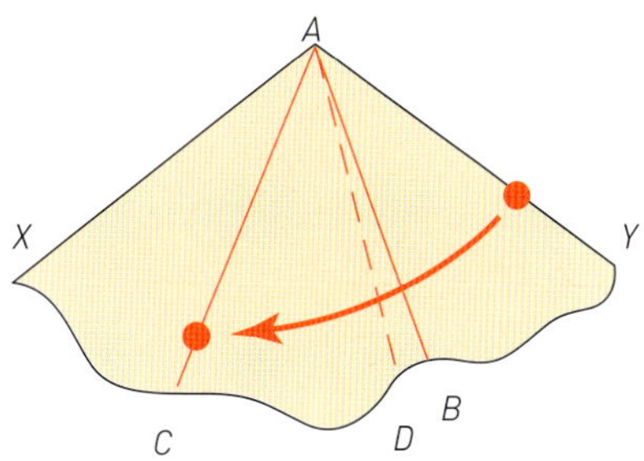

3 Piegate AY verso AC, marcando AD (vicino ad AB).

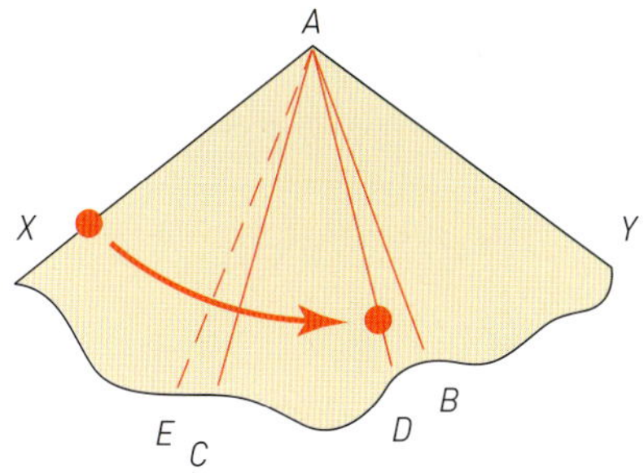

4 Piegate AX verso AD, marcando AE (vicino ad AC). Ripetete piegando AY verso AE, poi piegando AX verso quella linea, poi AY verso questa nuova linea e così via finché vi ritroverete a marcare una linea già toccata in precedenza: avrete individuate un terzo esatto dell'angolo XAY.

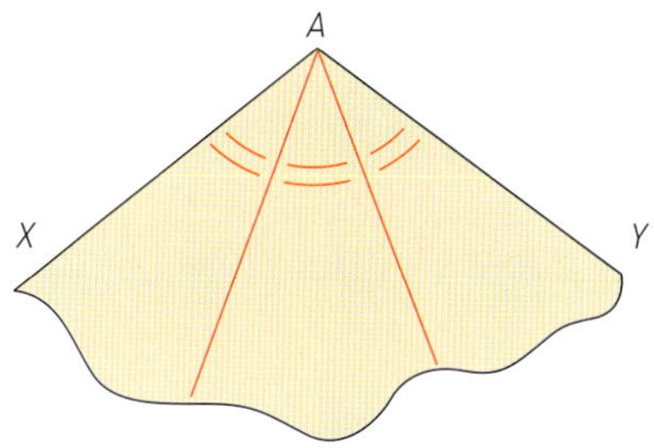

5 Sistemi simili, ma con una sequenza diversa di pieghe, possono essere utilizzati per dividere l'angolo in un numero qualsiasi di parti uguali.

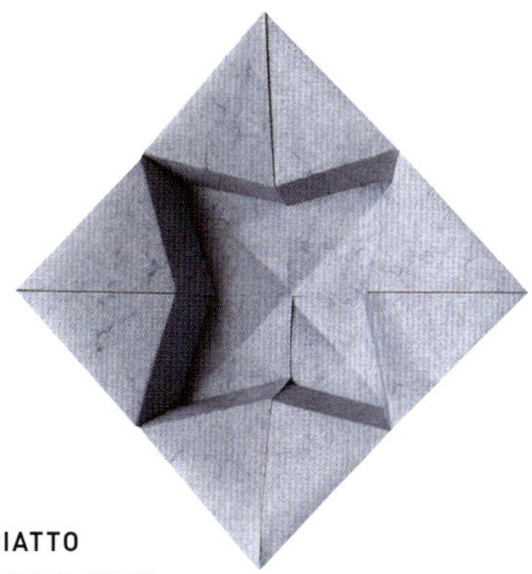

PIATTO

PHILIP SHEN

La struttura di questo piatto, opera di Philip Shen, si ottiene con la divisione di un angolo. I vertici di un quadrato sono stati divisi in tre parti uguali, poi è stata aggiunta un'ulteriore serie di pieghe per abbassare la carta e ottenere la forma desiderata.

POLIGONI: TRIANGOLO EQUILATERO

Usate un foglio rettangolare.

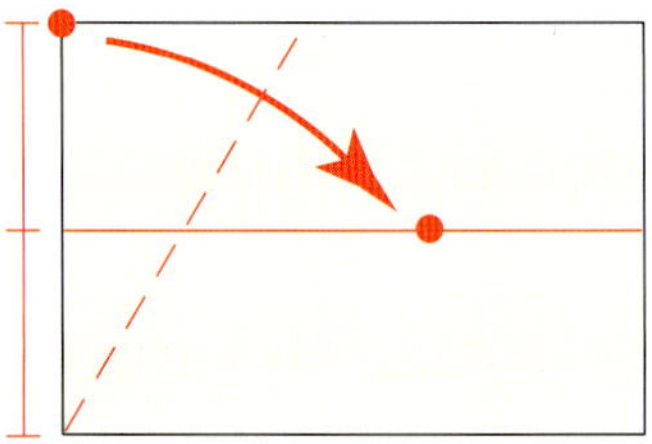

1 Marcate la linea orizzontale al centro, poi sovrapponete i punti indicati.

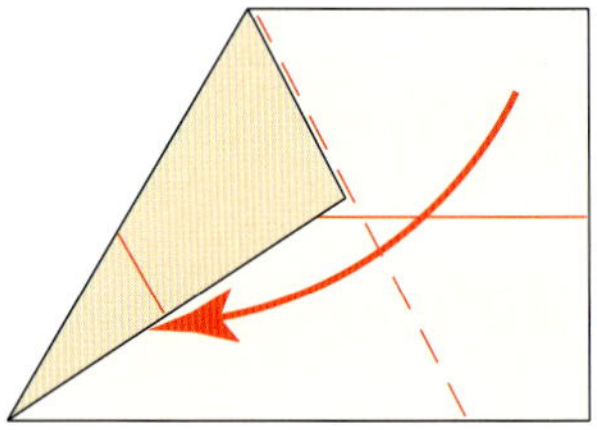

2 Piegate l'altro lembo del foglio sovrapponendolo al primo.

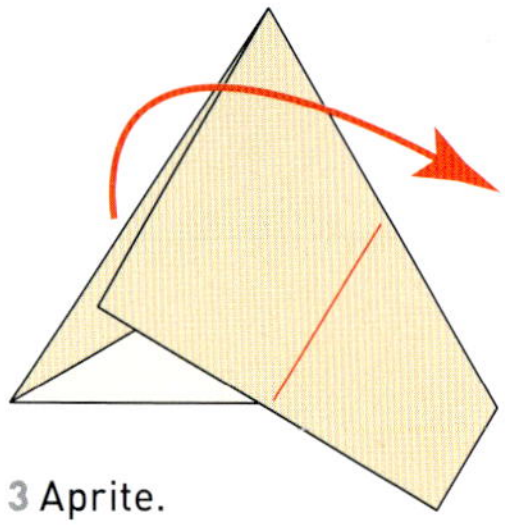

3 Aprite.

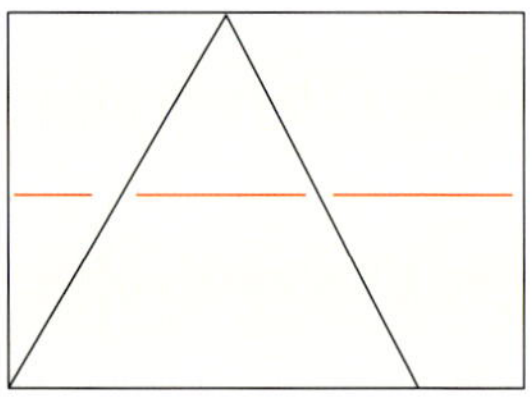

4 Tagliate la carta in eccesso.

IL TRIANGOLO EQUILATERO COMPLETATO

Se la piega formata per creare il triangolo rischia di rovinare il progetto, può essere in gran parte eliminata marcandola solo vicino al punto indicato nel passaggio 1, non sull'intera lunghezza del foglio.

POLIGONI: ESAGONO

Usate un foglio quadrato.

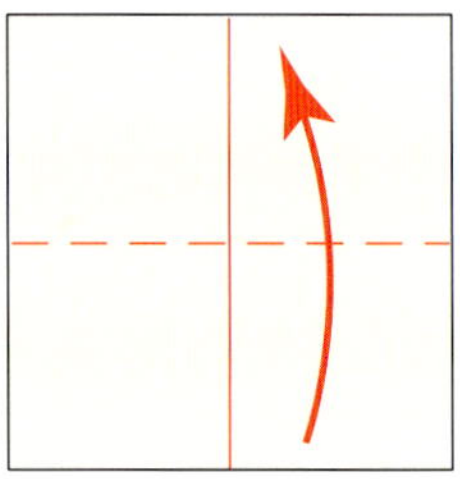

1 Marcate la linea verticale al centro, poi piegate il lato inferiore verso quello superiore.

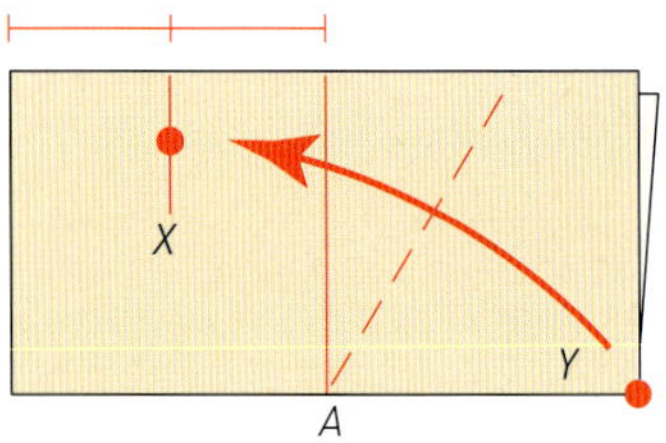

2 Pizzicate il punto X in corrispondenza di un quarto della lunghezza. Piegate l'angolo Y in modo che combaci con X, facendo iniziare questa nuova piega dal punto A.

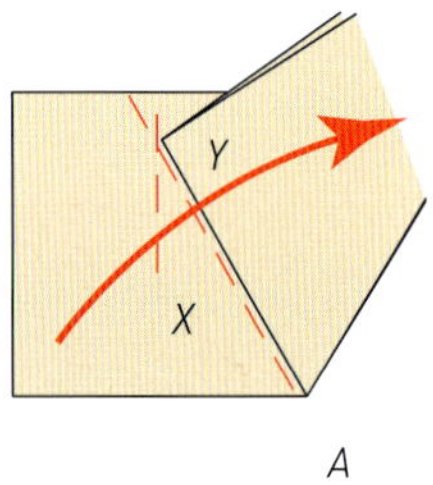

3 Piegate l'altro lato sovrapponendolo al primo.

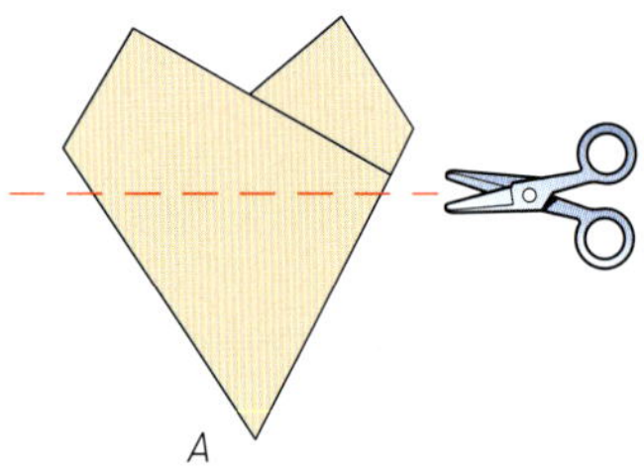

4 Tagliate la carta in eccesso e aprite il triangolo: avrete ottenuto un esagono.

L'ESAGONO COMPLETATO

Se il taglio indicato nel passaggio 4 non viene eseguito correttamente, l'esagono risulta sproporzionato: siate accurati. Le pieghe sono inevitabili, e l'effetto estetico è gradevole.

POLIGONI: OTTAGONO

Iniziate con un foglio quadrato.

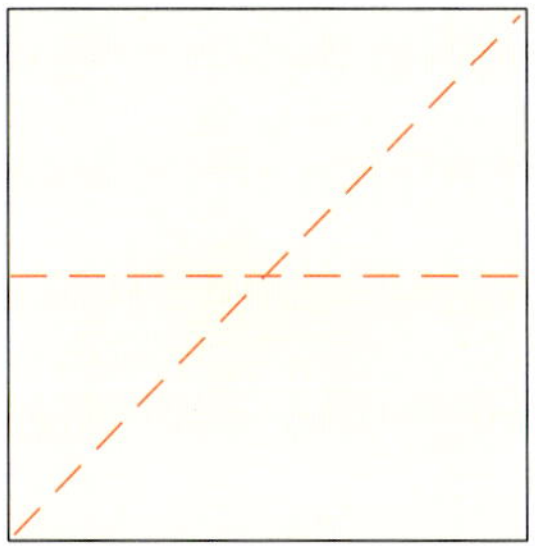

1 Marcate una diagonale e la linea orizzontale al centro.

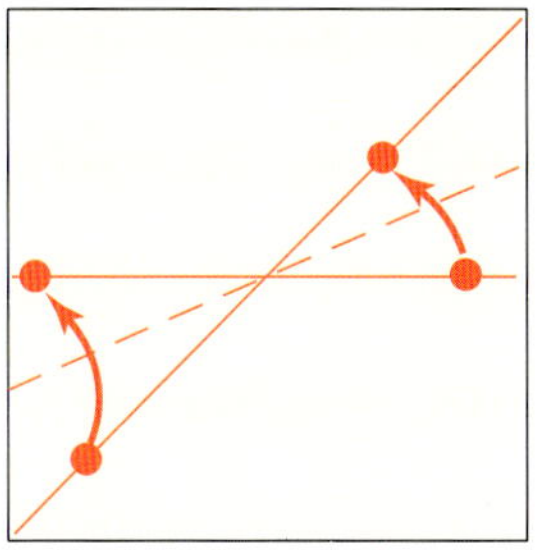

2 Allineate queste due pieghe.

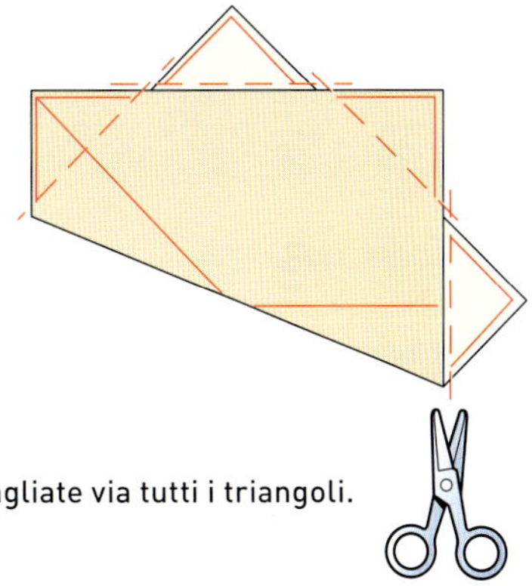

3 Tagliate via tutti i triangoli.

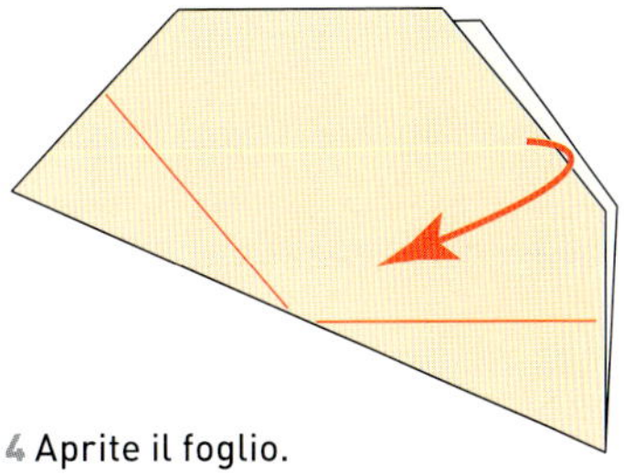

4 Aprite il foglio.

L'OTTAGONO COMPLETATO

Questo metodo è molto elegante e accurato, perché la carta rimane piatta e i triangoli sono facili da eliminare.

IRIS

Questi modelli sono stati realizzati a partire da un triangolo equilatero, un esagono e un ottagono per ottenere fiori con tre, sei e otto petali. Il metodo è esattamente lo stesso dell'iris tradizionale a quattro petali formato con un foglio quadrato (vedi la base per il fiore, pag. 30). Chiaramente a un numero maggiore di lati del poligono corrispondono petali più corti. Si tratta di un esercizio interessante, eseguibile su quasi tutti i progetti geometrici.

BASI

SVARIATI PROGETTI A ORIGAMI PRENDONO VITA DA UNA PARTICOLARE SEQUENZA DI PIEGHE, LA COSIDDETTA "BASE". CONOSCERE A FONDO ALCUNE DI TALI SEQUENZE VI PERMETTERÀ DI PREPARARE UN'AMPIA GAMMA DI FORME.

All'inizio del secolo scorso, quando gli origami iniziarono a essere studiati in modo approfondito, si scoprì che numerosi progetti cominciavano con una sequenza identica di pieghe. Tali sequenze furono chiamate "basi" e in molti casi i nomi a esse attribuiti ne riflettono l'aspetto.

GRANCHIO MARINO
MARC KIRSCHENBAUM
Il granchio di Marc Kirschenbaum, dotato di grandi chele, è realizzato con due fogli di carta ottenuta da corteccia di gelso. Ai fogli viene aggiunto un rivestimento interno in carta alluminio, che permette al modello di conservare la forma. La struttura del granchio nasce da una tradizionale base per la palla; le cinque alette di tale base sono suddivise ulteriormente per mezzo di particolari sequenze di pieghe. La punta spessa in alto è stata divisa in due alette, modellate per formare le zampe posteriori. Due delle alette più grandi sono state divise in tre per formare le altre zampe. Le due alette grandi restanti sono diventate le chele.

VEDI ANCHE
Simboli degli origami, pagg. 16–17
Pieghe base, pagg. 18–21

BASE PER L'AQUILONE

Chiamato anche "cono gelato", l'aquilone è una delle basi più semplici. Il nome è ispirato alla sua forma, riconducibile per l'appunto a quella di un aquilone o di un cono gelato.

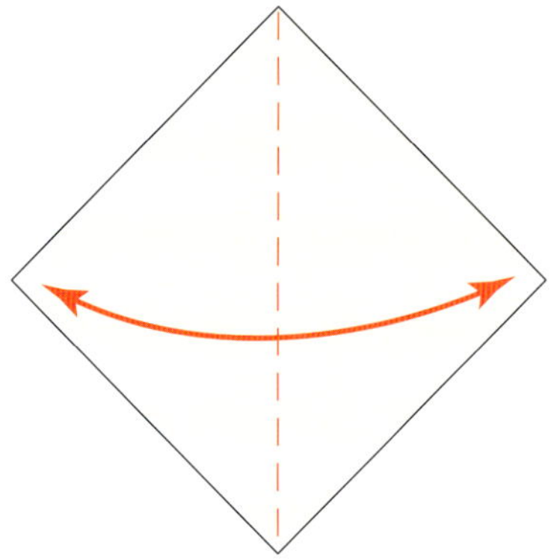

1 Disponete il foglio in modo da avere un angolo in cima. Piegate a metà nel senso della larghezza e riaprite.

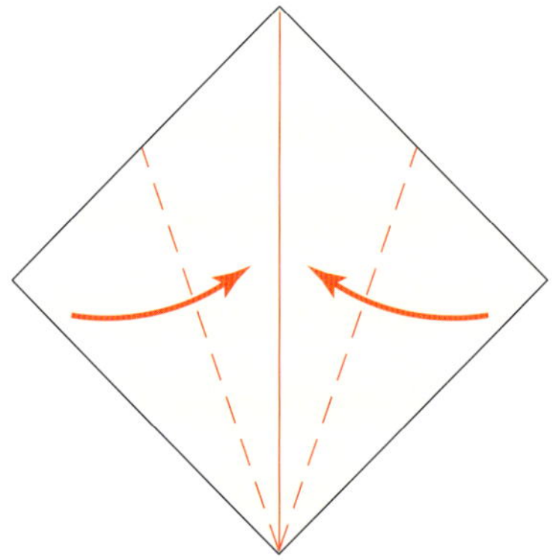

2 Piegate i due lati verso l'interno facendoli combaciare sulla piega centrale.

LA BASE PER L'AQUILONE COMPLETATA

BASE PER IL BLINY

I bliny sono piccole crêpe di origine russa la cui pasta è piegata in modo particolare. In Giappone questa base è chiamata zabuton, un cuscino ottenuto da pezzi di stoffa cuciti insieme.

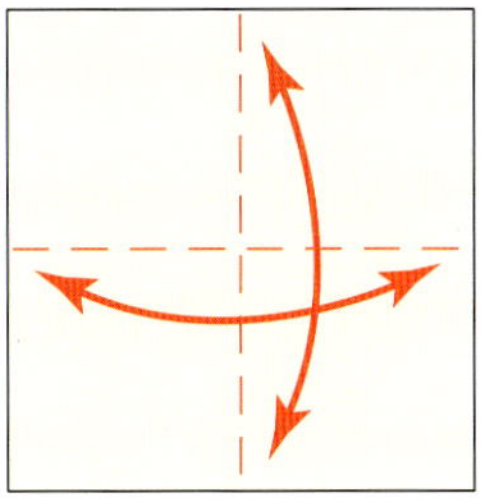

1 Piegate il foglio a metà nel senso della lunghezza e riaprite. Poi piegatelo a metà nel senso della larghezza e riaprite di nuovo.

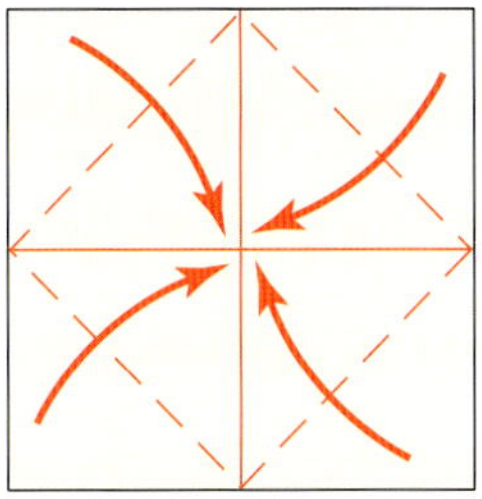

2 Piegate i quattro angoli verso il centro.

LA BASE PER IL BLINY COMPLETATA

ALTRE BASI SEMPLICI

Queste pieghe elementari ricordano un libro e un armadio, rispettivamente.

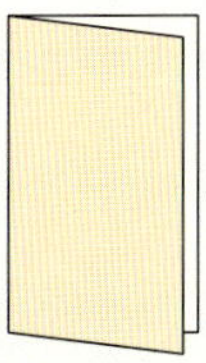

BASE PER IL LIBRO

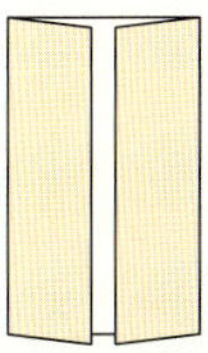

BASE PER L'ARMADIO

BASE PREPARATORIA

Nella tradizione dell'origami, molte basi ricevono il nome dell'oggetto di cui ricordano la forma, come un uccello o un fiore. Tuttavia la base preparatoria rappresenta un'eccezione, e si chiama così perché costituisce il punto di partenza per molti progetti diversi. I metodi per costruirla sono due.

METODO A

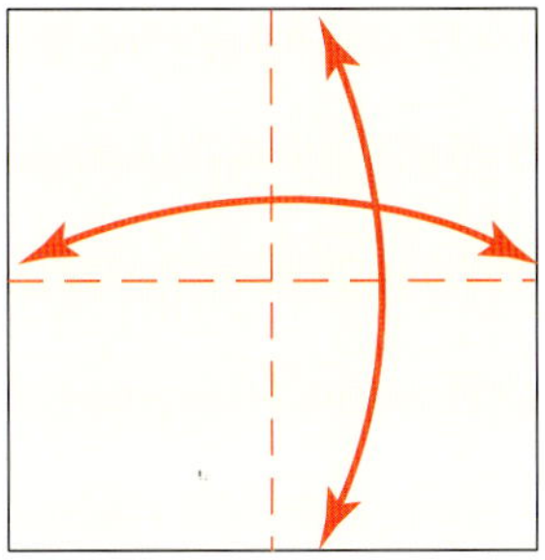

1 Piegate il foglio a metà nel senso della lunghezza e riaprite. Poi piegatelo a metà nel senso della larghezza e riaprite di nuovo.

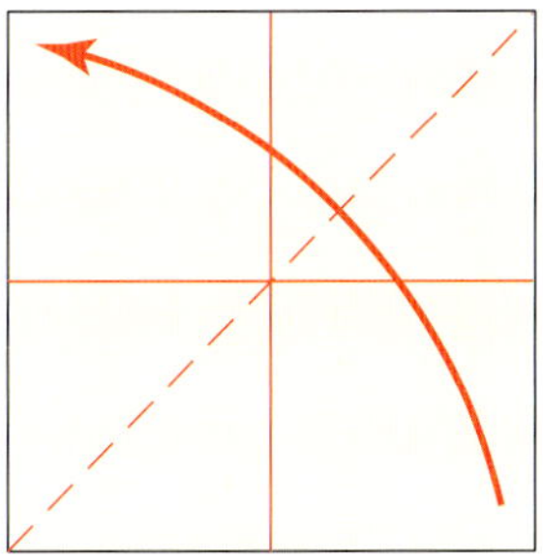

2 Piegate a metà lungo la diagonale.

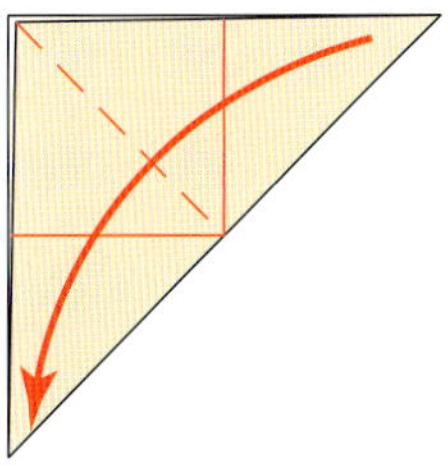

3 Piegate a metà il triangolo.

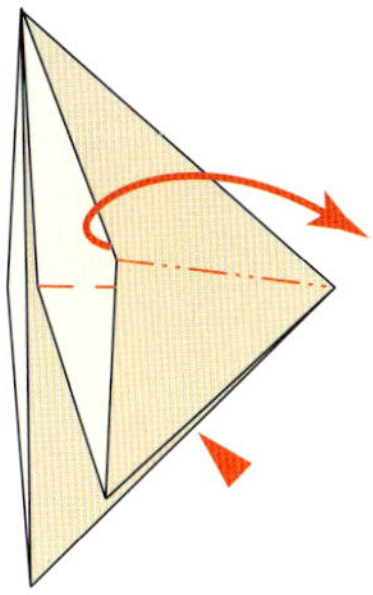

4 Sollevate il triangolo superiore e realizzate uno squash per formare un quadrato.

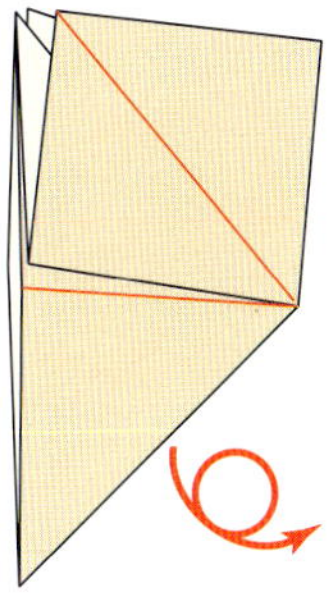

5 Voltate il foglio.

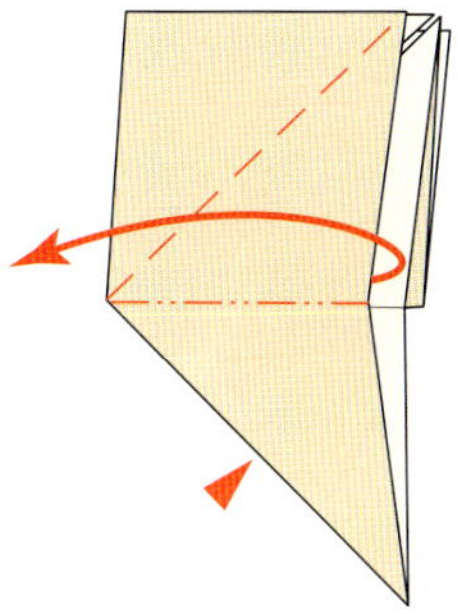

6 Ripetete il punto 4 sull'altro lato.

LA BASE PREPARATORIA COMPLETATA

METODO B

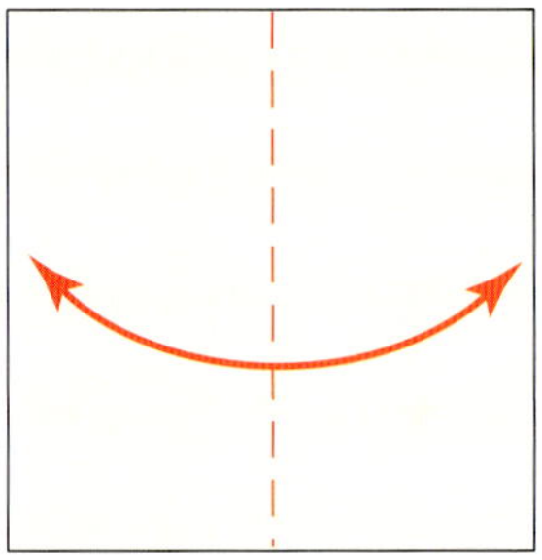

1 Piegate il foglio a metà nel senso della larghezza e riaprite.

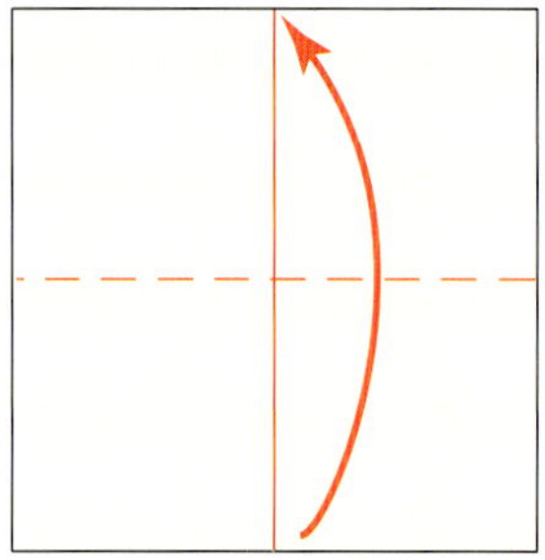

2 Piegatelo a metà nel senso della lunghezza, portando il lembo inferiore verso l'alto.

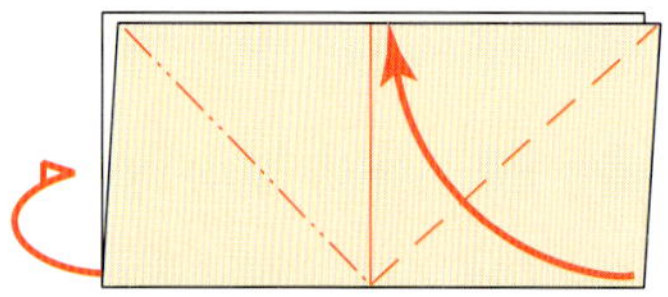

3 Piegate l'angolo inferiore destro verso il centro del lato superiore; realizzate una piega a monte con l'angolo inferiore sinistro, portando anch'esso verso il centro del lato superiore.

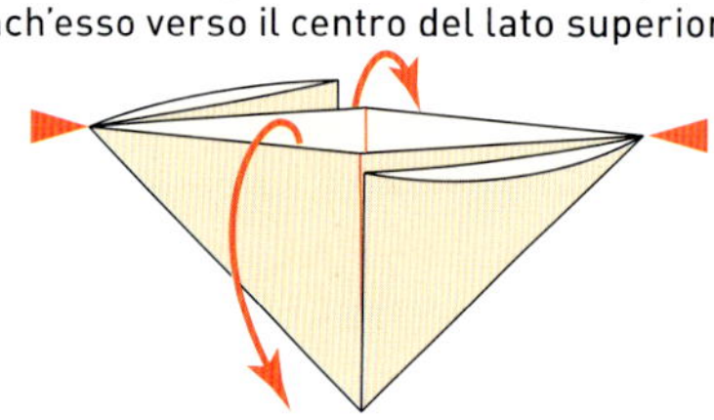

4 Aprite gli strati centrali e uniteli ciascuno al rispettivo strato esterno, premendoli insieme. Appiattite il foglio a metà. Prima di proseguire assicuratevi che la base sia rivolta nella direzione corretta in ciascuno dei passaggi successivi.

LA BASE PREPARATORIA COMPLETATA

CACTUS
JOHN BLACKMAN

Il cactus di Blackman è ispirato a una decorazione giapponese tradizionale detta kusadama. I 36 elementi che costituiscono il cactus (ciascuno realizzato con un foglio di carta quadrato), i tre fiori (ciascuno costruito con tre quadrati di carta) e il vaso nascono tutti dalla base preparatoria. Le basi per gli elementi del cactus sono piegate a formare un modello piatto, riaperte e ripiegate al contrario per ottenere un aspetto tridimensionale.

BASE PER L'UCCELLO

Talvolta è denominata "base per la gru", poiché costituisce la struttura di partenza per realizzare i famosi origami che riproducono questo uccello.

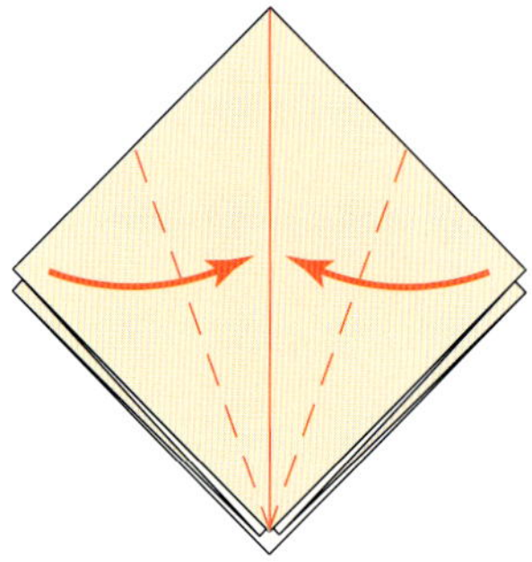

1 Iniziate da una base preparatoria, posizionata con gli angoli aperti rivolti verso il basso. Piegate il lato destro e il lato sinistro delle alette superiori in modo da farli combaciare al centro.

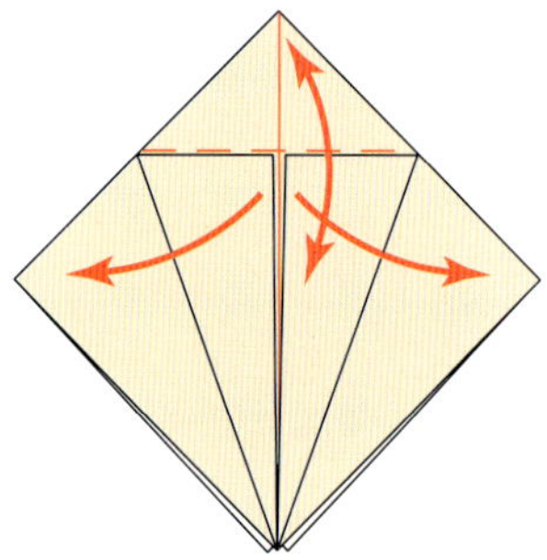

2 Piegate il triangolo dello strato più superficiale verso il basso e riapritelo, poi riaprite le pieghe realizzate al punto 1.

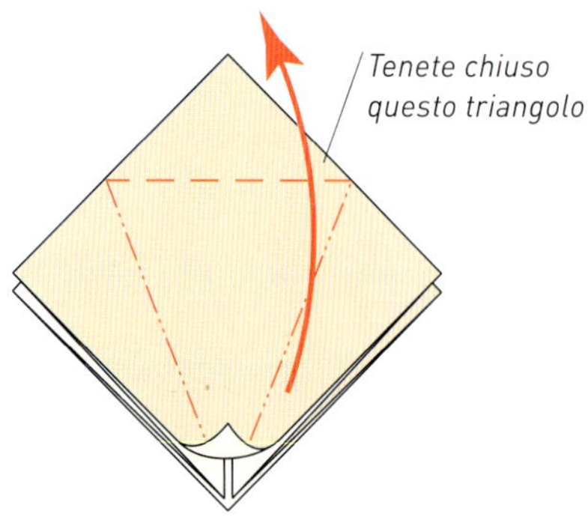

3 Sollevate la punta inferiore dello strato più superficiale e ruotatela verso l'alto, tenendo chiuso il triangolo in cima.

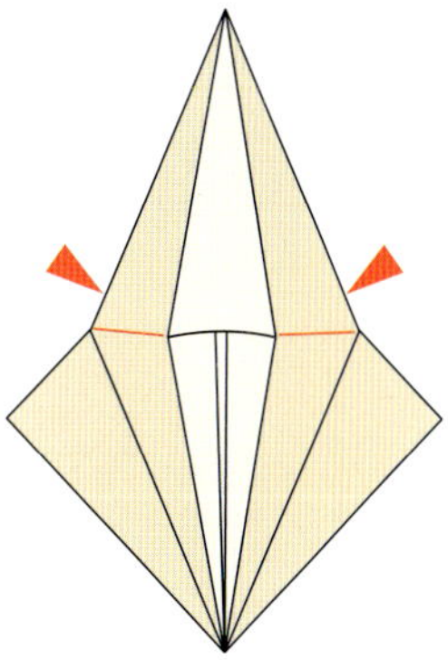

4 Spingete l'angolo sinistro e l'angolo destro l'uno verso l'altro in modo da far combaciare i bordi al centro. Appiattite.

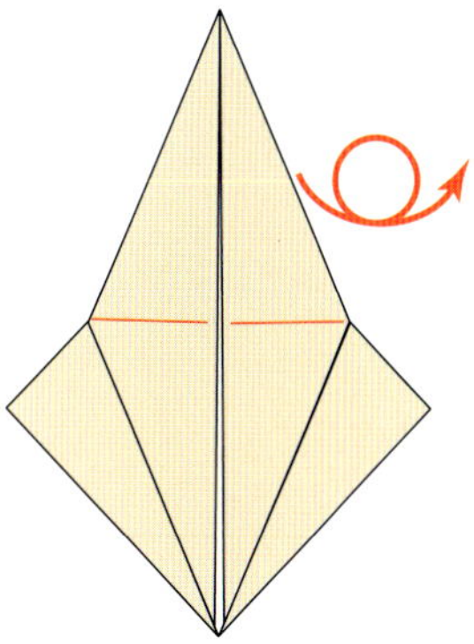

5 Voltate il foglio. Ripetete i punti 1–4 sull'altro lato.

LA BASE PER L'UCCELLO COMPLETATA

OTTENERE UNA GRU DALLA BASE PER L'UCCELLO

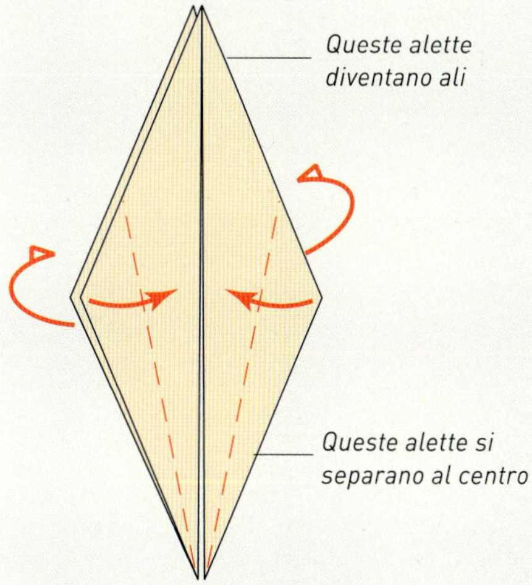

1 Iniziate con la base per l'uccello, posizionata con le alette destinate a diventare ali rivolte verso l'alto. Piegate i bordi inferiori destro e sinistro dello strato più superficiale facendoli combaciare al centro. Voltate il foglio e ripetete sull'altro lato.

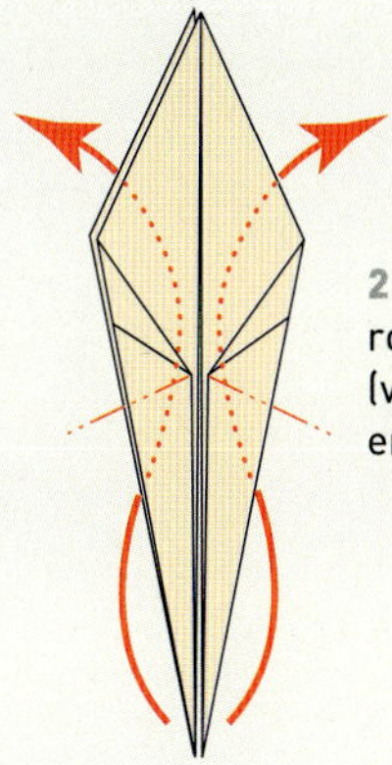

2 Realizzate pieghe rovesciate all'interno (vedi pag. 19) su entrambi i lati.

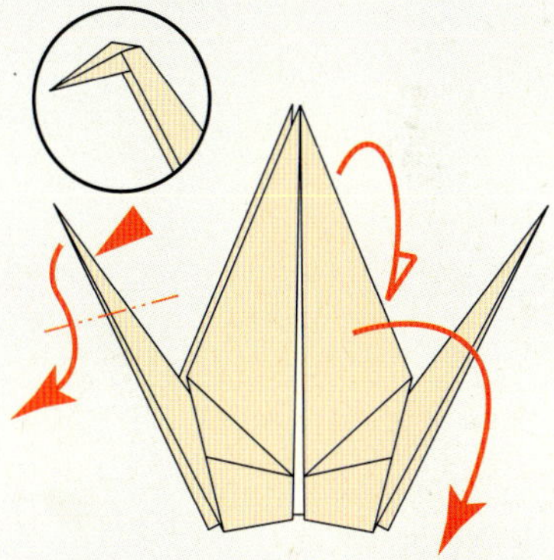

3 Per il becco della gru, realizzate su un'estremità una piega rovesciata all'interno. Separate le ali per completare il modello.

LE GRU COMPLETATE

BASE PER IL FIORE

Esistono svariati modelli di origami che riproducono fiori. Molti iniziano con questa base.

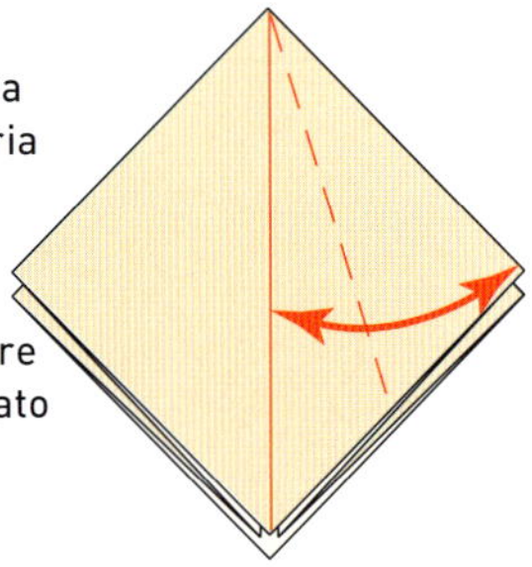

1 Iniziate con una base preparatoria con gli angoli aperti rivolti in basso. Piegate il bordo superiore destro dello strato più superficiale sulla linea centrale, poi aprite.

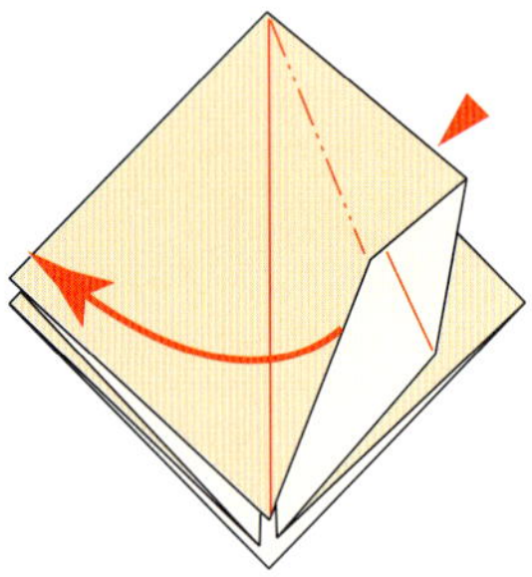

2 Allargate l'apertura dello strato destro più superficiale e piegatelo a sinistra, formando un rombo.

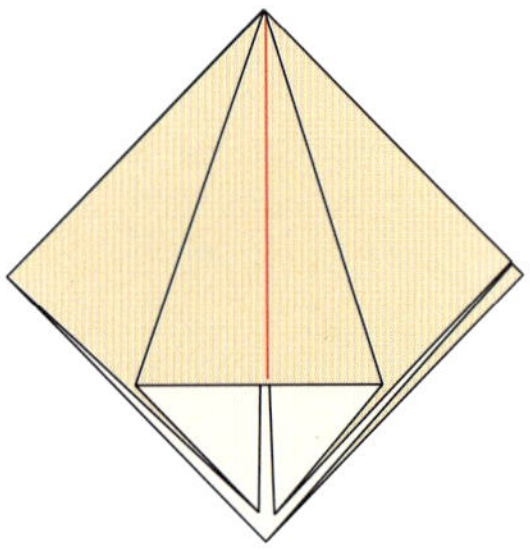

3 Appiattite il rombo e premete bene. Ripetete i punti 1 e 2 per le tre facce rimanenti.

LA BASE PER IL FIORE COMPLETATA

OTTENERE UN IRIS DALLA BASE PER IL FIORE

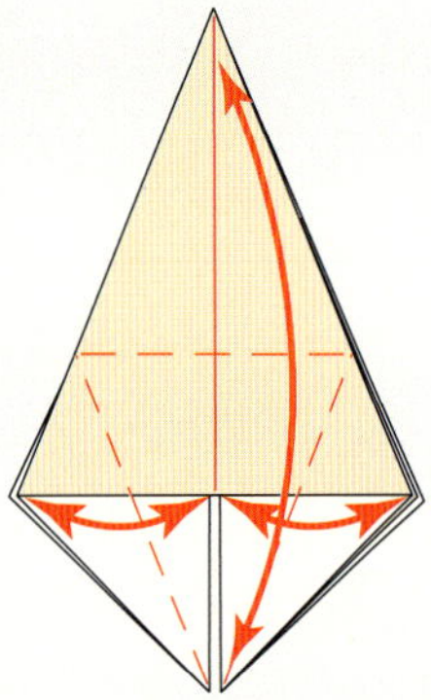

1 Iniziate con la base per il fiore. Piegatela a metà nel senso della lunghezza e aprite. Piegate il bordo destro e sinistro dello strato più superficiale verso il centro per farli combaciare, poi aprite.

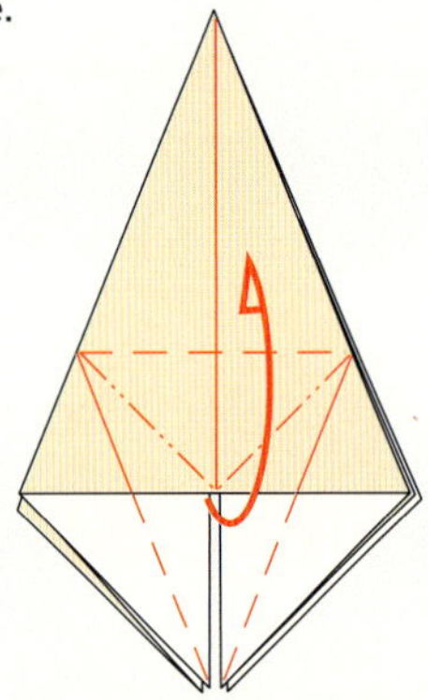

2 Sollevate il fondo del triangolo e allargate l'apertura.

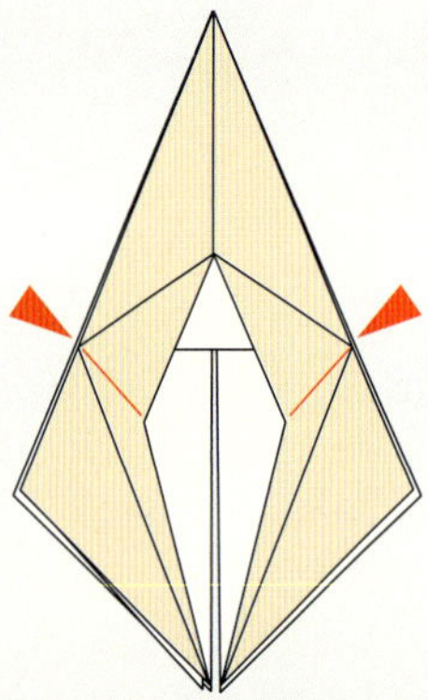

3 Spingete l'angolo destro e sinistro verso il centro per farli combaciare, poi appiattite.

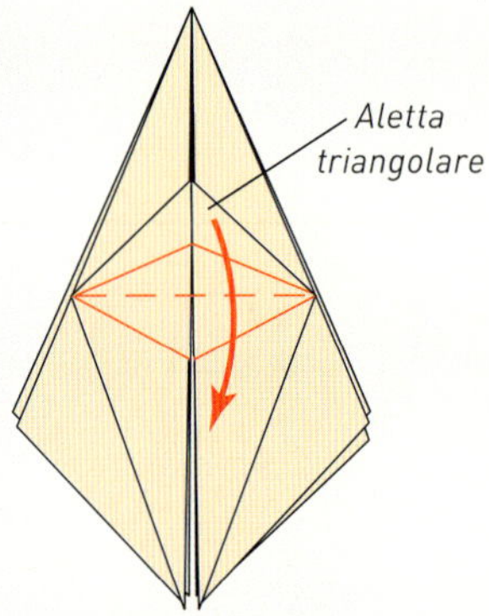

4 Piegate verso il basso le alette triangolari. Ripetete i punti 1–4 per le tre facce rimanenti.

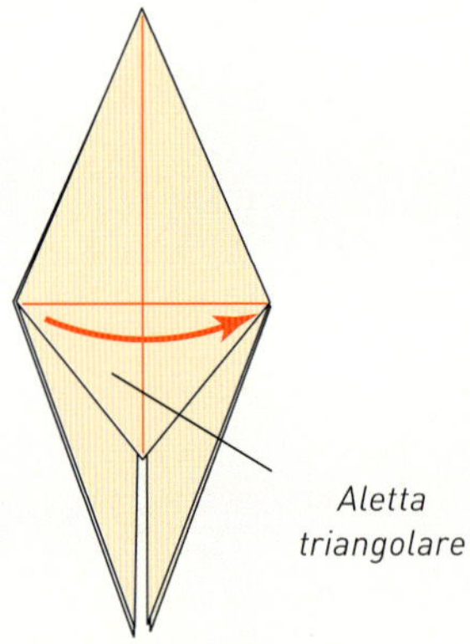

5 Piegate un'aletta su un lato per ottenere una superficie liscia, senza alette triangolari.

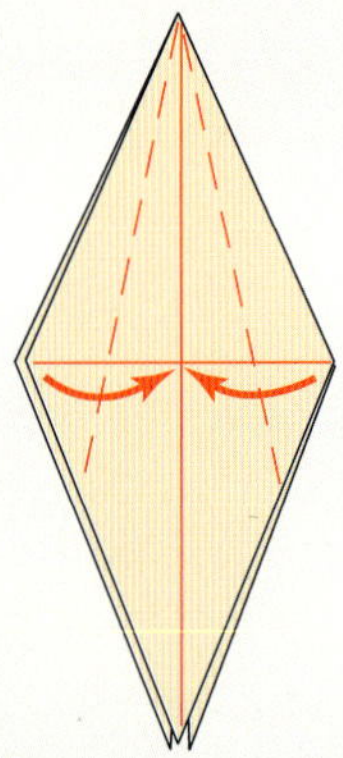

6 Piegate il bordo inferiore destro e sinistro dello strato più superficiale per farli combaciare al centro.

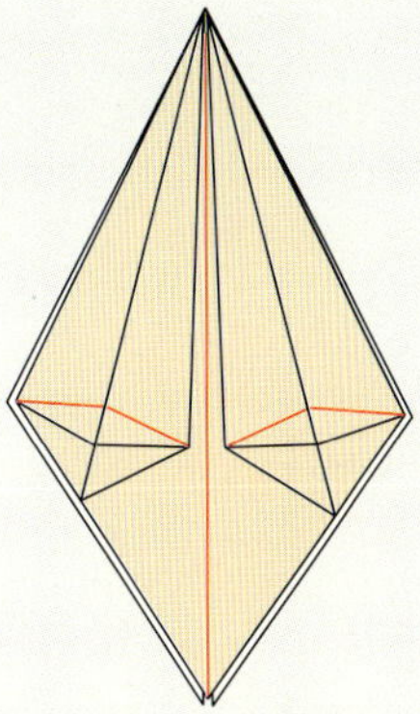

7 Ripetete i punti 5 e 6 per le tre facce rimanenti.

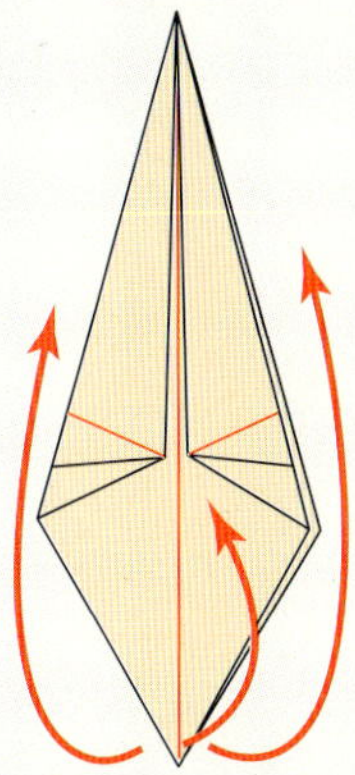

8 Aprite i quattro petali.

L'IRIS COMPLETATO

BASE PER LA PALLA

Talvolta è chiamata anche "base per il gavettone", perché una volta costruita è davvero possibile riempirla d'acqua. La sequenza delle pieghe è simile a quella per la base preparatoria: perciò potete prendere una base preparatoria e rivoltarla per formare una base per la palla.

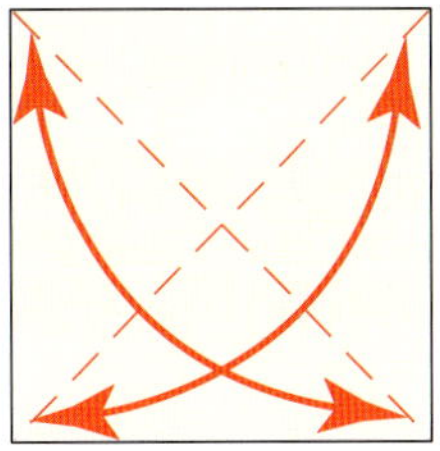

1 Piegate il foglio a metà lungo una diagonale e aprite. Poi piegatelo a metà lungo l'altra diagonale e aprite.

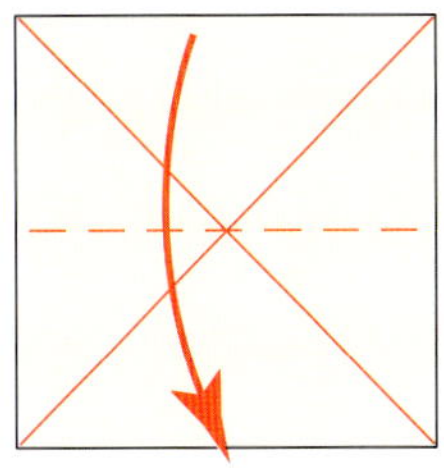

2 Piegatelo a metà nel senso della lunghezza.

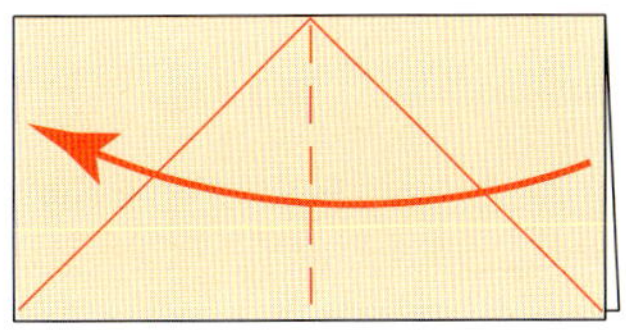

3 Piegatelo a metà nel senso della larghezza.

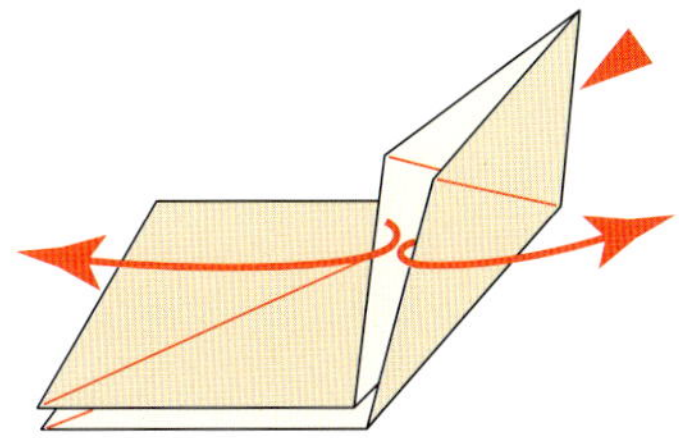

4 Allargate l'apertura e separate gli strati esercitando pressione.

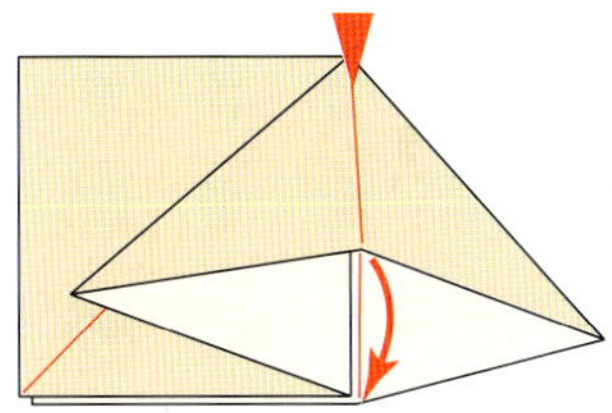

5 Realizzate uno squash sul quadrato aperto per formare un triangolo.

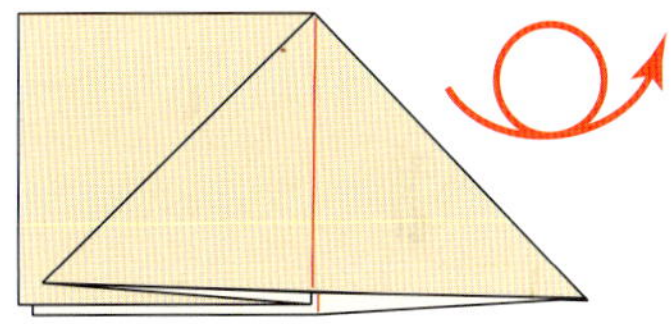

6 Voltate il foglio e ripetete i punti 4 e 5 sull'altro lato.

LA BASE PER LA PALLA COMPLETATA

OTTENERE UNA PALLA DALLA BASE PER LA PALLA

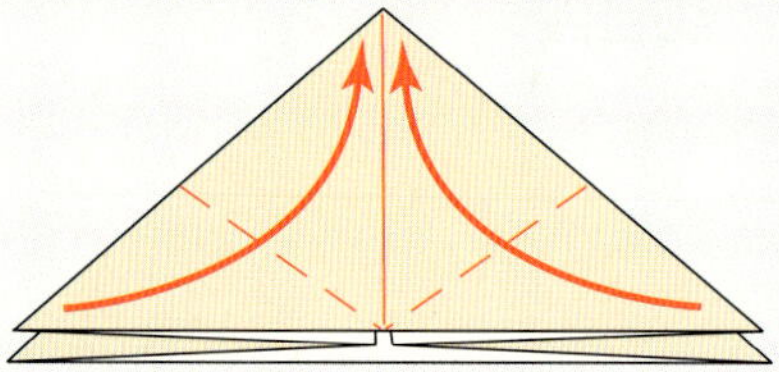

1 Iniziate con la base per la palla. Piegate i due angoli inferiori dello strato più superficiale per farli combaciare sull'angolo superiore.

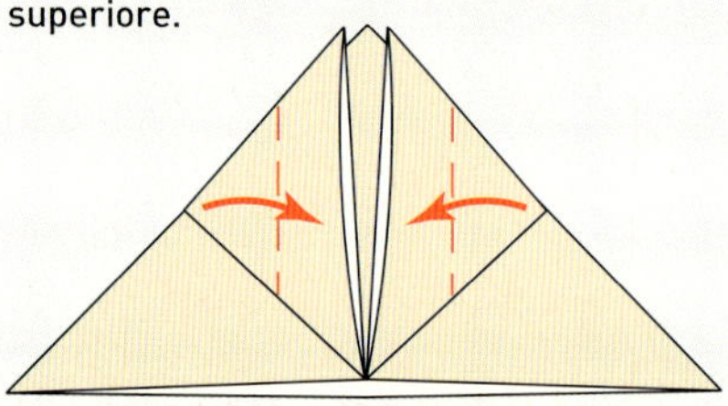

2 Piegate l'angolo destro e sinistro dello strato più superficiale per farli combaciare al centro.

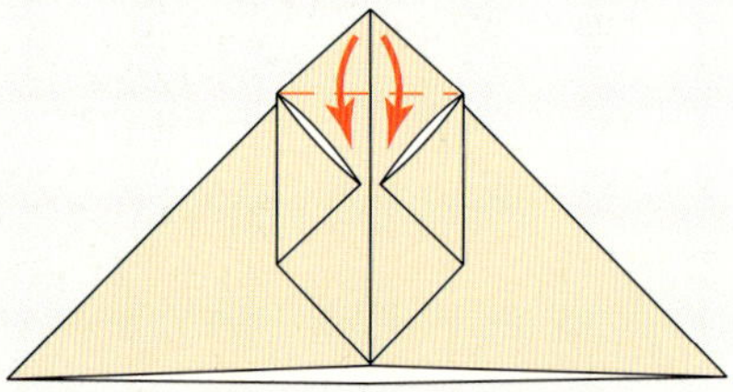

3 Piegate a metà le alette triangolari superiori.

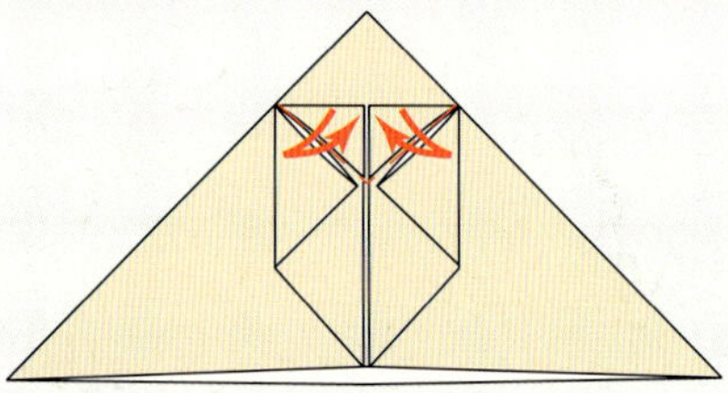

4 Piegate i triangoli verso il basso, poi aprite.

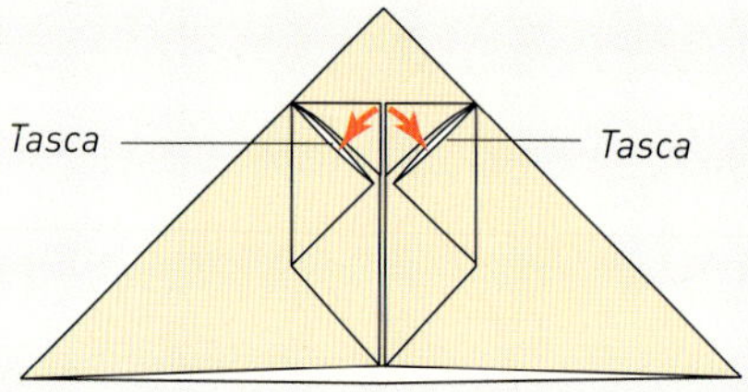

5 Allargate le tasche e inseritevi i triangoli.

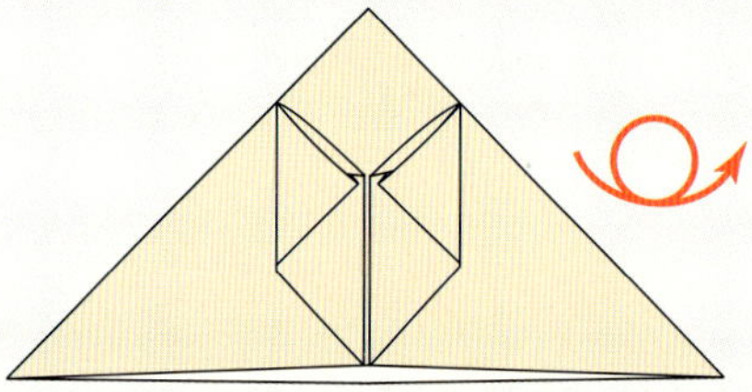

6 Voltate il foglio e ripetete i punti 1–5 sull'altro lato.

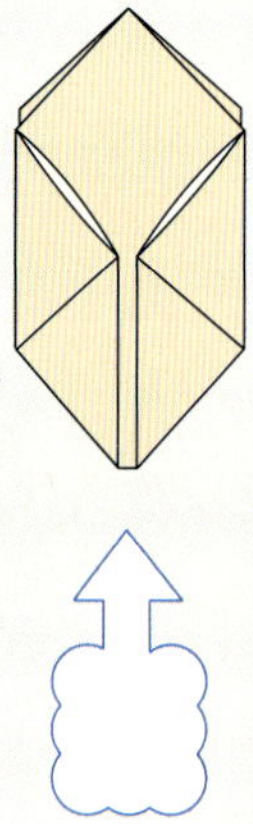

7 Soffiate nel forellino sul fondo per gonfiare la palla.

LA PALLA COMPLETATA

BASE PER LA BARCA

Questa base ha molti nomi diversi, tra cui "mulino a vento", per via della forma, "maiale", perché può essere trasformata in questo animale, e anche "base multiforme".

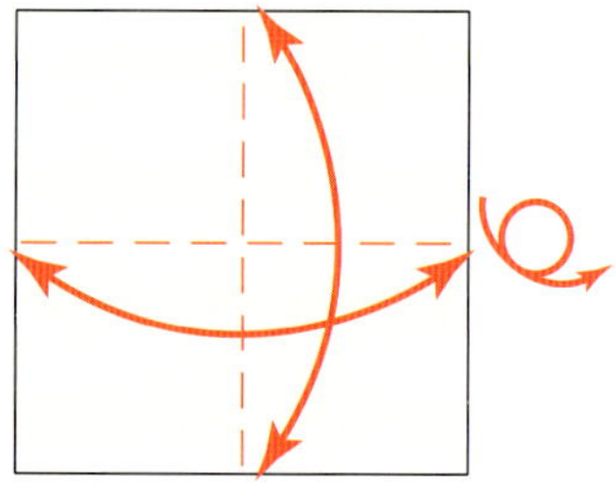

1 Piegate il foglio a metà nel senso della lunghezza e aprite. Poi piegatelo a metà nel senso della larghezza e aprite. Voltate il foglio.

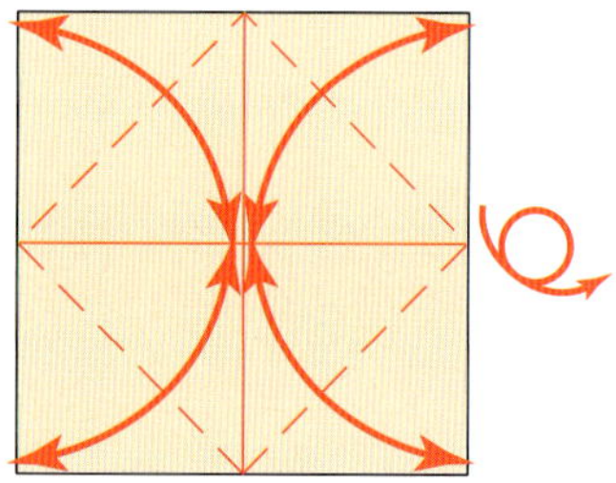

2 Piegate i quattro angoli verso il centro, poi aprite. Voltate di nuovo il foglio.

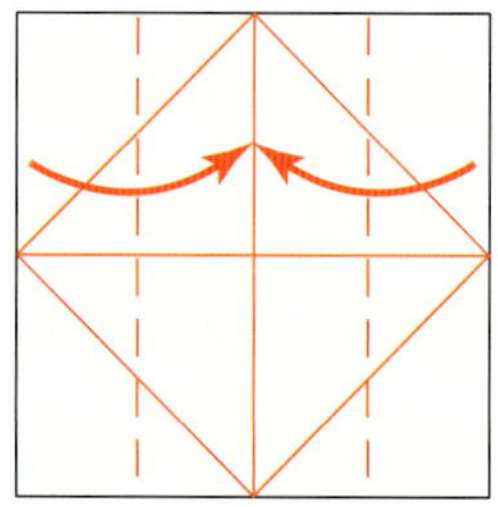

3 Piegate entrambi i lati per farli combaciare sulla piega centrale.

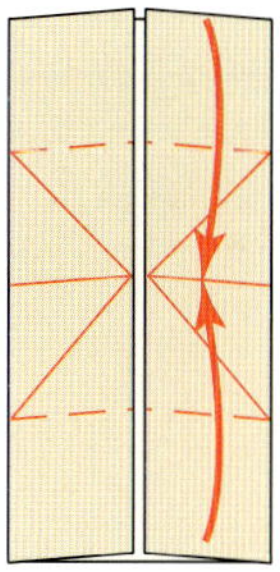

4 Piegate i bordi superiore e inferiore per farli combaciare sulla piega centrale.

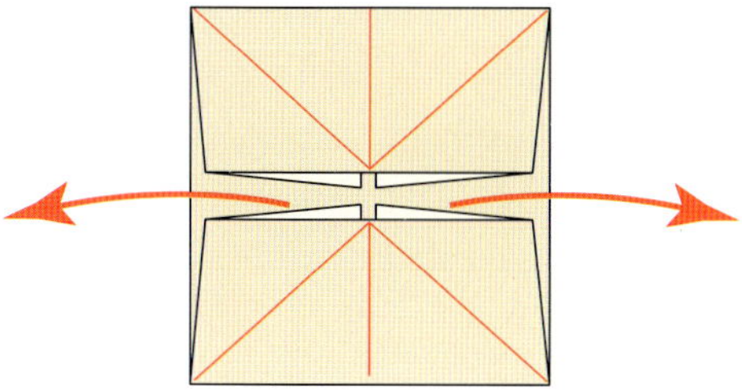

5 Afferrate gli angoli interni della porzione inferiore ed estraeteli dal centro.

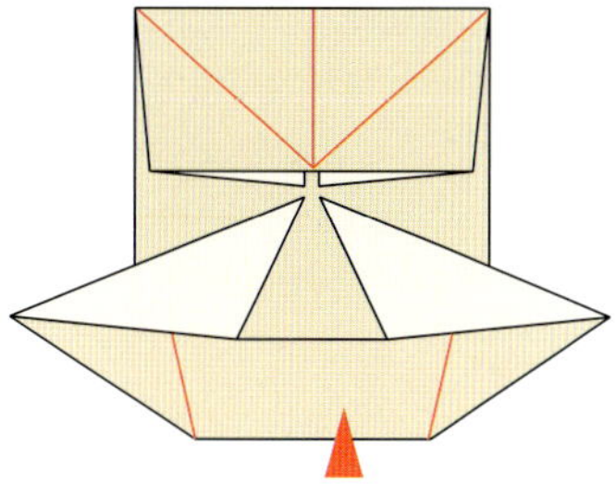

6 Appiattite la parte inferiore. Ripetete il punto 5 per la porzione superiore.

LA BASE PER LA BARCA COMPLETATA

NOMI ALTERNATIVI

Da questi esempi si colgono le varie forme che può assumere la base per la barca e dunque il motivo per cui è nota anche come "mulino a vento", "maiale" e "doppia barca".

OTTENERE UNA BARCA A VELA DALLA BASE PER LA BARCA

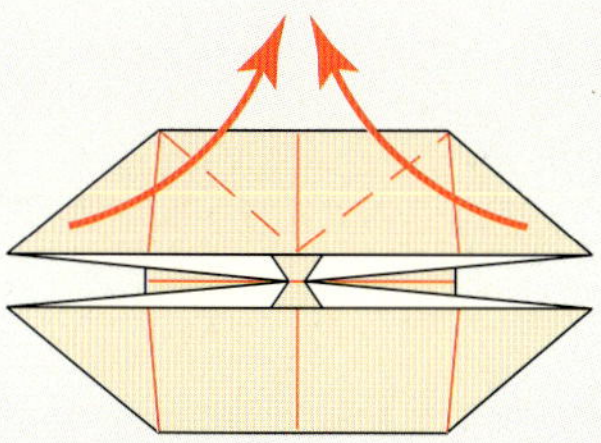

1 Iniziate con la base per la barca e piegate verso l'alto le due alette triangolari della porzione superiore.

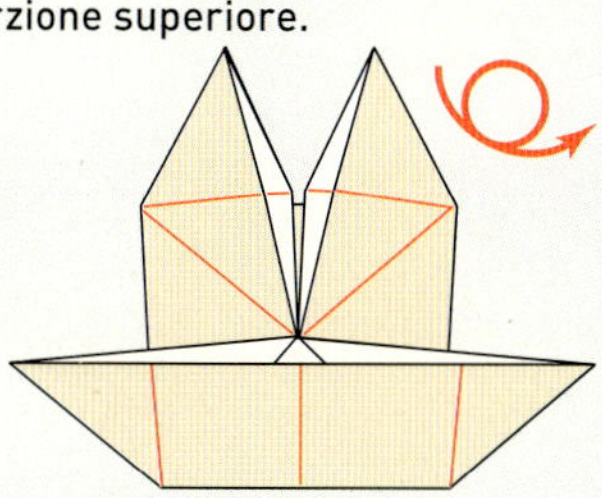

2 Voltate il foglio.

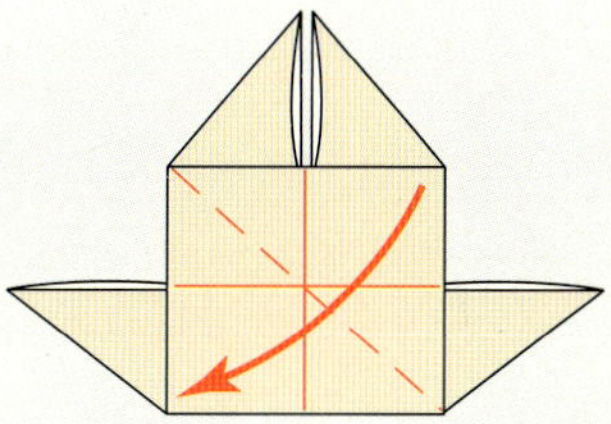

3 Piegate la parte quadrata a metà lungo la diagonale.

LA BARCA COMPLETATA

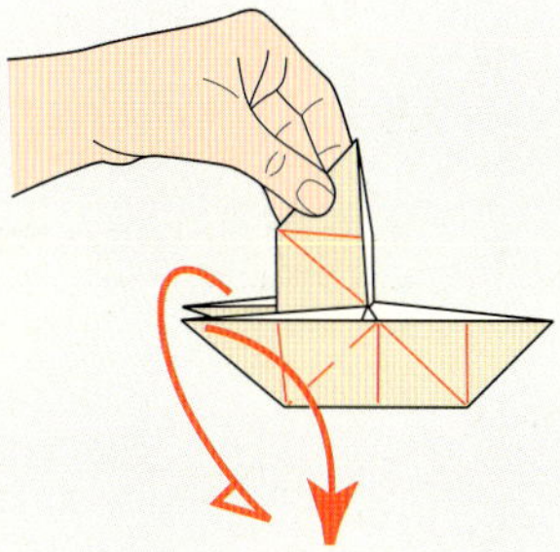

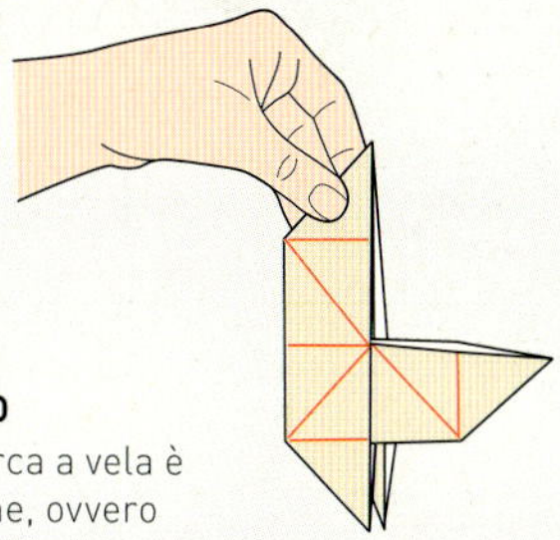

BARCA DELL'INGANNO

In Giappone questa barca a vela è chiamata damashi-bune, ovvero "barca dell'inganno". Chiedete a un amico di afferrare saldamente la vela e di chiudere gli occhi. Piegate verso il basso le due alette vicino alla vela, poi permettete all'amico di aprire gli occhi. Sembrerà che la barca si sia girata e stia affondando.

BASE PER IL PESCE

La base per il pesce è un'evoluzione dell'orecchio di coniglio (vedi pag. 20). Anche le "orecchie" possono essere piegate per formare le pinne di varie creature marine.

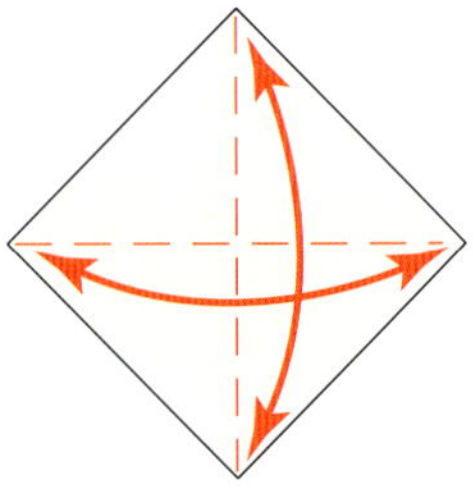

1 Ruotate il foglio per avere davanti a voi un rombo. Piegatelo a metà nel senso della larghezza e aprite. Poi piegatelo nel senso della lunghezza e aprite.

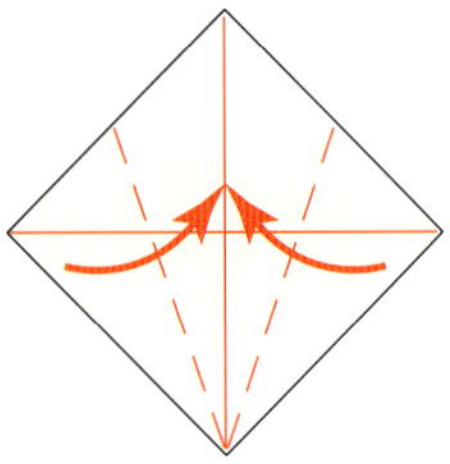

2 Piegate i due lati per farli combaciare sulla piega centrale.

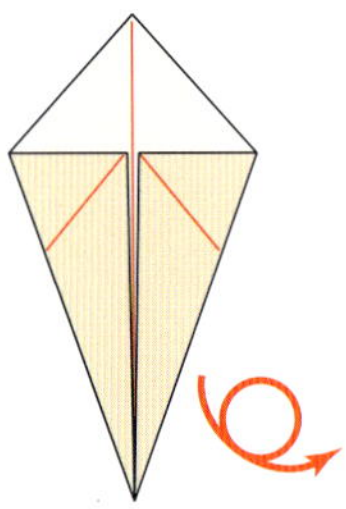

3 Voltate il foglio.

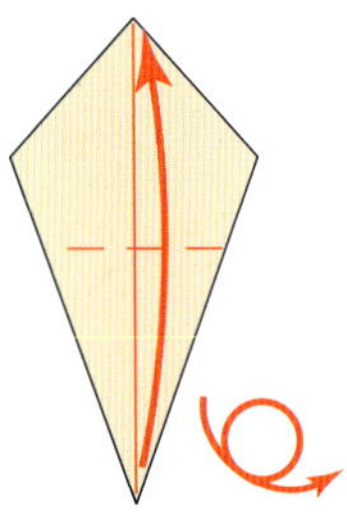

4 Piegatelo a metà nel senso della lunghezza, poi voltatelo di nuovo.

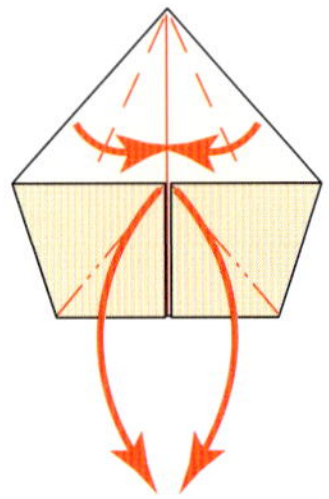

5 Piegate il bordo destro sulla piega centrale; al tempo stesso tirate verso il basso l'angolo interno destro per formare una punta. Ripetete sul lato sinistro.

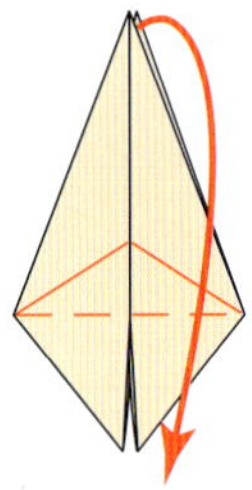

6 Piegate verso il basso lo strato più superficiale.

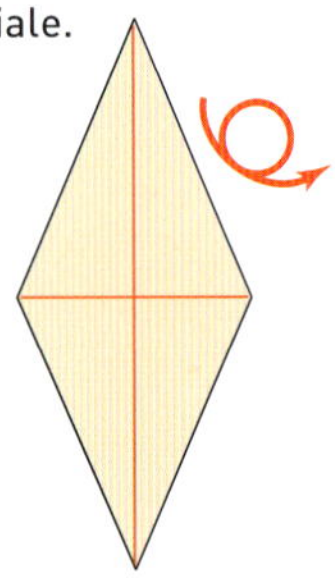

7 Voltate il foglio.

LA BASE PER IL PESCE COMPLETATA

OTTENERE UN PESCE DALLA BASE PER IL PESCE

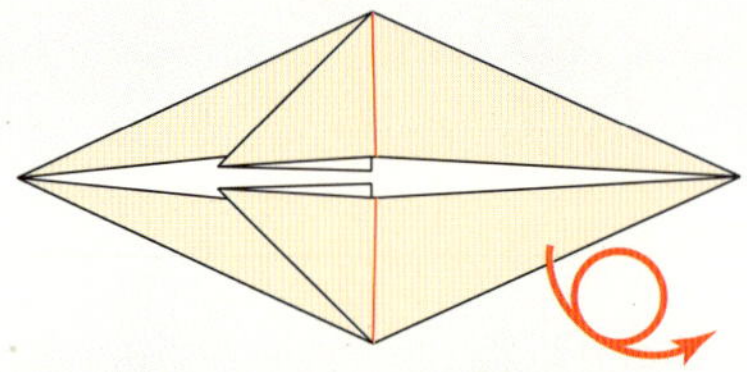

1 Iniziate con la base per il pesce, posizionandola in orizzontale. Voltate il foglio, tenendo le alette triangolari sul lato sinistro.

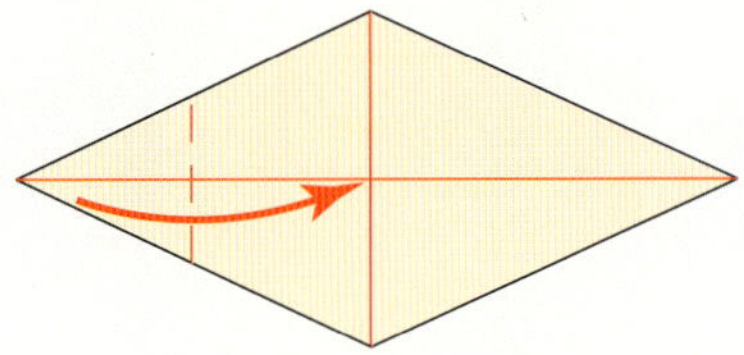

2 Piegate l'angolo sinistro verso il centro.

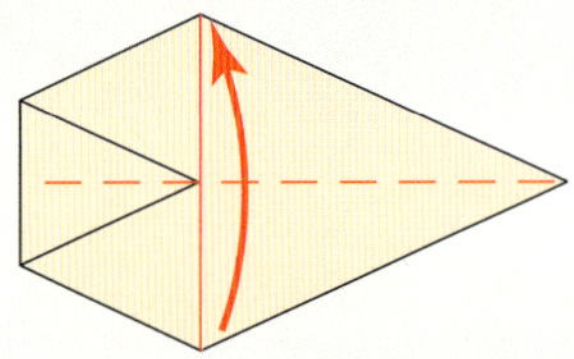

3 Piegate a metà nel senso della lunghezza.

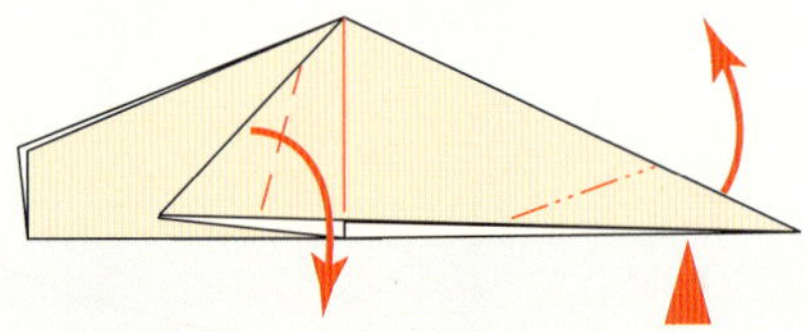

4 Piegate in obliquo verso il basso le alette triangolari per formare le pinne del pesce. Ripetete sull'altro lato. Per la coda del pesce, realizzate una piega rovesciata all'interno (vedi pag. 19) sull'estremità più piccola.

IL PESCE COMPLETATO

PROGETTI DECORATIVI

PIEGARE LA CARTA È SOLO QUESTIONE DI MANUALITÀ. TUTTAVIA LE TECNICHE DI PER SE STESSE VALGONO POCO: NELL'ORIGAMI, PIÙ CHE IN QUALSIASI ALTRA ARTE BASATA SULLA CARTA, L'IMPORTANTE È CAPIRE IL MODO IN CUI ESSE SI LEGANO AI PROGETTI SPECIFICI.

RIPRODURRE LA SOMIGLIANZA

I modelli ornamentali, per esempio le raffigurazioni di animali o fiori, possono essere semplici o complessi e richiedere esercizio e pazienza. Nel disegno la somiglianza di un soggetto può essere resa con pochi tocchi esperti di matita; lo stesso vale per gli origami, ma lo strumento utilizzato sono le piegature. Ridurre una forma complessa alla sua struttura essenziale, per poi rendere quella struttura in maniera semplice ed elegante, è una grande sfida creativa.

VEDI ANCHE

Simboli degli origami, pagg. 16–17
Pieghe base, pagg. 18–21
Basi, pagg. 26–34

FARFALLA

Si tratta di un progetto adatto anche ai principianti.

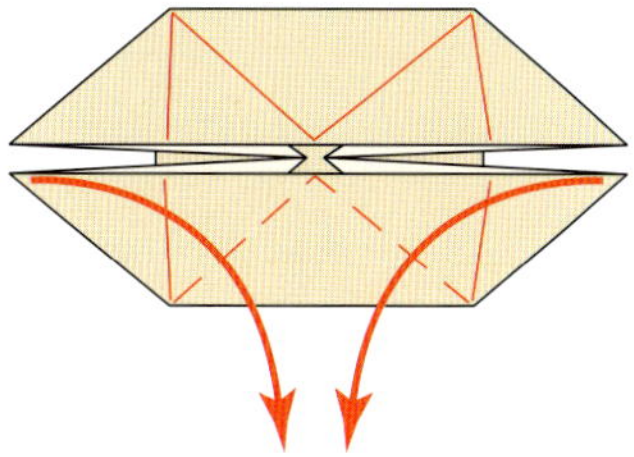

1 Iniziate con la base per la barca (vedi pagg. 32–33). Piegate verso il basso le due alette triangolari inferiori.

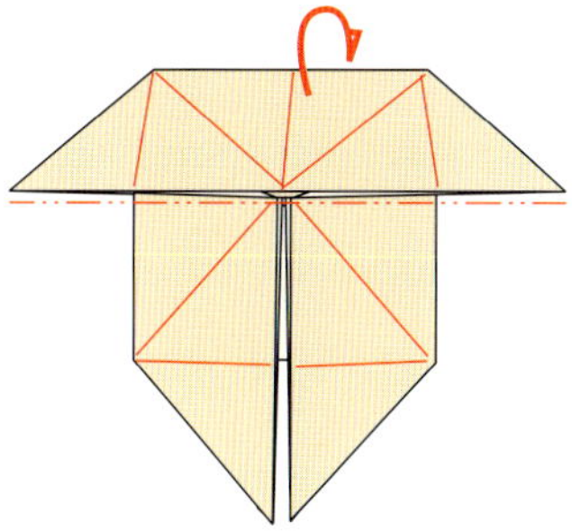

2 Realizzate una piega a monte sulla porzione superiore.

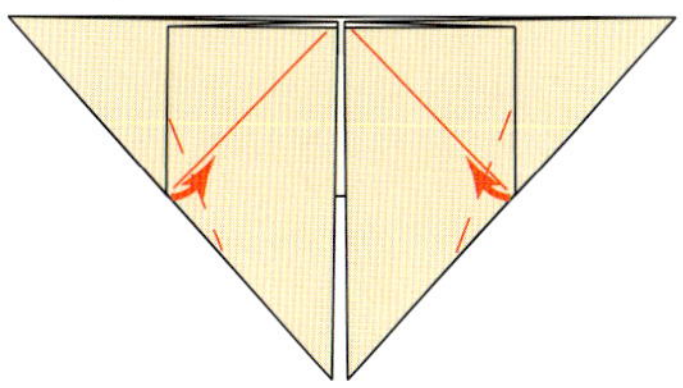

3 Piegate entrambi gli spigoli ad angolo acuto, come mostrato

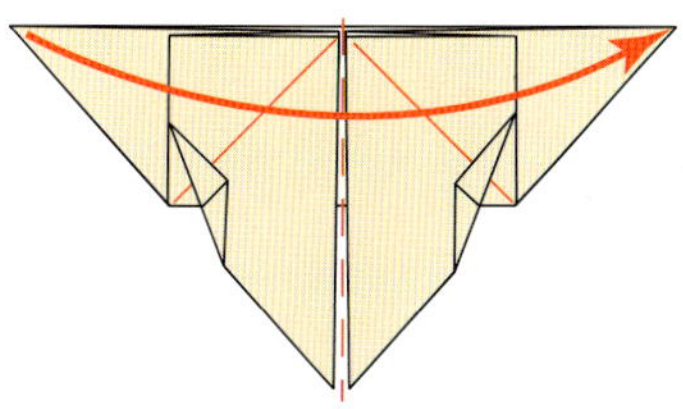

4 Piegate a metà nel senso della larghezza.

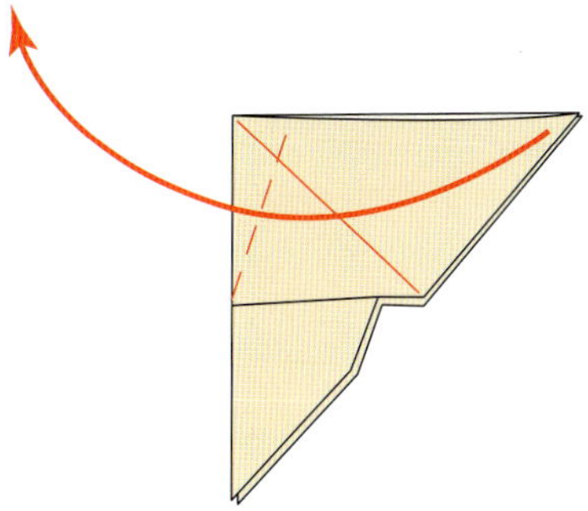

5 Ripiegate lo strato superiore ad angolo acuto, come mostrato.

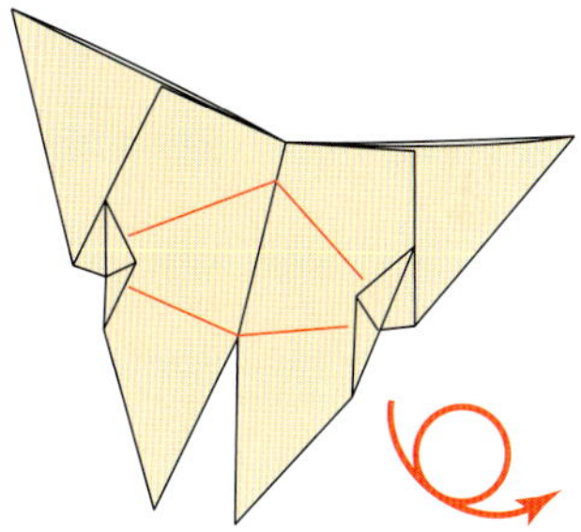

6 Voltate il foglio.

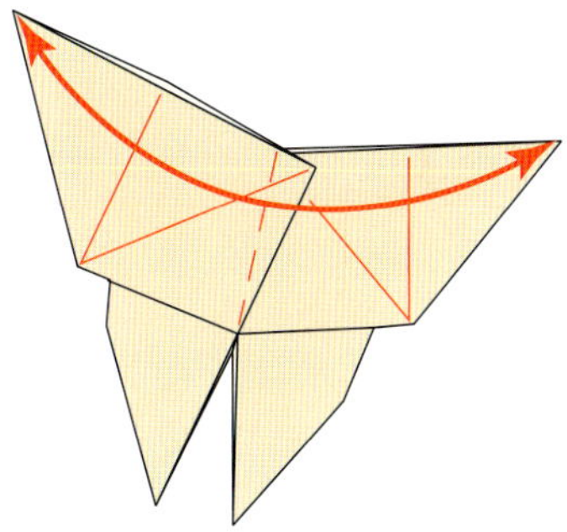

7 Piegate a metà, allineando le ali, poi aprite.

LE FARFALLE COMPLETATE

CHIOCCIOLA

Il progetto di Ayako Brodek è una variante di un modello tradizionale ed è indicato per chi ha già una discreta conoscenza dell'origami.

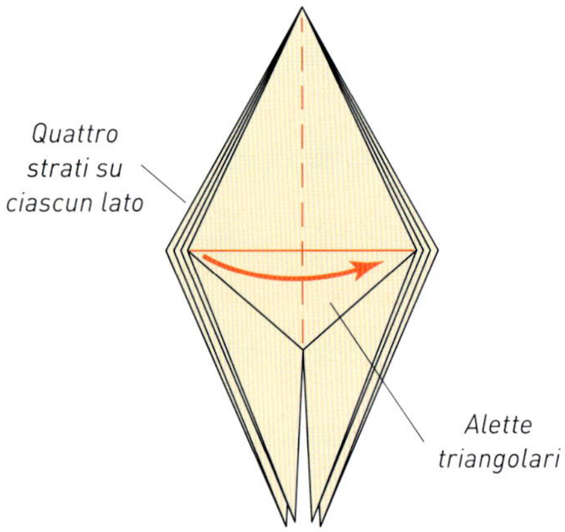

1 Seguite i punti 1–4 di "Ottenere un iris dalla base per il fiore" (vedi pag. 30). Posizionate il foglio in modo che abbia lo stesso numero di strati a destra e a sinistra. Assicuratevi che le alette triangolari siano tutte rivolte verso il basso. Piegate uno strato sinistro sul lato destro per ottenere una superficie liscia, senza aletta triangolare.

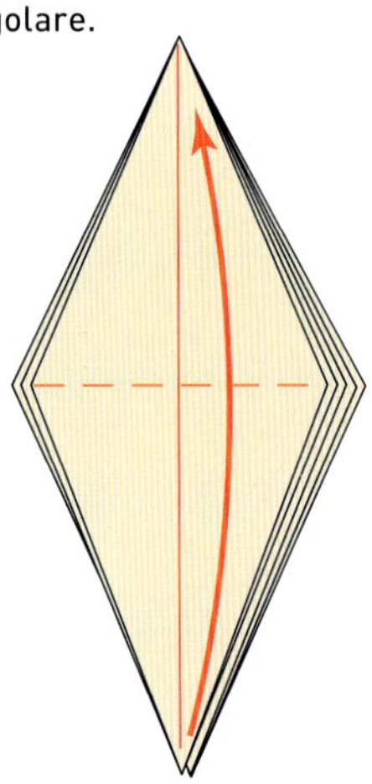

2 Sollevate l'angolo inferiore dello strato più superficiale sovrapponendolo all'angolo in cima.

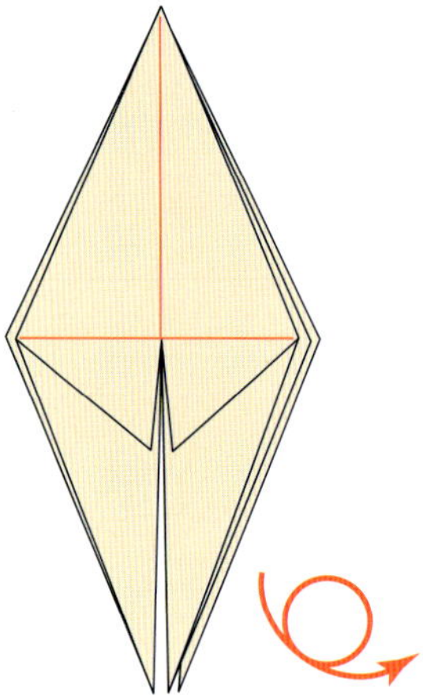

3 Voltate il foglio.

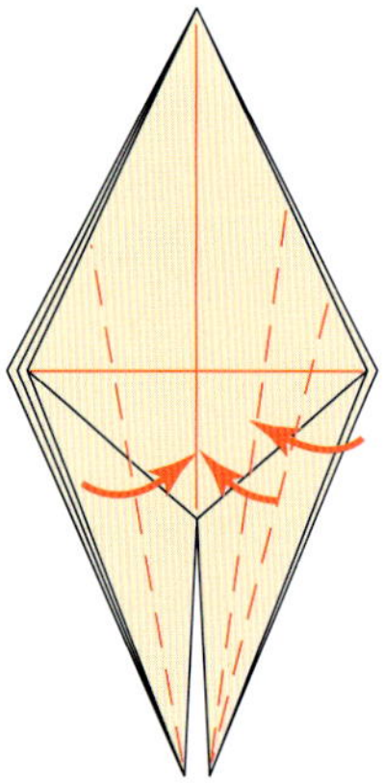

4 Prendete due strati del bordo inferiore destro e piegateli a una distanza di due terzi dal centro, poi piegateli di nuovo fino al centro. Prendete uno strato del bordo inferiore sinistro e portatelo al centro.

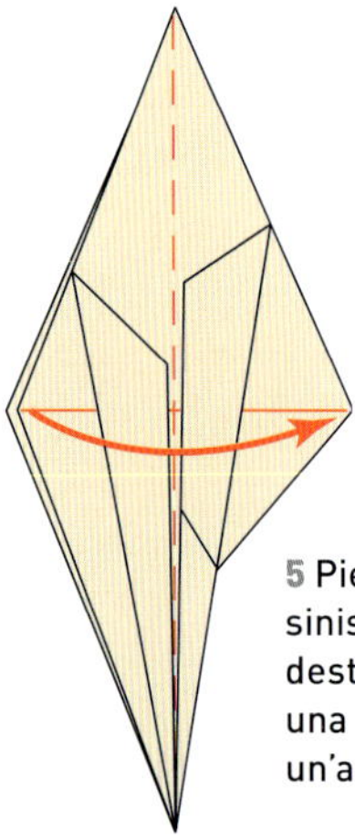

5 Piegate due strati di sinistra verso il lato destro per ottenere una superficie con un'aletta triangolare.

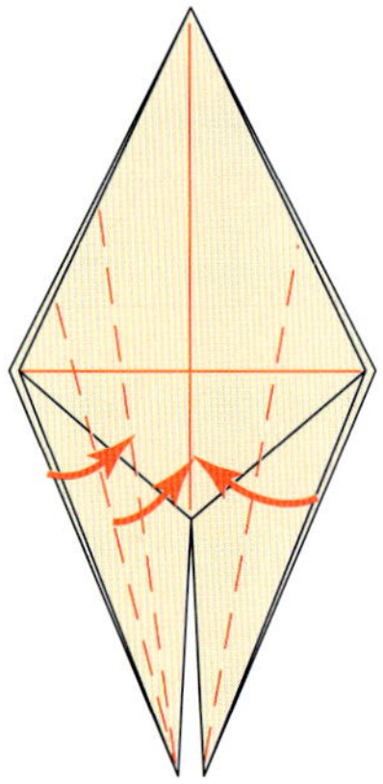

6 Prendete due strati del bordo inferiore sinistro e piegateli a una distanza di due terzi dal centro, poi piegateli di nuovo fino al centro. Prendete uno strato del bordo inferiore destro e portatelo al centro.

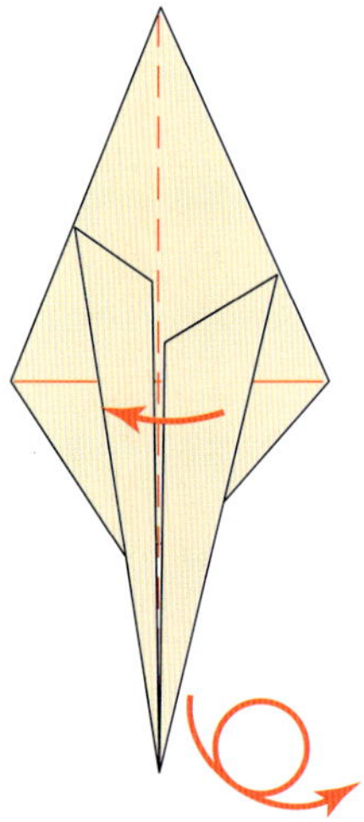

7 Piegate uno strato di destra verso il lato sinistro per ottenere una superficie liscia, senza aletta triangolare. Poi voltate il foglio.

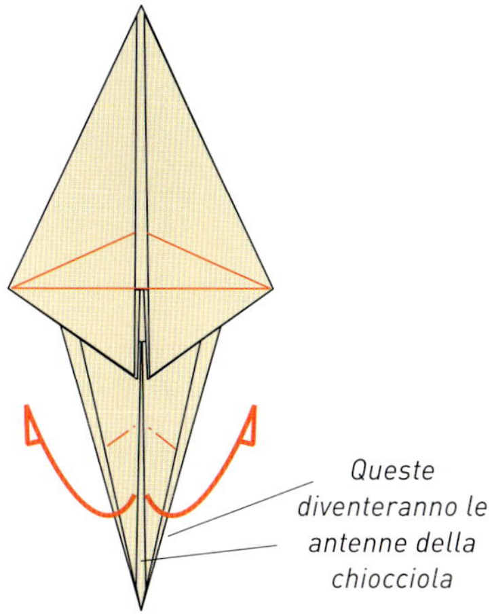

8 Realizzate una piega a monte ad angolo acuto su entrambe le antenne.

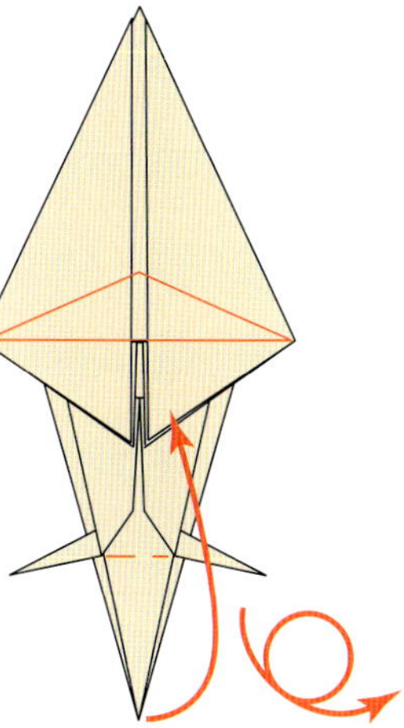

9 Piegate l'angolo inferiore verso l'alto e infilatelo sotto l'aletta triangolare. Poi voltate il foglio.

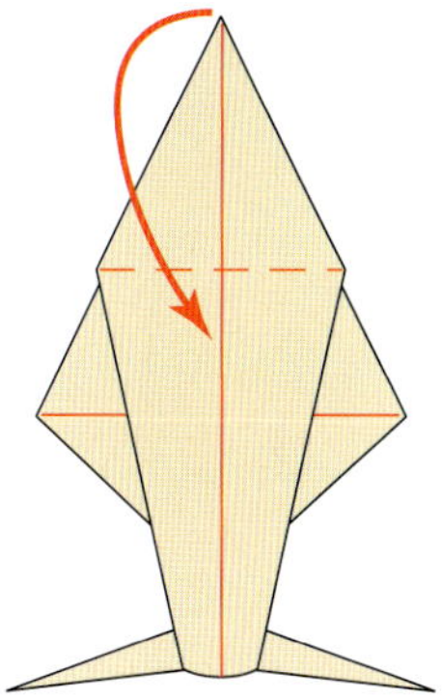

10 Piegate l'angolo superiore, a eccezione di uno strato. Sollevate il triangolo.

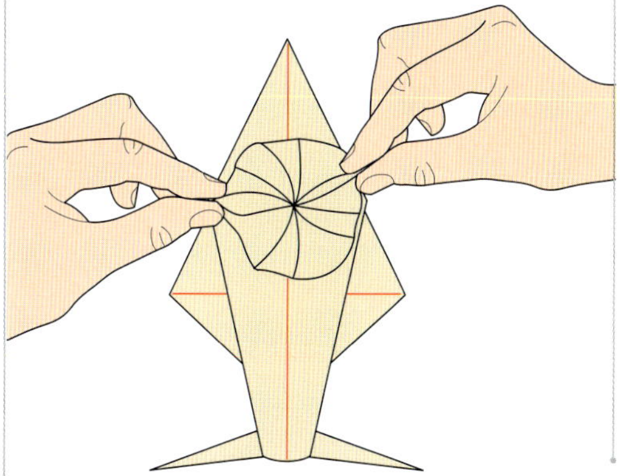

11 Aprite con delicatezza tutte le pieghe del triangolo per formare il guscio della chiocciola.

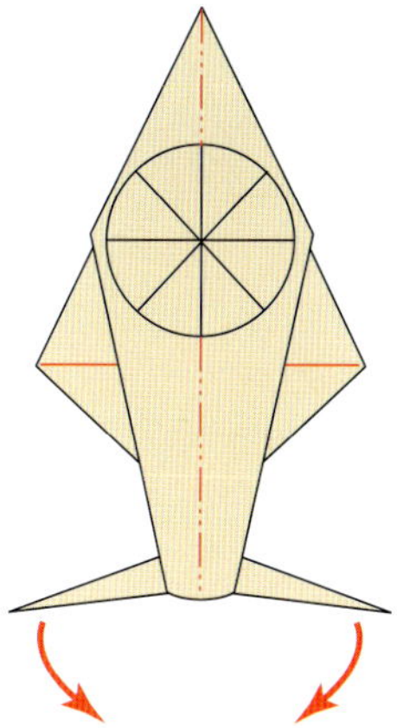

12 Per concludere, realizzate una piega a monte al centro del corpo e della coda pizzicando con le dita, e raddrizzate le antenne.

LA CHIOCCIOLA COMPLETATA

PROGETTI FUNZIONALI

BENCHÉ MOLTI RITENGANO L'ORIGAMI UN'ARTE PURAMENTE DECORATIVA, ESISTONO NUMEROSI PROGETTI DOTATI DI FINALITÀ PRATICHE.

I soggetti più popolari sono le scatole, che possono essere semplici o molto elaborate. Capovolte, diventano splendidi cappellini. Altri origami indossabili sono calde pantofole fatte con carta di giornale, cinture regolabili e bijoux di tutti i tipi.

ORIGAMI IN CASA

Con la carta alluminio o la carta cerata si possono costruire semplici tazze a perfetta tenuta, piattini e scatole da usare in cucina. Sulla tavola si vedono spesso tovaglioli di carta o di stoffa piegati ad arte, mentre gli origami servono per preparare segnaposto, anelli portatovagliolo e sacchetti per il cibo da portare via. Gli oggetti di carta non vanno certo usati tutti i giorni, ma hanno una loro funzionalità, oltre a essere gradevoli alla vista.

VEDI ANCHE

Simboli degli origami, pagg. 16–17
Pieghe base, pagg. 18–21
Basi, pagg. 26–34

DECORAZIONI PER LA TAVOLA
Il portauovo può essere smussato arrotolando la punta di ciascuna aletta quadrata intorno a una matita. Nell'esempio funge da decorazione per la tavola e contiene un uovo di plastica abbellito con ritagli di carta. Trovate le istruzioni per la farfalla posta in cima all'uomo a pag. 35.

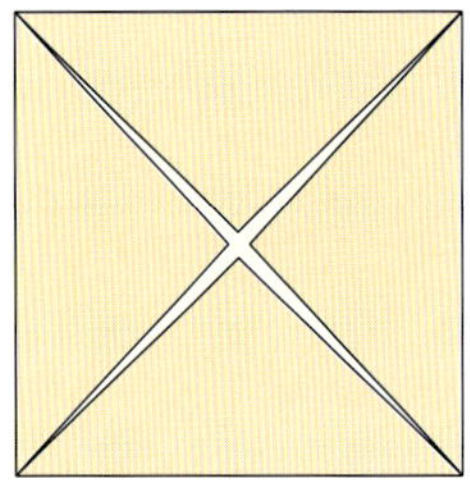

1 Iniziate con la base per il bliny (vedi pag. 27). Piegatela per ottenere la base per la barca (pag. 32). Considerate questo lato il dritto del foglio (ovvero la faccia colorata); ciò significa che prima di eseguire il punto 1 della base per la barca dovrete voltare il foglio.

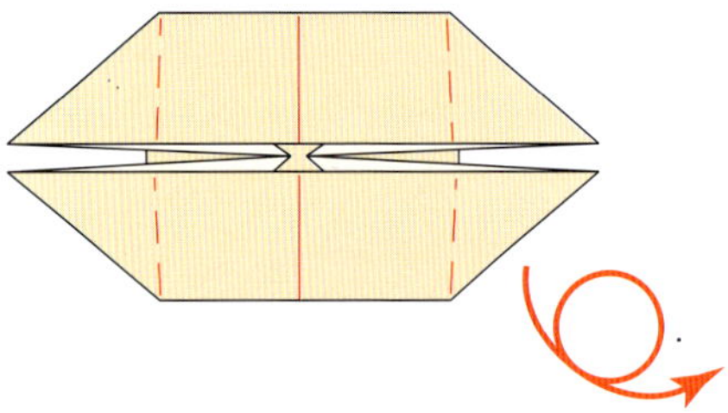

2 A questo punto avrete una base per la barca, costruita con una base per il bliny. Voltate il foglio.

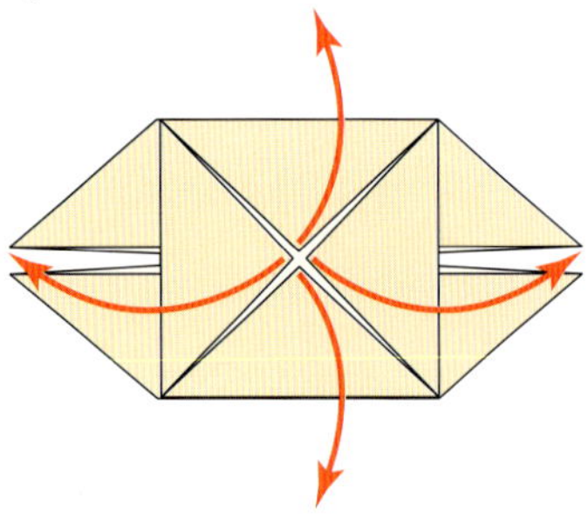

3 Aprite le quattro alette triangolari, estraendo tutti i quattro angoli interni.

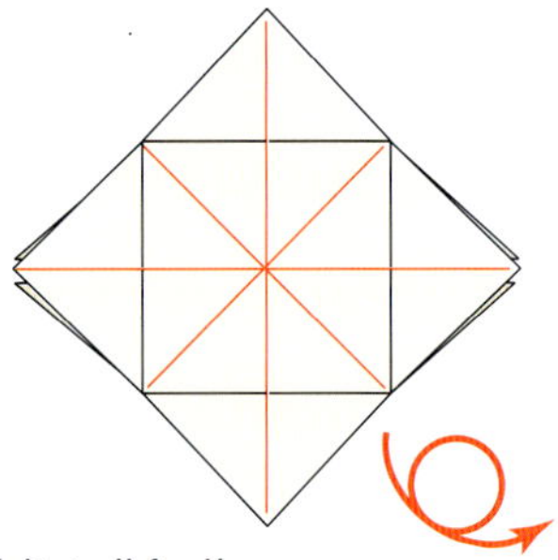

4 Voltate il foglio.

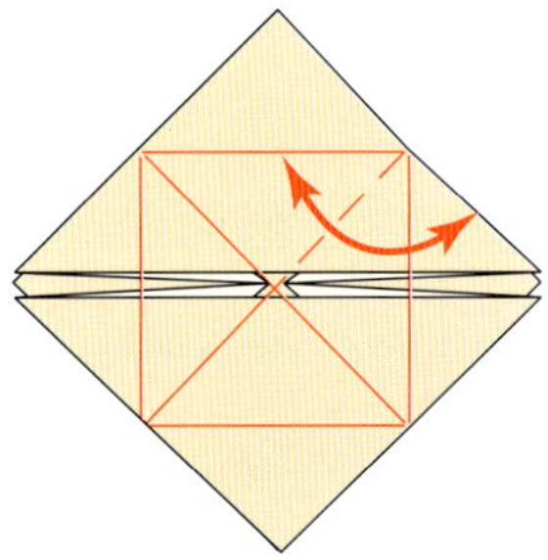

5 Piegate un'aletta triangolare all'indietro e in avanti perché resti sollevata.

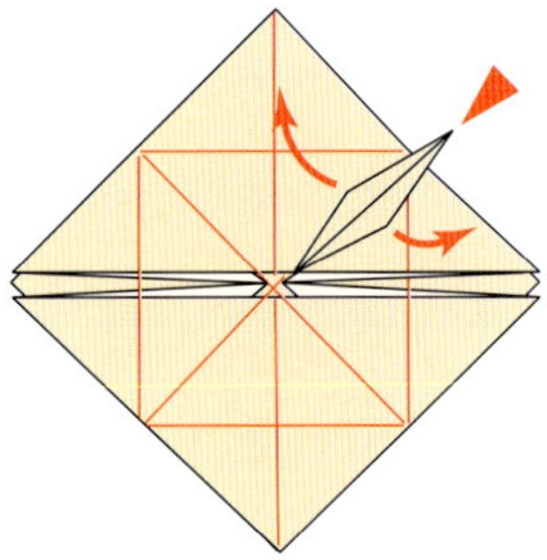

6 Allargate l'apertura ed eseguite uno squash per formare un quadrato.

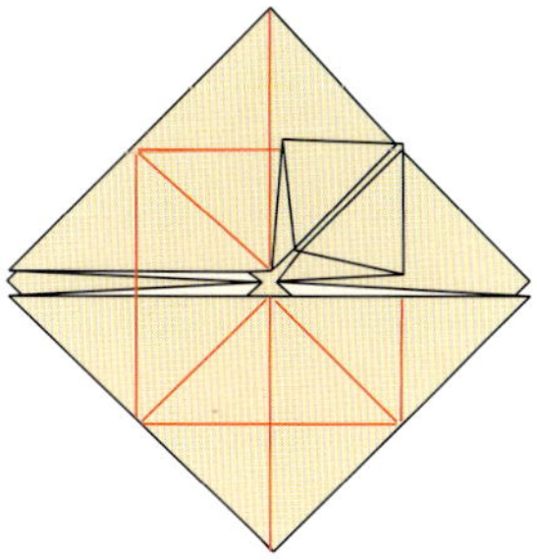

7 Ripetete i punti 5 e 6 sulle tre alette rimanenti per ottenere quattro quadrati, ciascuno simile a una base preparatoria.

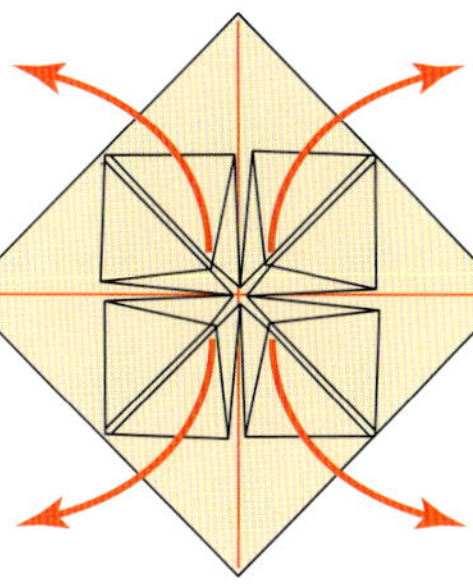

8 Separate leggermente le quattro alette per fare spazio al centro per l'uovo.

IL PORTAUOVO COMPLETATO

CORNICE

Aggiungendo altre pieghe, il portauovo può essere trasformato in una cornice.

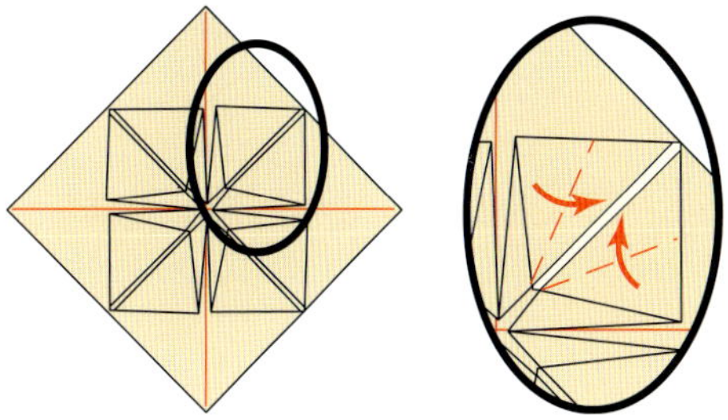

1 Seguite il procedimento per realizzare il portauovo fino al punto 7. Prendete uno dei quattro quadrati al centro e piegate i lembi inferiori, destro e sinistro, facendoli combaciare al centro. Ripetete sui tre quadrati rimanenti.

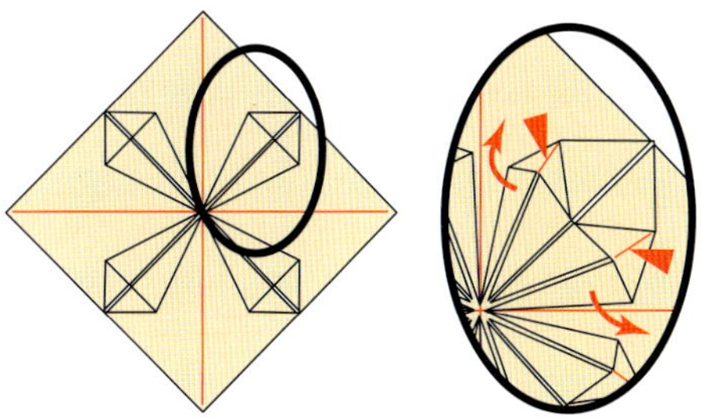

2 Riportate al suo posto lo strato più superficiale di ciascun lembo, allargate l'apertura e appiattite con uno squash. Ripetete sui tre quadrati rimanenti.

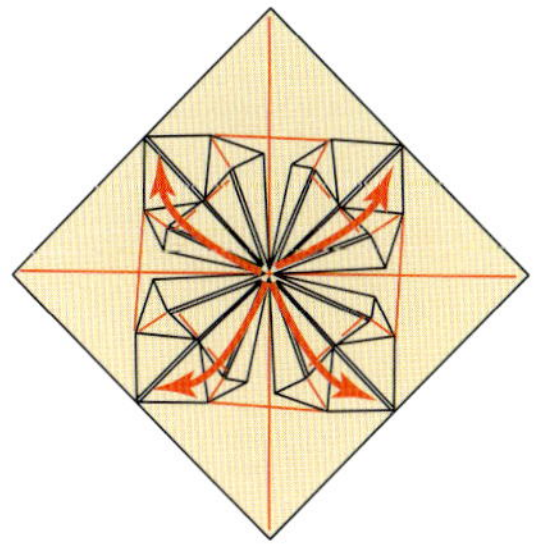

3 Piegate verso l'esterno i quattro angoli appuntiti interni.

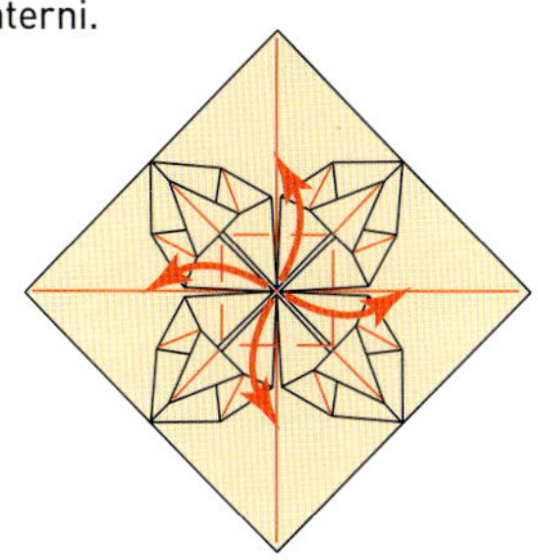

4 Piegate verso l'esterno le quattro punte interne.

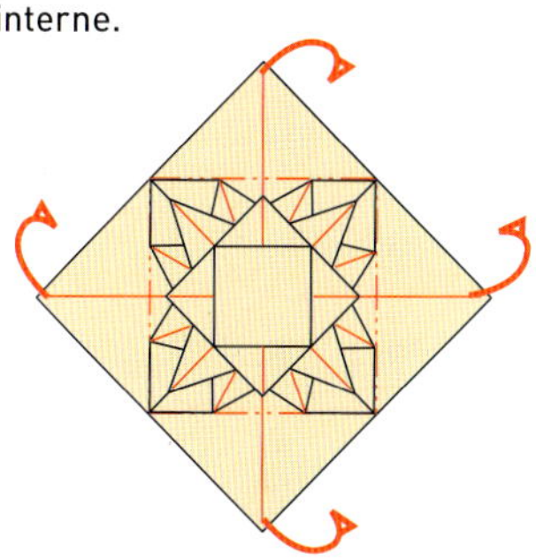

5 Realizzate una piega a monte sulle quattro alette triangolari. Usate le alette triangolari laterali come supporto per la cornice.

LE CORNICI COMPLETATE
Le cornici realizzate a origami sono perfette per esporre altre creazioni con la carta.

PROGETTI MODULARI

LA TECNICA MODULARE RIGUARDA UN GENERE PARTICOLARE DI ORIGAMI IN CUI ELEMENTI IDENTICI VENGONO ASSEMBLATI PER CREARE FORME DI DIMENSIONI MAGGIORI.

VEDI ANCHE

Simboli degli origami, pagg. 16–17
Pieghe base, pagg. 18–21
Basi, pagg. 26–34

Il fascino dei progetti modulari consiste nella combinazione perfetta di geometria, accostamenti cromatici e pieghe semplici. Si avverte con chiarezza la sensazione di creare un oggetto che non è la semplice somma delle parti, una struttura spettacolare ottenuta con il minimo sforzo.

Ciascun modulo viene creato con un foglio di carta; poi le unità vanno assemblate inserendo le alette nelle tasche preparate durante la piegatura, una tecnica che permette all'artista di creare progetti più grandi e complessi di quanto consentirebbe un singolo foglio di carta.

STELLA
MEENAKSHI MUKERJI
Questo modello fa parte di una serie denominata Enhanced Sonobes. L'unità Sonobe, inventata da Mitsunobu Sonobe negli anni Settanta, è uno dei fondamenti dell'origami modulare. L'opera ha un diametro di 15 cm circa ed è costituita da trenta unità agganciate insieme in una simmetria dodecaedrica/icosaedrica che prende avvio dai rettangoli. Non è stato utilizzato alcun tipo di collante.

ANTIPRISMI PENTAMODULARI
I moduli del modello qui mostrato, progettato da Miyuki Kawamura per il volume Polyhedron Origami for Beginners, si uniscono alla perfezione per mezzo di un'aletta da inserire in una tasca del modulo contiguo.

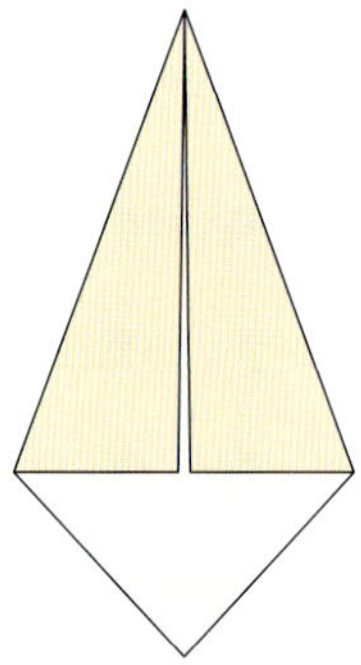

1 Iniziate con una base per l'aquilone (vedi pag. 26), capovolta.

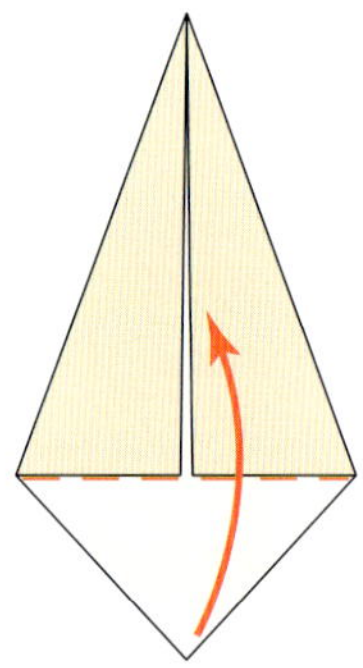

2 Portate il triangolo inferiore verso l'alto, piegando lungo la base del triangolo superiore.

IMPIEGHI E VARIANTI
Questo modello può fungere da portacandela (per candele a batteria). Curvando o pieghettando la cima delle alette triangolari, si ottiene un effetto ancora più decorativo.

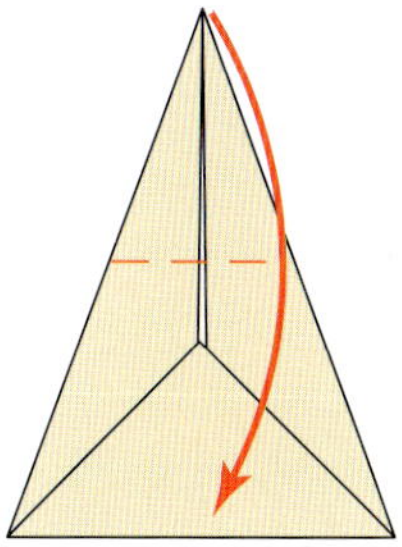

3 Piegate a metà nel senso della lunghezza, portando l'angolo superiore in basso.

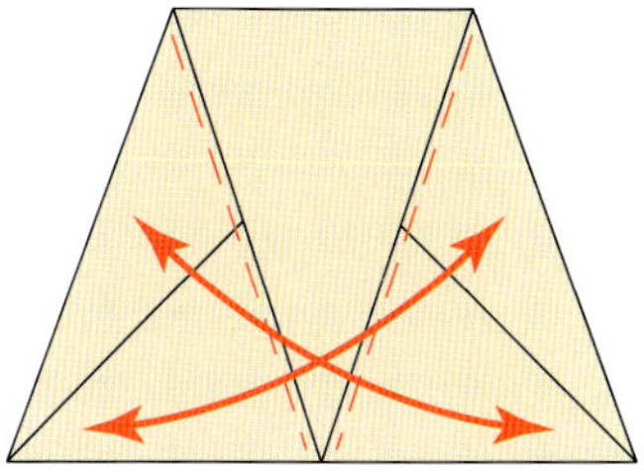

4 Piegate entrambi i lati lungo i bordi del triangolo dello strato superiore, poi aprite lasciando marcate le linee.

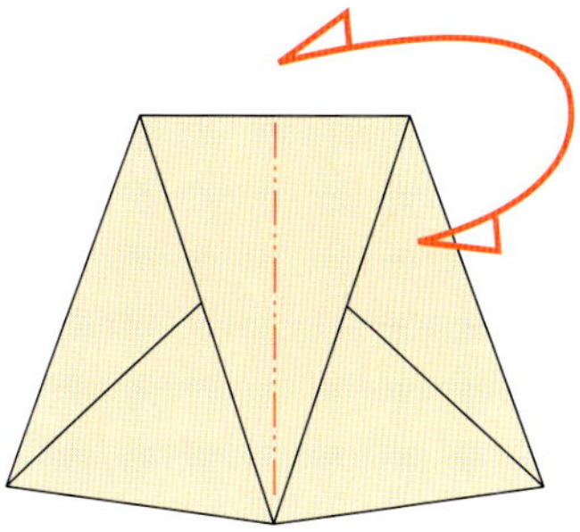

5 Piegate a metà nel senso della larghezza con una piega a monte, poi aprite lasciando marcata la linea.

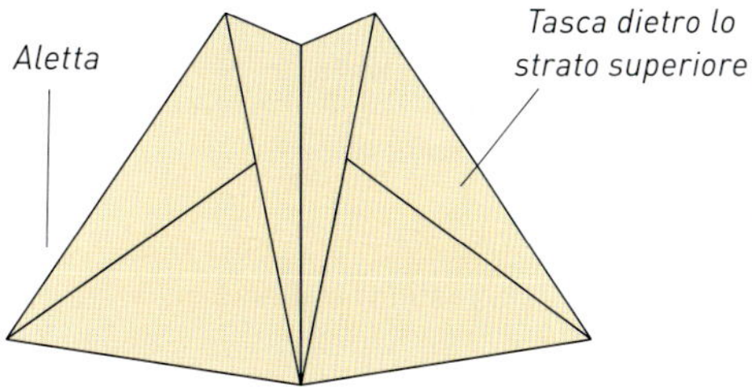

6 Il modulo finito. Ciascun modulo ha un'aletta e una tasca. Preparate altri quattro moduli usando fogli delle stesse dimensioni.

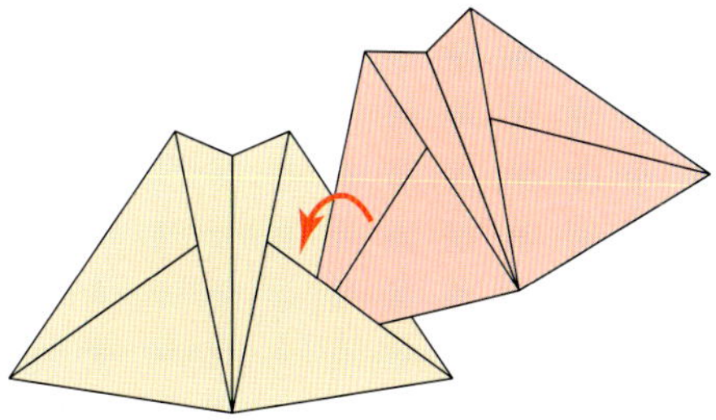

7 Inserite l'aletta di un modulo nella tasca di un altro.

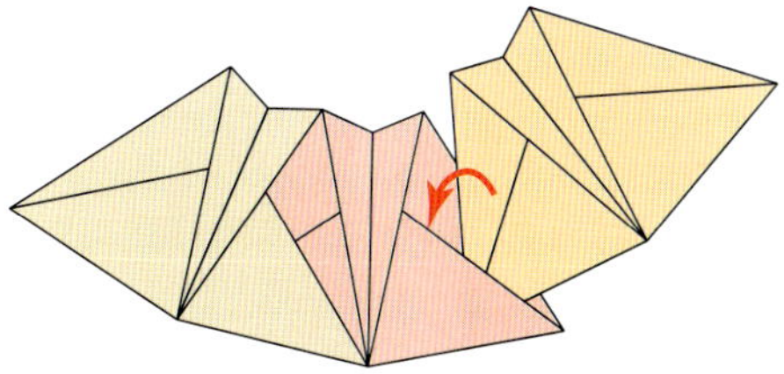

8 Aggiungete gli altri tre moduli nello stesso modo.

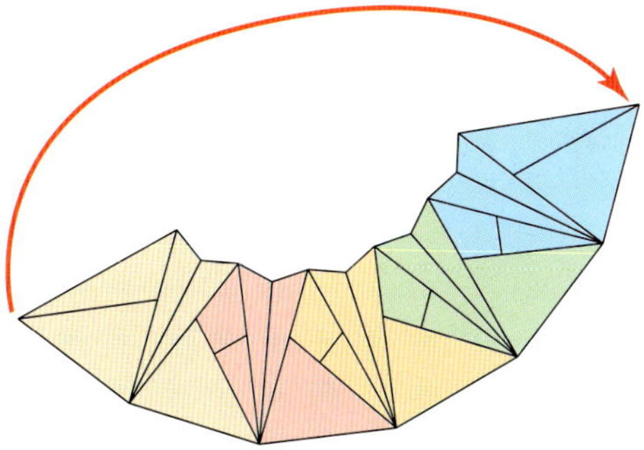

9 Per completare l'antiprisma, inserite l'aletta del primo modulo nella tasca del quinto.

L'INSIEME DEGLI ANTIPRISMI COMPLETATO

PROGETTI MOBILI

I PROGETTI MOBILI SONO CREATI PER GIOCARE. TUTTAVIA CIÒ NON SIGNIFICA CHE DEBBANO ESSERE CONSIDERATI UN PURO PASSATEMPO PER I RAGAZZINI.

Gli origami di questo tipo sono i più facili da apprezzare; originali, ingegnosi e divertenti più di qualsiasi altro progetto, non sono né infantili né banali. Tutti ammireranno un oggetto che salta, ruota su se stesso, sbatte le ali, fa l'occhiolino, rotola, muove la bocca, dondola, fa un rumore o vola.

SCELTE POPOLARI

L'uccello volteggiante, che sbatte le ali quando gli si tira la coda, è un modello tradizionale giapponese conosciuto anche in Occidente a partire dal 1860 circa, ed è forse il più raffinato di tutti i modelli. Anche il corvo affamato è un ottimo esempio di progetto mobile tradizionale.

VEDI ANCHE

Simboli degli origami, pagg. 16–17
Pieghe base, pagg. 18–21
Basi, pagg. 26–34

L'UCCELLO VOLTEGGIANTE COMPLETATO

UCCELLO VOLTEGGIANTE

Questo modello tradizionale è un progetto classico.

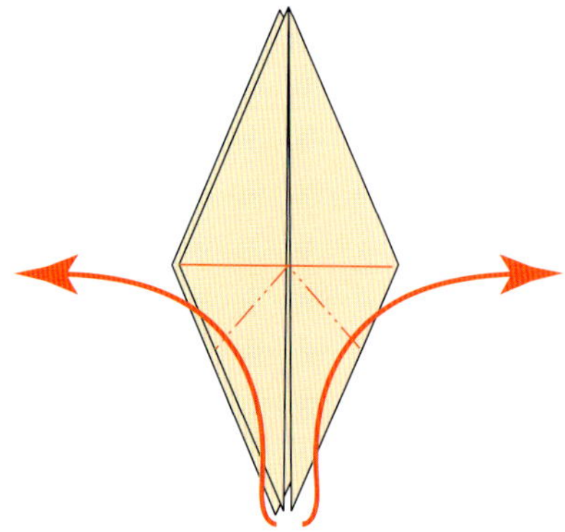

1 Iniziate con una base per l'uccello (vedi pagg. 28–29). Realizzate su entrambi i lati pieghe rovesciate all'interno (vedi pag. 19).

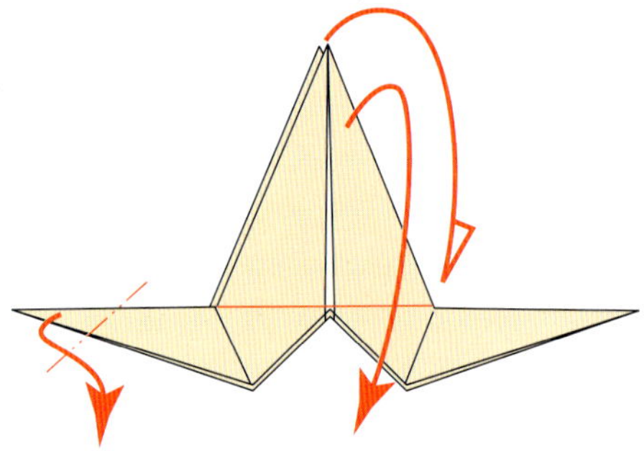

2 Per formare il becco, realizzate una piega rovesciata all'interno su una delle estremità. Separate le ali.

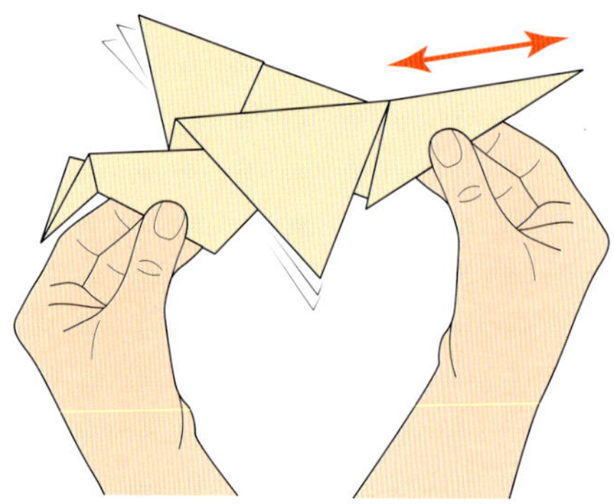

SBATTERE LE ALI

Per muovere le ali, afferrate il petto dell'uccello e tirate delicatamente la coda.

CORVO AFFAMATO

Un altro modello tradizionale molto divertente.

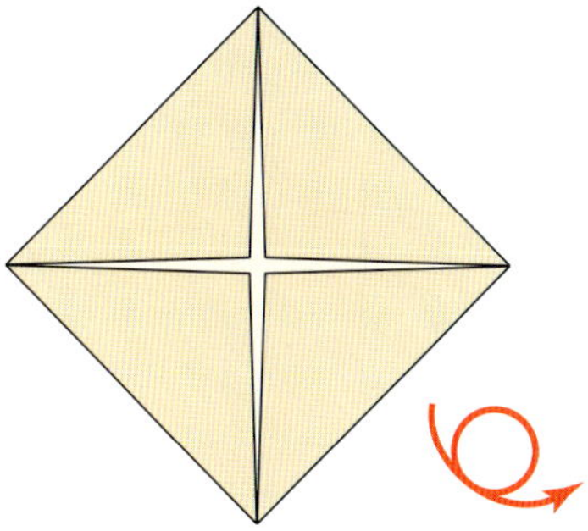

1 Iniziate con una base per il bliny (vedi pag. 27). Voltate il foglio.

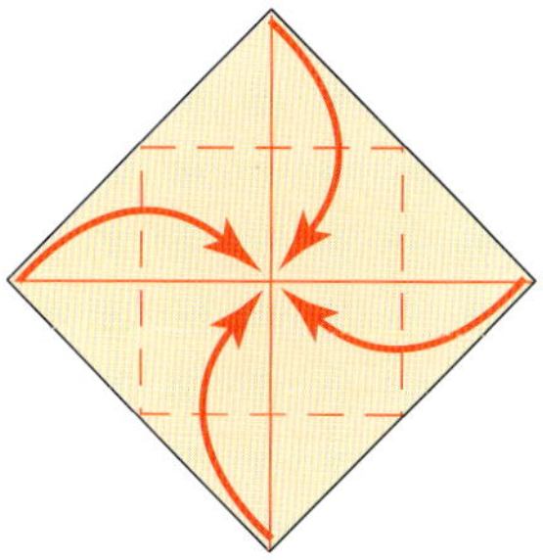

2 Piegate i quattro angoli verso il centro.

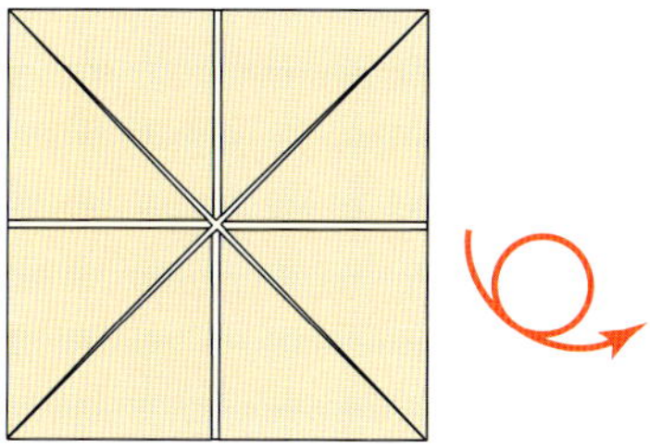

3 Voltate il foglio.

4 Realizzate una base per la palla (pag. 31). Considerate questo lato il rovescio del foglio (cioè la faccia bianca).

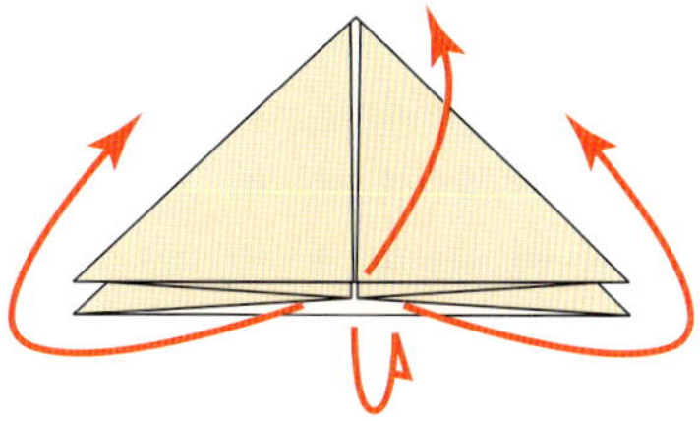

5 Aprite la base per la palla e assicuratevi che il lato con le quattro alette quadrate (lo stesso mostrato nel punto 4) sia rivolto verso l'alto. Giratelo in diagonale.

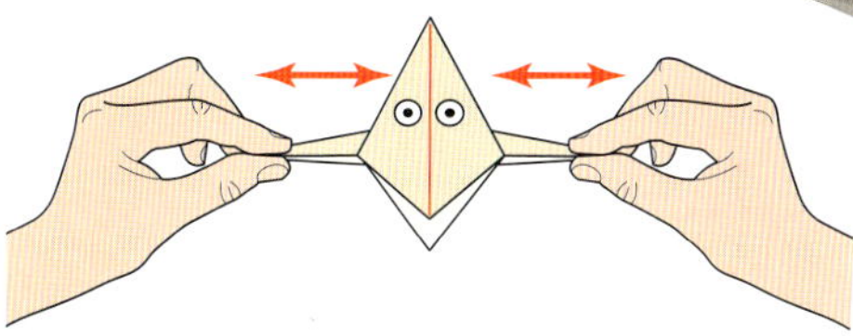

MANGIARE

Per far mangiare il corvo, afferrate le ali e muovetele in dentro e in fuori per aprire e chiudere il becco dell'uccello. Il corvo è addirittura in grado di afferrare piccoli oggetti con la bocca.

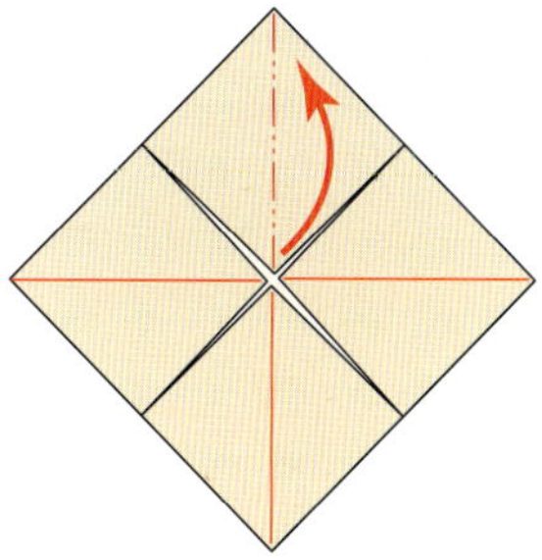

6 Sollevate l'angolo interno del quadrato superiore, allargate l'apertura e piegate il centro con una piega a monte.

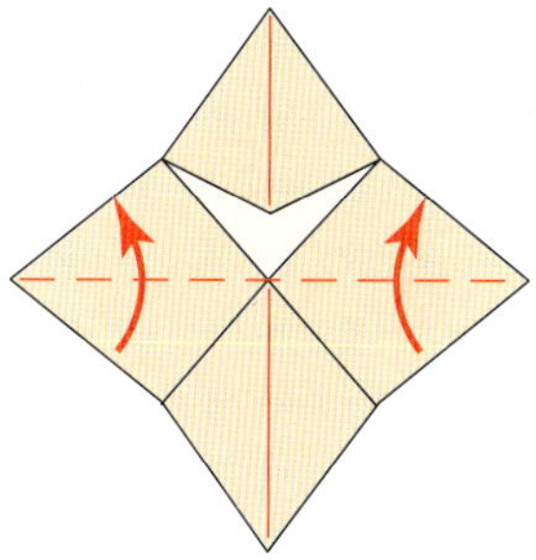

7 Piegate a metà in orizzontale il quadrato destro e quello sinistro.

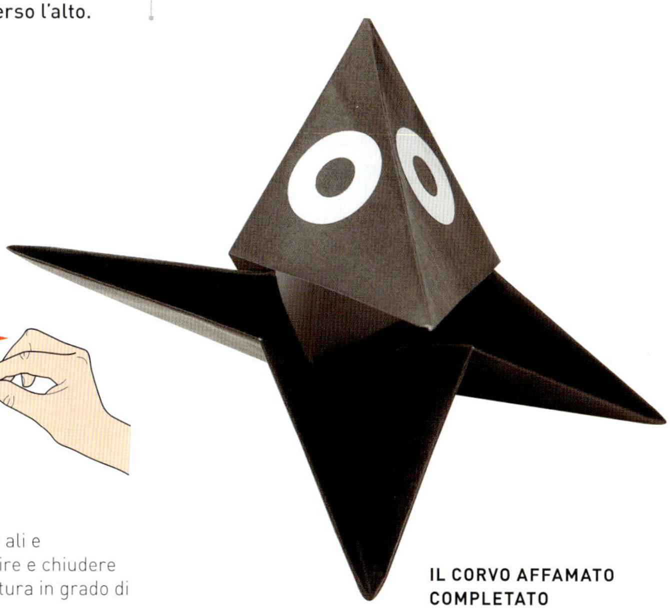

IL CORVO AFFAMATO COMPLETATO

CARTONCINO
Il cartoncino sottile adatto ai pop-up è reperibile nei negozi di fai da te e materiale da ufficio in un vasto assortimento di colori. I quadrati di cartoncino usati nello scrapbooking e per i biglietti d'auguri si trovano nei negozi di fai da te in confezioni contenenti pezzi in vari colori e con motivi ornamentali diversi.

OCCORRENTE

Per assicurarvi che i vostri pop-up siano davvero tridimensionali e non si appiattiscano, dovrete impiegare con cura i seguenti strumenti:

- Matita
- Righello e goniometro
- Forbici
- Cutter
- Tappetino
- Righello di metallo
- Colla (per le opere definitive, usate la colla a presa rapida o un adesivo universale. La colla stick va bene per i prototipi, ma non ha abbastanza tenuta per i lavori finiti.)
- Nastro adesivo

SIMBOLI

I simboli usati in questo capitolo sono gli stessi degli origami (vedi pagg. 16–17).

Per i pop-up compositi, questo simbolo indica dove applicare la colla. Quando è rosso, la colla va applicata sul dritto; quando è verde, sul rovescio.

UNITÀ 2

POP-UP

MEDIANTE TAGLI, PIEGHE E TALVOLTA PEZZI AGGIUNTIVI, I POP-UP TRASFORMANO UN FOGLIO DI CARTONCINO IN UN OGGETTO 3D IN GRADO DI TORNARE BIDIMENSIONALE. LA RAGIONE DEL LORO FASCINO ETERNO È EVIDENTE: SPESSO SONO MOLTO INGEGNOSI, E COMBINANO IL RIGORE DELLA GEOMETRIA CON UNA MAGICA BELLEZZA.

LIBRO
PAUL JOHNSON
Un pop-up composito che impiega tecniche di incisione e pop-up a generazioni.

SEME NEL VENTO
JEMMA WESTING
Questo pop-up composito è il risultato di un esercizio di riflessione dell'artista, che ha studiato il viaggio di un seme nell'aria attraverso vortici, turbolenze e correnti. È stato costruito con cartoncino da 210 g/mq e una buona dose di nastro adesivo di carta.

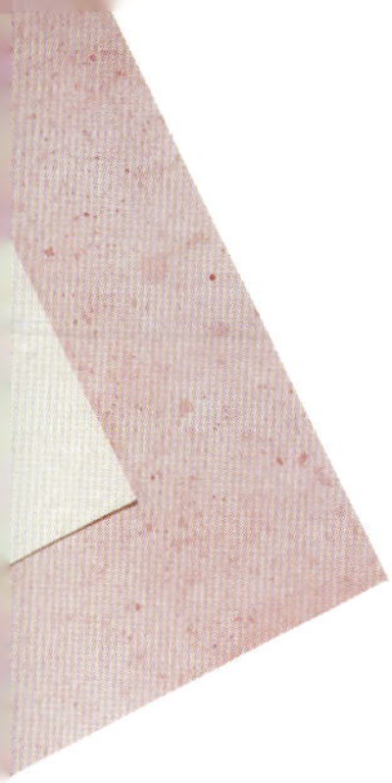

BREVE STORIA

I pop-up fecero la loro comparsa nei libri per l'infanzia a partire dalla seconda metà dell'Ottocento, anche se volumi con parti quali alette da sollevare erano diffusi fin dal XIII secolo. Nella prima metà del Novecento i costi di produzione elevati e le incertezze dell'economia mondiale comportarono il declino di una tipologia di libri così dispendiosa. Tuttavia, verso la fine degli anni Cinquanta e nel decennio successivo, alcuni volumi pop-up di origine cecoslovacca e assai innovativi furono tradotti in inglese e ispirarono gli illustratori e gli editori americani a crearne di propri. Gli inglesi ne furono a loro volta influenzati, e da allora entrambi i paesi si distinguono per la produzione di ottimi libri pop-up e deliziosi biglietti d'auguri.

TIPI DI CARTA

Mentre imparate la tecnica e preparate i prototipi, usate carta di grammatura media. I pezzi finiti, invece, andrebbero costruiti con cartoncino sottile e flessibile, reperibile nei negozi di fai da te in un ampio assortimento di colori. Questo tipo di cartoncino, in formato quadrato, serve anche nello scrapbooking e nella preparazione dei biglietti d'auguri ed è disponibile in confezioni già pronte.

METODI

Le tecniche di base per creare pop-up incisi e compositi non sono difficili, ma combinate insieme permettono di ottenere progetti di notevole complessità. Come nel caso dell'origami, ogni nuovo modello introduce una sfumatura tecnica diversa, dunque le varianti sono infinite. Per evitare che i pop-up si appiattiscano, è necessaria molta attenzione. I prototipi possono essere realizzati in fretta, ma gli oggetti finiti richiedono tempo e l'impiego di righello, goniometro e talvolta di cartamodelli. Studiate le tecniche presentate nelle pagine seguenti copiando gli esempi del libro e inventando le vostre personali versioni. Se avete a portata di mano libri pop-up o biglietti d'auguri tridimensionali, osservateli bene e cercate di cogliere i meccanismi che li fanno funzionare: molti sono spiegati qui.

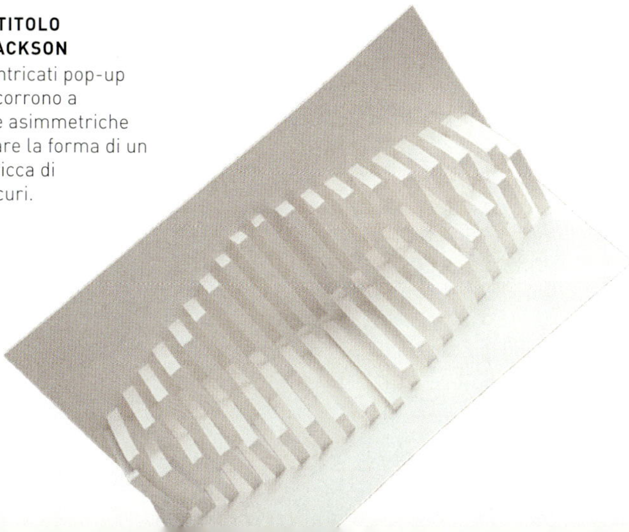

SENZA TITOLO
PAUL JACKSON
Questi intricati pop-up incisi ricorrono a tecniche asimmetriche per creare la forma di un rombo ricca di chiaroscuri.

SPECIE INVASIVE: IL PESCE FARFALLA!
JEMMA WESTING
Un pop-up composito caratterizzato da una precisione strabiliante, destinato a un libro per ragazzi in cui si parla di questo pesce come specie invasiva e si descrivono le particolarità fisiche del predatore e l'ambiente in cui vive. Il lettore ha a disposizione occhialini 3D per vedere come le variazioni di luce e colore nelle acque profonde modificano anche l'aspetto del pesce.

POP-UP INCISI

UN POP-UP BEN STUDIATO E REALIZZATO CON CURA HA UN'ELEGANZA CHE LE ALTRE TECNICHE CON LA CARTA NON POSSONO EGUAGLIARE. IL SEGRETO STA NELL'ATTENZIONE AI PRINCIPI BASE.

VEDI ANCHE

Piegare e tagliare, pagg. 12–13

Simboli degli origami, pagg. 16–17

I pop-up incisi vengono costruiti con un foglio di cartoncino tagliato e piegato. Il cartoncino aperto a 90 gradi rivela il motivo tridimensionale; aprendolo ulteriormente, il pop-up torna ad appiattirsi. La colla serve di rado, tranne nel caso in cui sia necessario fissare un foglio di rinforzo sul retro del progetto.

NOTE PRATICHE

Quando vi esercitate nelle tecniche di taglio o lavorate su un progetto, questo suggerimento vi farà risparmiare tempo e carta. Se fate un taglio nel punto sbagliato, non gettate il foglio per ricominciare da capo; sigillate il taglio con un pezzo di nastro adesivo sul retro, poi riprendete a tagliare nel punto corretto. In questo modo è possibile fare un taglio, sigillarlo e rifarlo molte volte.

ESEMPIO BASE DI TAGLIO SINGOLO

Con il cartoncino piegato a metà, tagliate a partire dalla piega, poi piegate i triangoli avanti e indietro lungo le due pieghe. Aprite il cartoncino. Tirate i triangoli verso l'alto, piegando di nuovo il centro con una piega a monte. Chiudete a metà il cartoncino e premete per rinforzare le pieghe.

IL POP-UP A TAGLIO SINGOLO COMPLETATO

Osservate qual è la piega a monte: l'orientamento delle pieghe non è arbitrario.

VARIANTI DEL POP-UP A TAGLIO SINGOLO

Il taglio singolo in un pop-up può iniziare in qualsiasi punto della piega centrale e assumere qualsiasi forma. Le pieghe secondarie possono partire dall'estremità del taglio con qualsiasi angolazione, come mostrato in questi esempi.

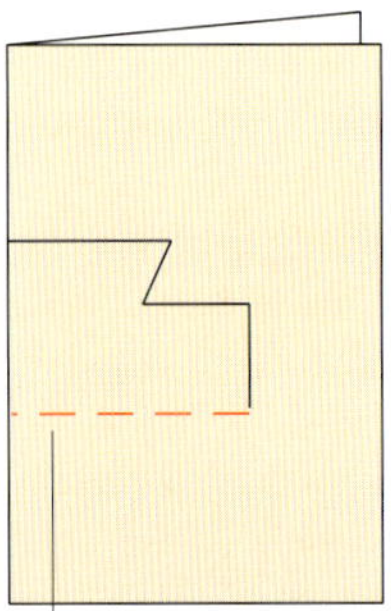

Osservate l'angolo radente di questa piega.

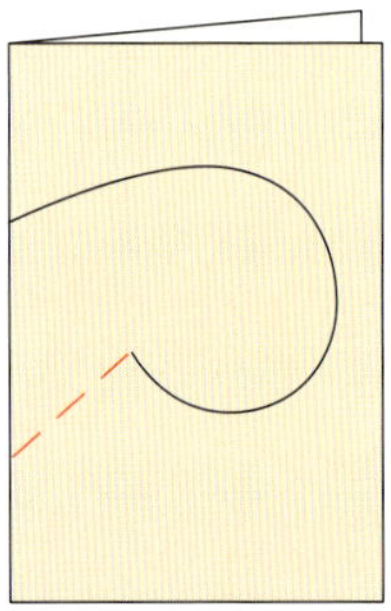

Qui il pop-up interseca la superficie del cartoncino.

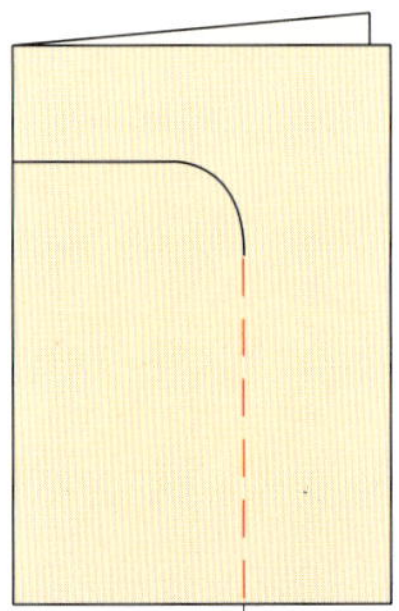

La piega potrebbe attenuarsi sul fondo.

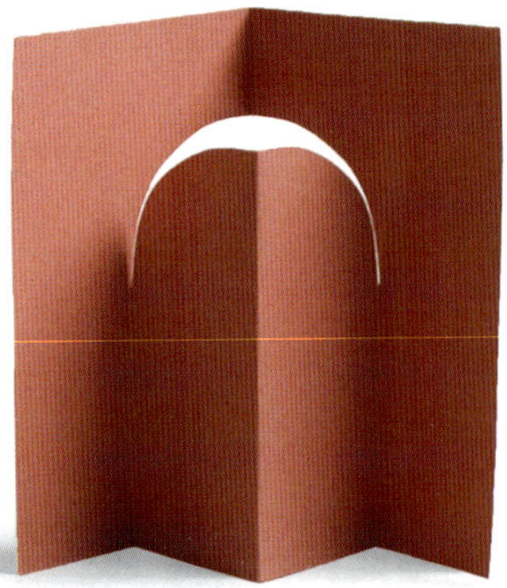

ESEMPIO BASE DI TAGLIO DOPPIO

Molto simile al taglio singolo, questa tecnica offre tuttavia maggiori possibilità creative. Come suggerisce il nome, richiede due tagli.

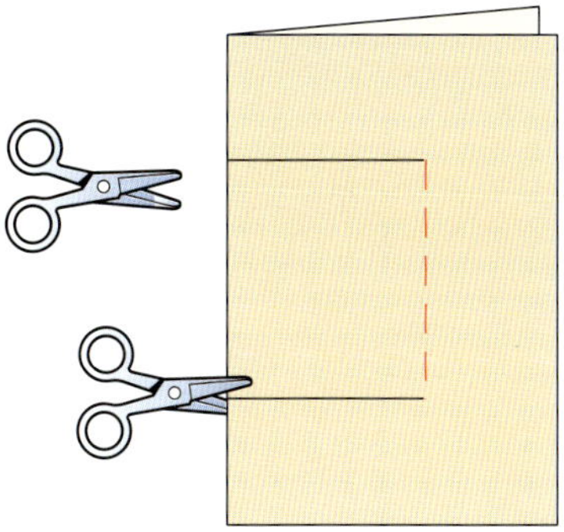

Realizzate due tagli a partire dalla piega centrale, poi piegate avanti e indietro la sezione libera che si trova nel mezzo. Aprite il cartoncino e tirate la sezione verso di voi, piegando di nuovo il centro, solo della striscia pop-up, con una piega a monte. Chiudete a metà il cartoncino e premete per rinforzare le pieghe.

IL POP-UP A TAGLIO DOPPIO COMPLETATO

Notate l'unica piega a monte in mezzo a quattro valli.

VARIANTI DEL POP-UP A TAGLIO DOPPIO

Come nel caso del taglio singolo, anche in questa tecnica i tagli possono assumere qualsiasi forma, anche se la piega secondaria deve sempre collegare le estremità.

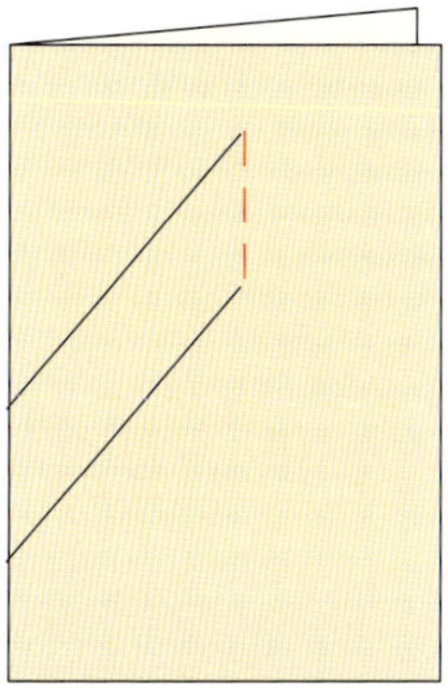

Un taglio doppio a V. Non è necessario che i tagli siano paralleli.

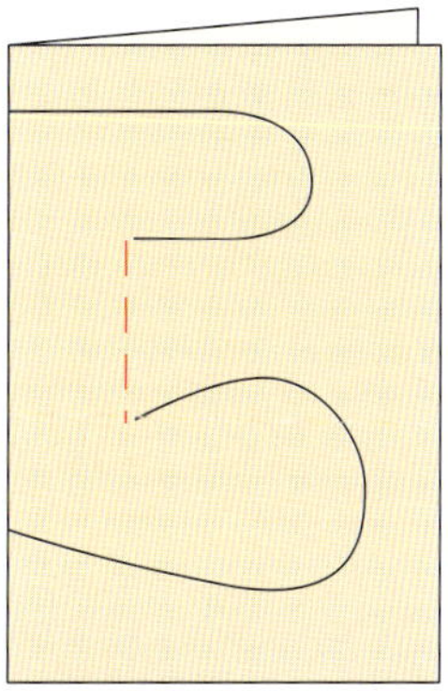

Questa variante complessa interseca la superficie del cartoncino per creare un effetto "fronte-retro".

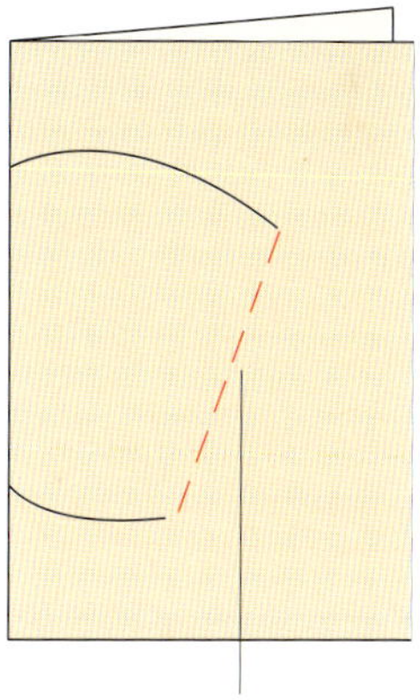

Osservate che la piega fra le estremità dei tagli non è parallela alla piega centrale.

ESEMPIO BASE DI TAGLIO ASIMMETRICO

Gli esempi precedenti – taglio singolo e taglio doppio – producono pop-up simmetrici, perché il cartoncino viene prima piegato a metà ottenendo due strati, che vengono poi tagliati insieme creando un taglio della stessa forma su entrambi i lati della piega. Con un'accurata misurazione, tuttavia, è possibile spezzare la simmetria per produrre una varietà più ampia di forme.

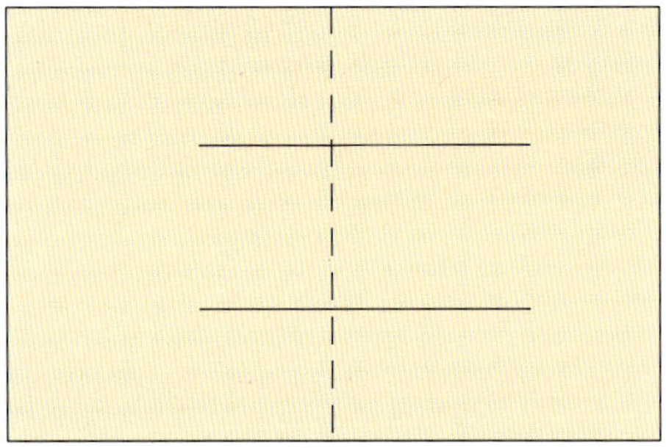

1 Non formate pieghe, ma create un disegno basandovi su misure accurate. Tracciate la piega centrale, poi i due tagli asimmetrici e perpendicolari alla piega centrale.

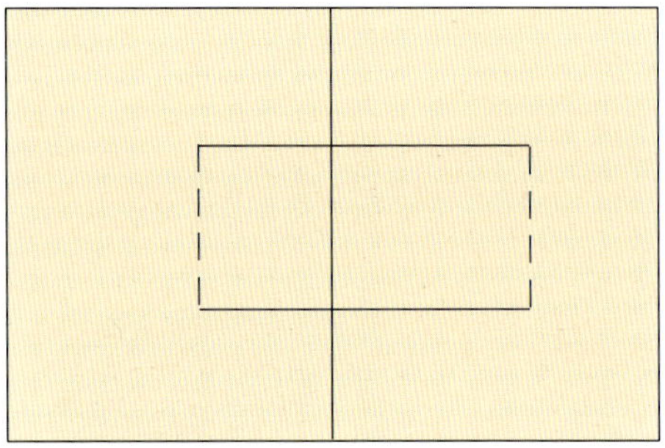

2 Tracciate due pieghe a valle parallele alla piega centrale.

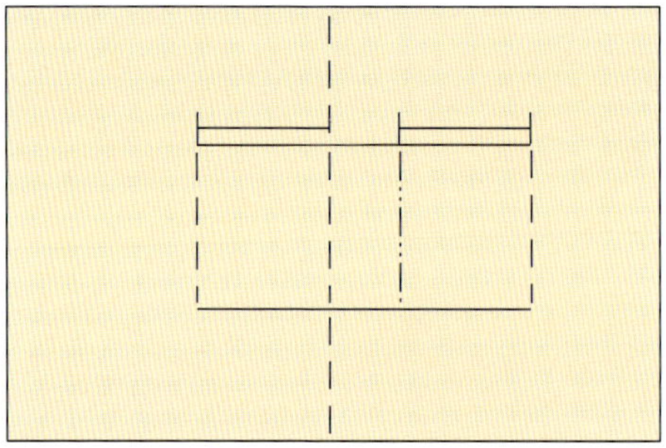

3 Misurate la distanza fra la piega centrale e la piega a valle più vicina. Riportate la stessa distanza all'interno dell'altra piega a valle. Sarà la posizione della piega a monte.

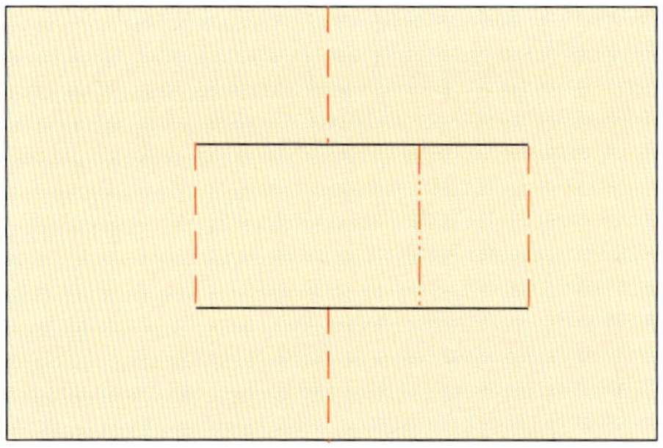

4 Cancellate la parte della piega centrale che attraversa la striscia pop-up. Realizzate i tagli, effettuate le pieghe (a mano o incidendo, a seconda della grammatura della carta o del cartoncino) e modellate la forma.

IL POP-UP ASIMMETRICO COMPLETATO

Se tutte le pieghe sono posizionate in modo corretto, questo è il risultato. Per padroneggiare la tecnica, è cruciale capire quali distanze sono uguali, e perché. Se vi sentite ancora insicuri, provate a rifare il modello di esempio.

VARIANTI DEL POP-UP ASIMMETRICO

L'unica regola è che le due pieghe a valle e la piega a monte che costituiscono il pop-up siano parallele alla piega centrale. La misurazione accurata e la comprensione chiara del processo di costruzione sono la chiave per usare con successo questa tecnica, perciò prima di effettuare le pieghe tracciatele a matita, misurando tutto con precisione.

PIEGHE NON PARALLELE

Con le tecniche mostrate finora, le pieghe sono sempre parallele e le forme ottenute somigliano a una scatola. Grazie al metodo seguente si possono costruire pieghe non parallele ma convergenti, producendo un effetto prospettico particolare. È necessario usare il goniometro.

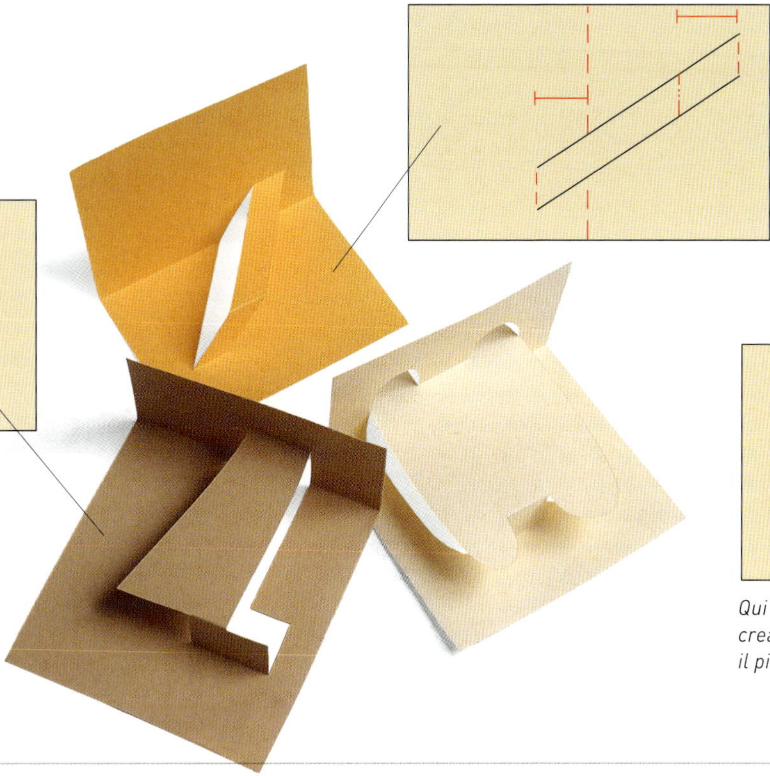

Osservate le distanze uguali e come siano state misurate in orizzontale, non seguendo l'inclinazione della striscia.

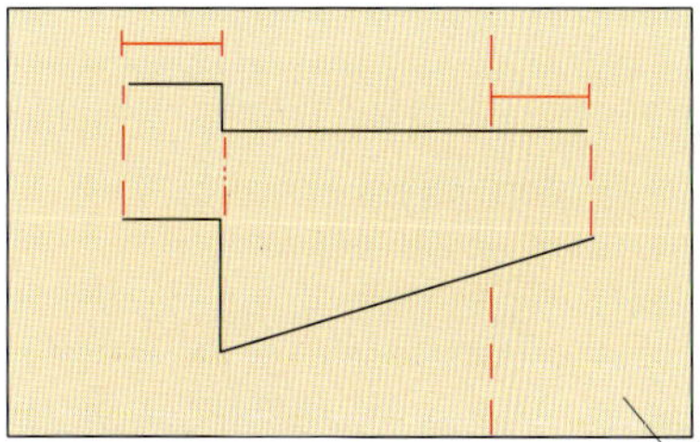

Qui il piano corto si estende sotto quello lungo, collocando la piega a monte tra due forme diverse e non in una posizione apparentemente arbitraria.

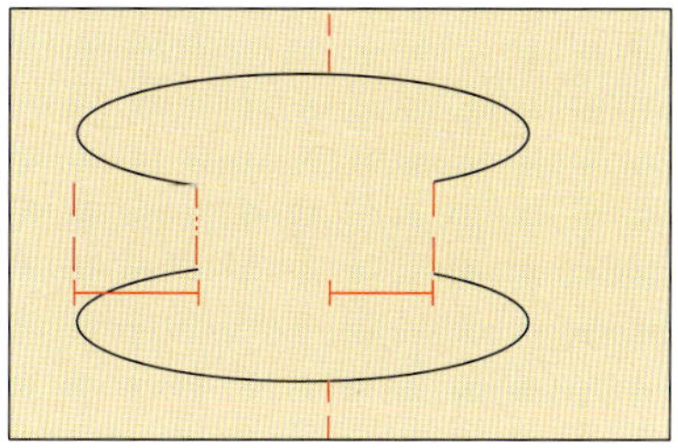

Qui i principi dell'asimmetria servono a creare una forma che si estende "dietro" il piano del cartoncino.

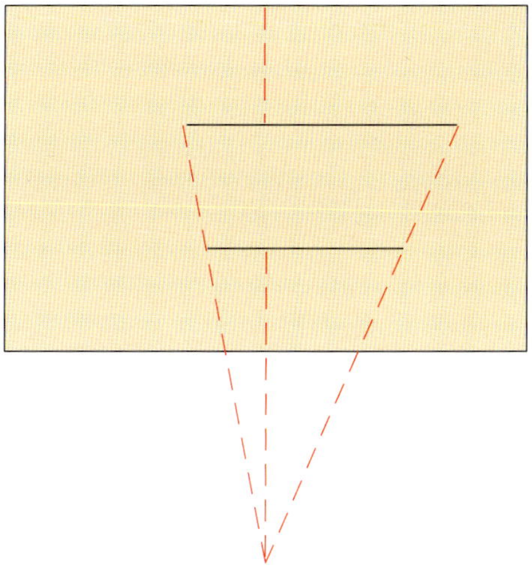

1 I tagli sono di lunghezza diversa, ma le pieghe si incontrano in un punto di fuga immaginario al di sotto del cartoncino, sul prolungamento della piega centrale. Prima di tagliare e piegare, tracciate tutte le linee.

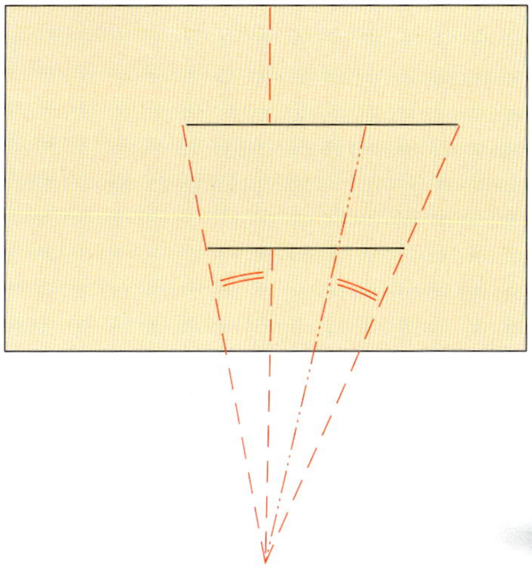

2 Per stabilire la posizione della piega a monte, misurate l'angolo più piccolo fra una delle pieghe a valle e la piega centrale, poi misurate lo stesso angolo all'interno dell'altre piega a valle. Anche la piega a monte deve partire dal punto di fuga. Una volta completato il disegno, tagliate, piegate e modellate la forma.

IL POP-UP NON PARALLELO COMPLETATO

Con questa tecnica, in genere, le pieghe risultano più facili e accurate incidendo la carta o il cartoncino piuttosto che realizzandole a mano.

ESEMPIO BASE DI POP-UP A GENERAZIONI

Ogni pop-up è costruito attorno a una piega esistente, e genera nuove pieghe. Queste, a loro volta, possono essere usate per creare altri pop-up che generano nuove pieghe, e così via per varie "generazioni". Il principio è applicabile a tutte le tecniche analizzate finora; viceversa, a ciascuna generazione può essere applicata una tecnica diversa.

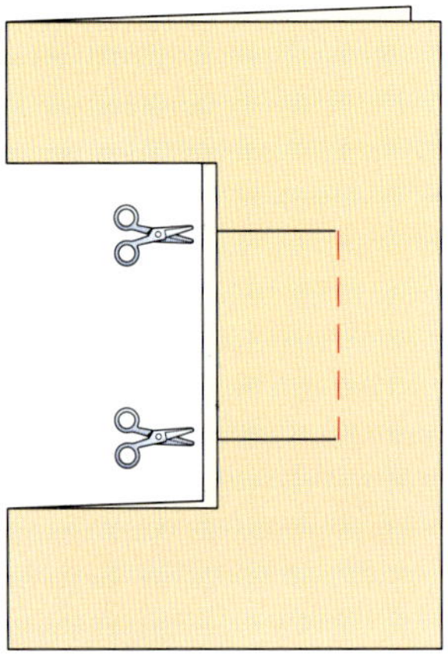

1 Iniziate con l'esempio base del pop-up a taglio doppio e completatelo. Eseguite due tagli sul lato interno e procedete realizzando un semplice pop-up a taglio doppio, identico al precedente ma più piccolo.

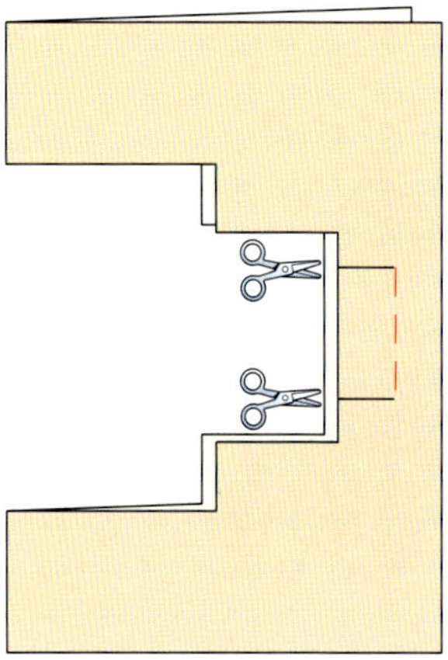

2 Nello stesso modo, tagliate il nuovo lato interno (quello appena creato) per ottenere un altro pop-up a taglio doppio. Il processo può continuare finché le pieghe diventano troppo piccole per formare i pop-up. È anche possibile eseguire pieghe a monte, anziché a valle, per creare quelli che potrebbero essere definiti più propriamente "pop-in".

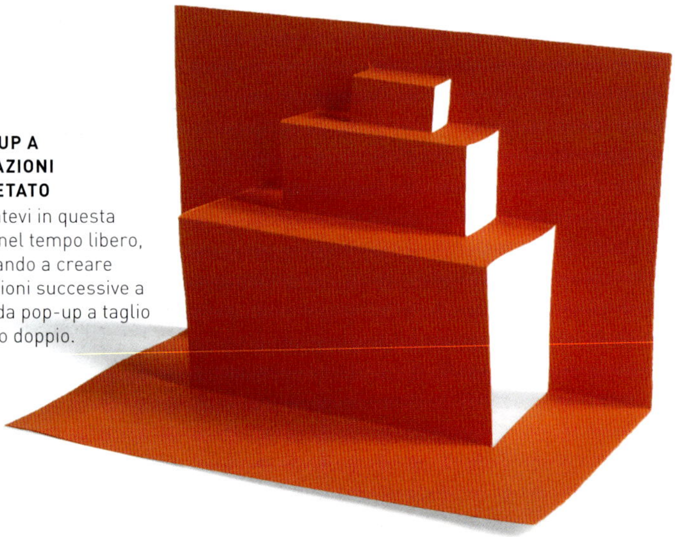

IL POP-UP A GENERAZIONI COMPLETATO

Esercitatevi in questa tecnica nel tempo libero, continuando a creare generazioni successive a partire da pop-up a taglio singolo o doppio.

VARIANTI DEL POP-UP A GENERAZIONI

Con una serie di generazioni successive è possibile costruire forme complesse. Quella nell'esempio è simmetrica, ma il principio è applicabile anche a forme asimmetriche, disegnate prima di eseguire i tagli. Dopo la terza generazione, i "gradini" successivi non risultano raddoppiati sul cartoncino. A causa del grande numero di pieghe è necessaria una certa forza per aprire il pop-up, ma una volta aperto il modello non rischierà di afflosciarsi come capita spesso a quelli con poche pieghe.

1 La prima generazione viene creata con un taglio doppio.

2 Tagliando attraverso tutti gli strati della prima generazione, si ottengono i "gradini" superiori e inferiori.

3 La terza generazione si forma tagliando attraverso tutti gli strati della seconda generazione.

ESEMPIO BASE DI POP-UP IN SEZIONE

La tecnica della sezione separa la carta su un lato della piega per creare interessanti forme in grado di reggersi da sole.

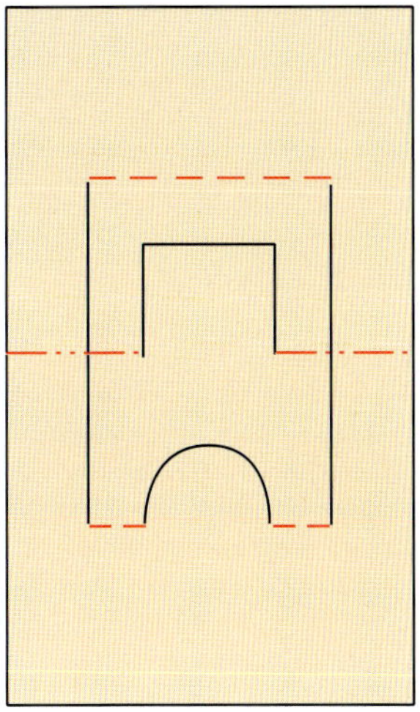

Realizzate l'esempio base del pop-up a taglio doppio. Apritelo fino ad appiattirlo. Incidete un semicerchio che inizia e finisce sulla piega a valle inferiore, e tre lati di un rettangolo che inizia e finisce sulla piega a monte centrale. Riformate il pop-up, ma non piegate all'interno delle incisioni, lasciando che il semicerchio e il rettangolo si reggano in piedi.

IL POP-UP IN SEZIONE COMPLETATO

Il pop-up in sezione è senza dubbio il metodo più utile fra tutti quelli per i pop-up incisi. Trasforma i modelli convenzionali – spesso statici e dall'aspetto pesante – in forme più leggere e dinamiche.

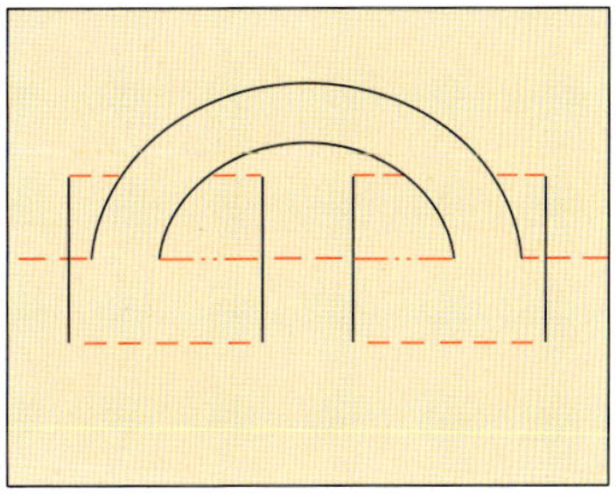

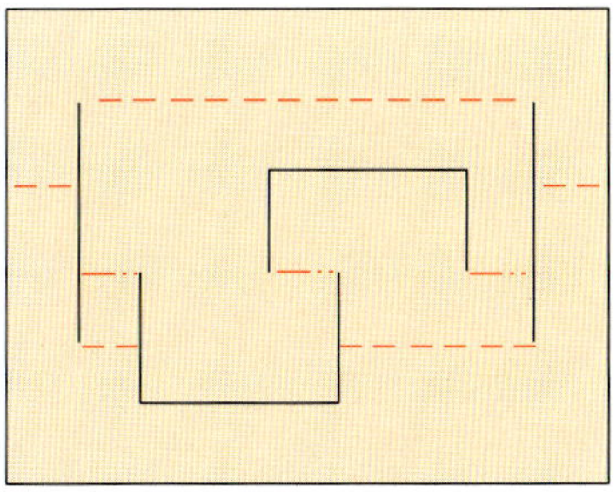

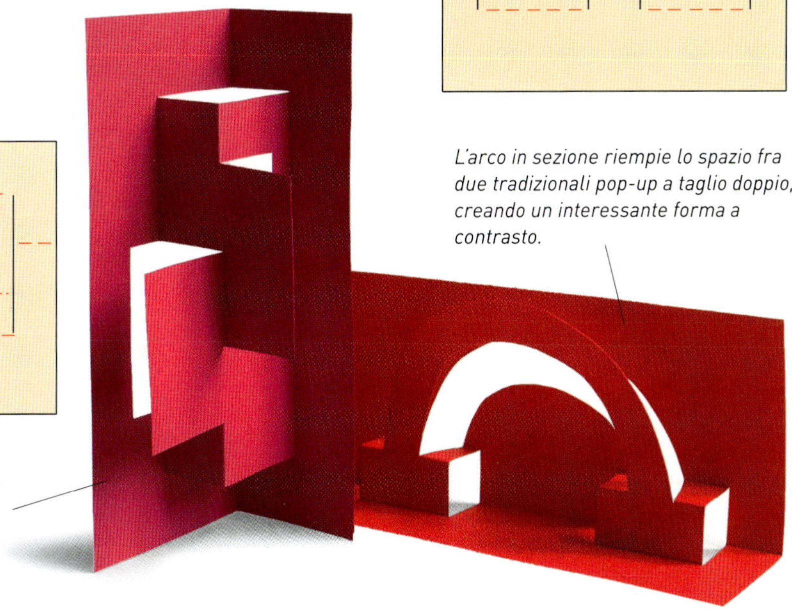

Qui due sezioni nascono dalla stessa piega e si sovrappongono. Il risultato è una graziosa forma doppia che si proietta verso l'esterno a partire dai due lati della piega a monte.

L'arco in sezione riempie lo spazio fra due tradizionali pop-up a taglio doppio, creando un interessante forma a contrasto.

VARIANTI DEL POP-UP IN SEZIONE

La tecnica del pop-up in sezione ha innumerevoli applicazioni, perché da qualsiasi piega è possibile proiettare qualsiasi forma, purché le forme non si scontrino fra loro o le pieghe diventino così piccole da indebolire la struttura. È applicabile a tutte le tecniche descritte finora o a più tecniche combinate fra loro. Prima di realizzare i modelli definitivi tracciate i tagli e le pieghe sul cartoncino, per evitare che le pieghe attraversino la base delle forme che si reggono in piedi, poi procedete a tagliare e piegare. Osservate gli spazi interni creati con questa tecnica: alleggeriscono le forme pop-up e permettono di ottenere un'infinità di sagome.

POP-UP COMPOSITI

I POP-UP COMPOSITI SI OTTENGONO CON VARI PEZZI DI CARTONCINO MODELLATO, INCOLLATI SU UN FOGLIO DI SUPPORTO CHE SI APRE E SI CHIUDE PER RIVELARE O NASCONDERE LE SAGOME. CON I POP-UP INCISI IL FOGLIO DI SUPPORTO VA APERTO A 90 GRADI PER PRODURRE IL MASSIMO EFFETTO, MENTRE CON I POP-UP COMPOSITI VA APERTO DEL TUTTO, OVVERO A 180 GRADI.

Questa tecnica richiede un maggiore sforzo rispetto ai pop-up incisi, ma permette di ottenere forme più scultoree.

MATERIALI

Per i prototipi è indicata la carta di grammatura media o pesante, ma i modelli definitivi andrebbero costruiti con cartoncino sottile e flessibile. Il foglio di supporto può essere in cartoncino pesante o persino cartone, a seconda delle sollecitazioni imposte dal pop-up. Per la costruzione finita ricordate di usare la colla a presa rapida, applicandone poche gocce sulle linguette.

VEDI ANCHE
Piegare e tagliare, pagg. 12–13
Simboli degli origami, pagg. 16–17

ESEMPIO BASE DI V ORIZZONTALE

Si tratta della tecnica pop-up più semplice per aprire il foglio a 180 gradi.

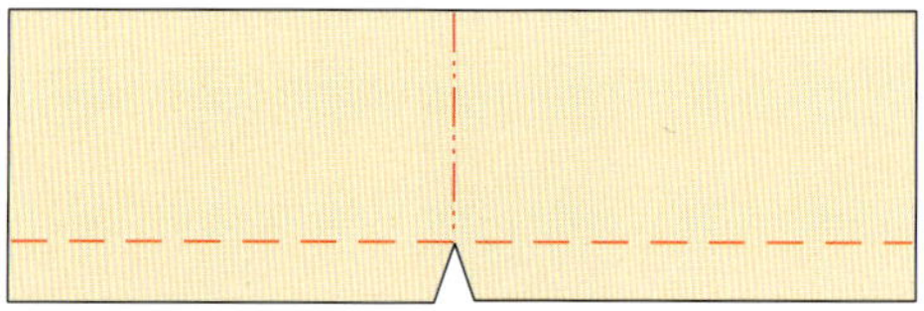

1 Ritagliate un rettangolo di carta di grammatura media o pesante. Piegatelo al centro, poi sul fondo. Eseguite un piccolo taglio sul lato inferiore per creare due linguette separate.

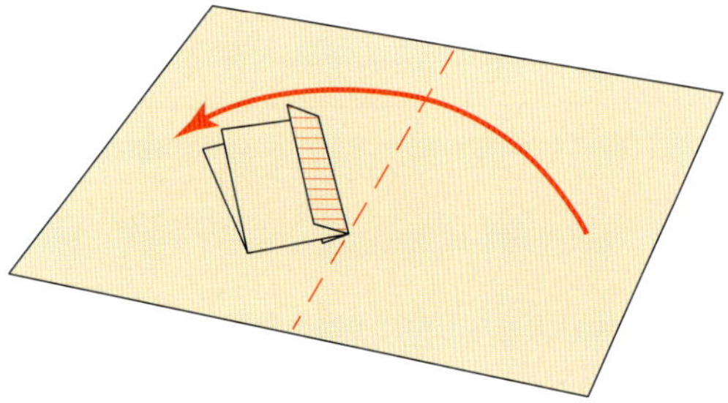

2 Piegate a metà il rettangolo di carta lasciando le linguette rivolte all'esterno e applicate la colla su entrambe. Realizzate una piega a valle al centro del foglio di supporto. Incollate una linguetta sul foglio assicurandovi che la piega centrale del foglio e la piega del pop-up combacino in un punto. Chiudete il foglio coprendo il pop-up, in modo che la seconda linguetta si incolli sull'altra metà del foglio.

LA V ORIZZONTALE COMPLETATA

Aprendo il foglio di supporto, il pop-up si solleva. Il segreto è accertarsi che la piega del foglio di supporto si trovi esattamente sotto la piega del pop-up.

VARIANTI DELLA V ORIZZONTALE

È possibile cambiare quasi tutti gli elementi della V orizzontale, a condizione che il pop-up attraversi la piega del foglio di supporto. Per esempio: la piega del pop-up può essere spostata su una sola metà del foglio; il pezzo pop-up può essere di qualsiasi dimensione; l'angolo a forma di V che si sovrappone al foglio di supporto può essere di una qualsiasi ampiezza compresa fra 1 e 175 gradi circa (ma non un angolo piatto); la piega sul fondo del pop-up non deve essere per forza di 90 gradi rispetto alla piega verticale; gli angoli della V su ciascun lato della piega del foglio di supporto non devono essere per forza uguali. La lettera B, l'arco e la casa mostrati qui illustrano la varietà di forme rese possibili modificando l'angolo fra le due braccia della V.

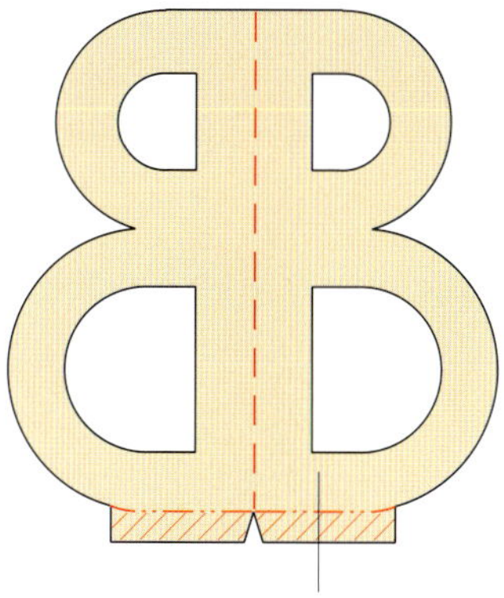

Le braccia della V, in questo caso immagini a specchio della lettera B, vengono piegate all'indietro una contro l'altra, in modo che la V risulti chiusa. Le linguette sono sovrapposte alla piega del foglio di supporto.

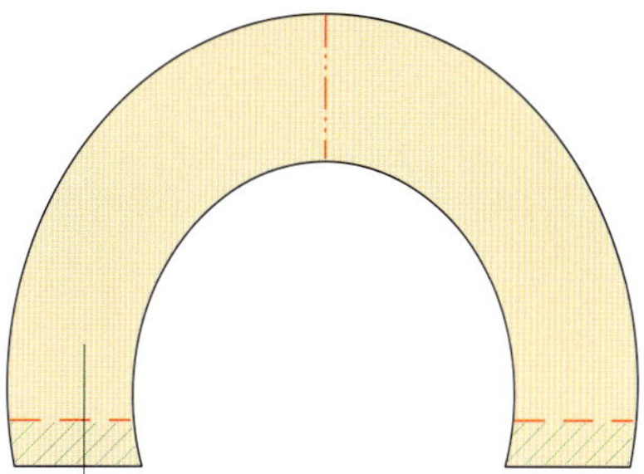

L'angolo della piega al centro dell'arco è quasi perpendicolare alla piega centrale del foglio di supporto.

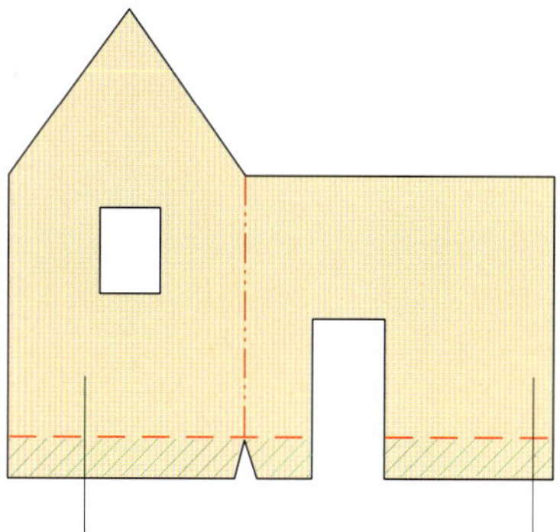

La forma della casa si ottiene alterando la sagoma delle due facce del "muro".

ESEMPIO BASE DI V ROVESCIATA

Simile alla tecnica della V orizzontale, questo metodo prevede tuttavia di capovolgere la V in modo che sia sospesa sopra la piega del foglio di supporto senza toccarla.

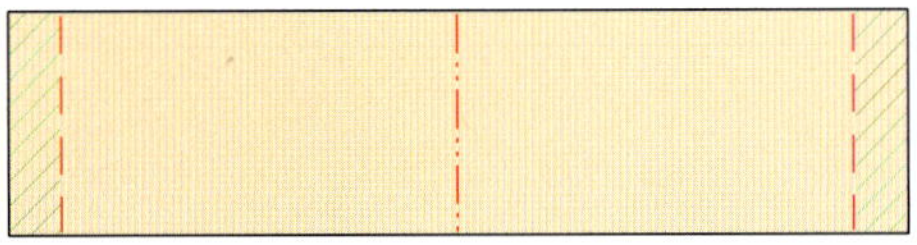

1 Ritagliate un rettangolo di carta. Eseguite una piega a monte lungo il centro e due pieghe a valle alle estremità.

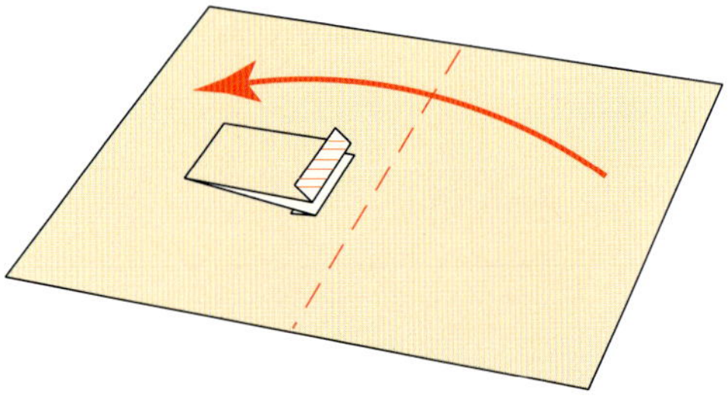

2 Piegate il foglio a metà lungo la piega a monte. Piegate le linguette all'indietro e applicate la colla su entrambe. Eseguite una piega a valle al centro del foglio di supporto. Incollate una linguetta sul foglio, parallela alla piega centrale ma leggermente staccata. Chiudete il foglio coprendo il pop-up, in modo che la seconda linguetta si incolli sull'altra metà del foglio.

LA V ROVESCIATA COMPLETATA

Aprendo il foglio di supporto, il pop-up si solleva. Questo metodo permette di ottenere pop-up di notevole altezza

VARIANTI DELLA V ROVESCIATA

Come nel caso della V orizzontale, è possibile cambiare quasi tutti gli elementi della V rovesciata. Per esempio: il rettangolo di carta può essere di qualsiasi dimensione; la V può diventare una X; la V può essere posizionata in modo asimmetrico sul foglio di supporto; le pieghe delle linguette non devono essere per forza parallele alla piega del foglio di supporto.

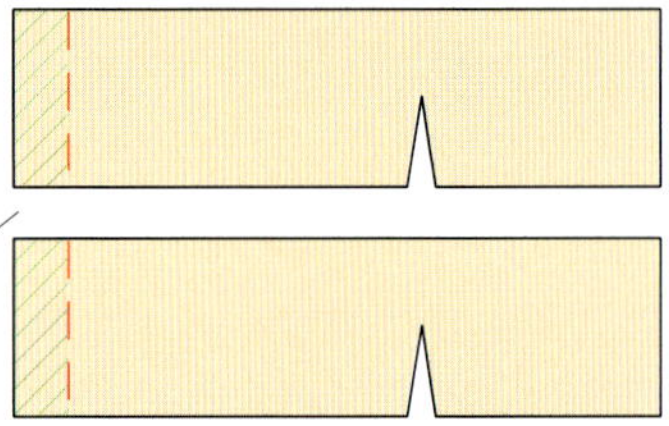

Due pezzi che si intersecano lungo i tagli creano un pop-up a forma di X. La sagoma, naturalmente, può diventare anche molto più complessa di questo esempio.

La piega a monte non deve trovarsi per forza al centro del pop-up; può essere spostata su uno dei due lati.

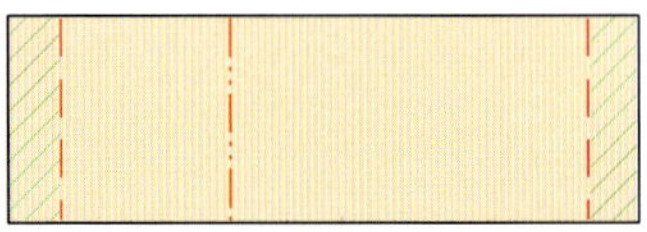

Qui l'angolazione delle linguette è convergente. Prolungandole, le pieghe si incontrerebbero esattamente lungo la piega centrale. Per questo motivo il pop-up va collocato con la massima precisione sul foglio di supporto.

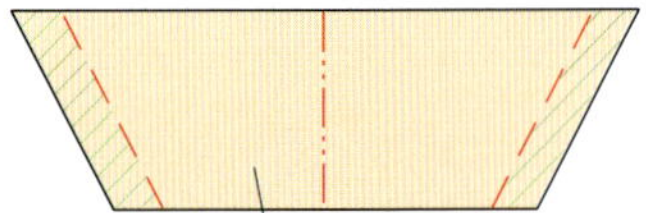

ESEMPIO BASE DI POP-UP STRATIFICATO

Questa tecnica crea una serie di piani orizzontali rialzati, come gli strati di una torta nuziale.

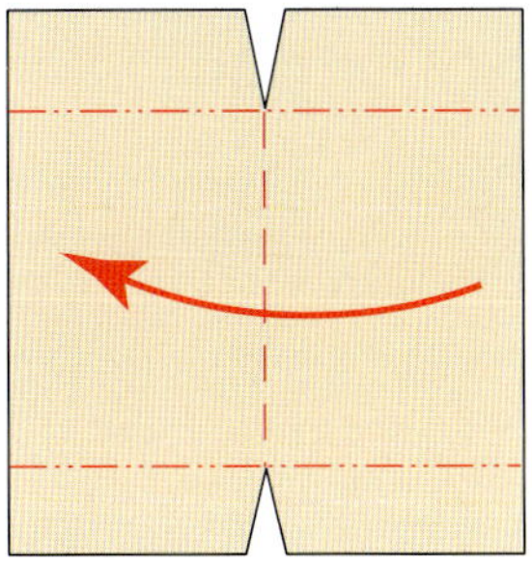

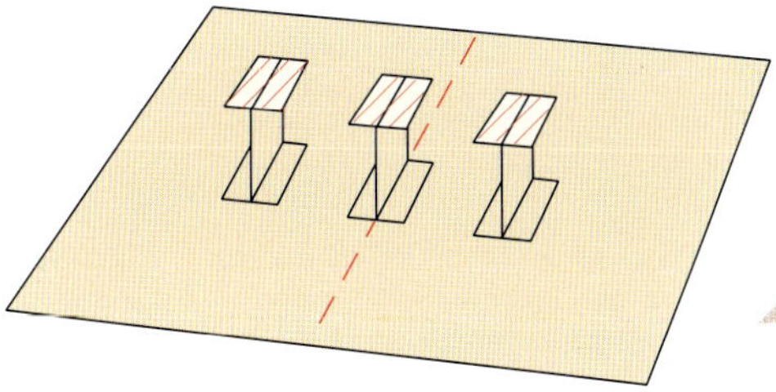

1 Costruite tre colonnine identiche, piegate come mostrato sopra. Applicate la colla sull'intera superficie, poi piegate a metà.

2 Piegate a metà un foglio di cartoncino rigido. Incollate le colonnine sul cartoncino, una sulla piega e le altre due ai lati, parallele alla piega. Ritagliate un rettangolo di carta e incollatelo sopra le colonnine. La carta deve avere una piega direttamente sopra il pilastro centrale.

IL POP-UP STRATIFICATO COMPLETATO

Quando il foglio di supporto viene chiuso, il pop-up si piega a metà e si appiattisce.

VARIANTI DEL POP-UP STRATIFICATO

La tecnica del pop-up stratificato è la più scultorea e quella che crea più illusione (gli strati sembrano sospesi nel vuoto). La regola fondamentale consiste nell'utilizzare almeno tre colonnine di supporto, una lungo la piega del foglio e le altre due ai lati, parallele alla piega. Altri aspetti, invece, possono essere modificati. Per esempio: lo strato superiore può assumere qualsiasi forma; le colonnine non devono essere per forza simmetriche; il pop-up può fungere da base per ulteriori strati, o per un secondo pop-up realizzato con un'altra tecnica che preveda l'apertura a 180 gradi.

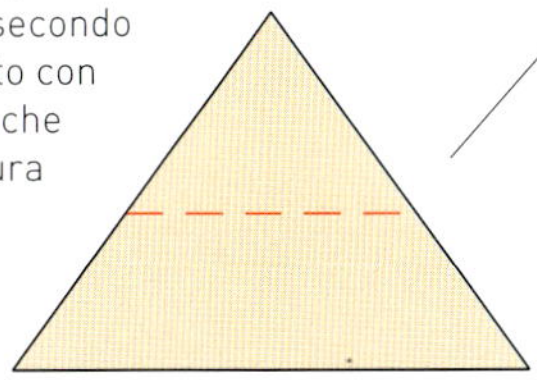

L'asimmetria di questa forma richiede la costruzione di una colonnina più grande sotto il lato più ampio.

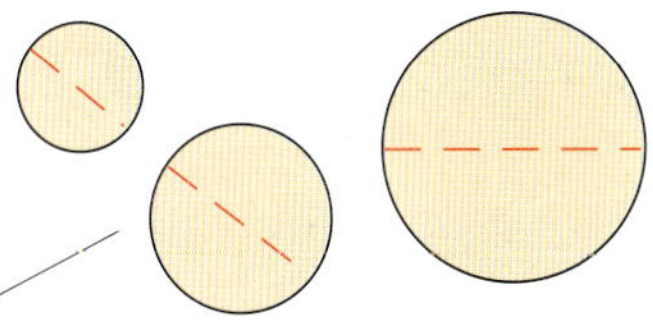

Con le costruzioni complesse il segreto è lavorare uno strato alla volta, assicurandosi che ciascuno si appiattisca quando viene chiuso, prima di passare al successivo.

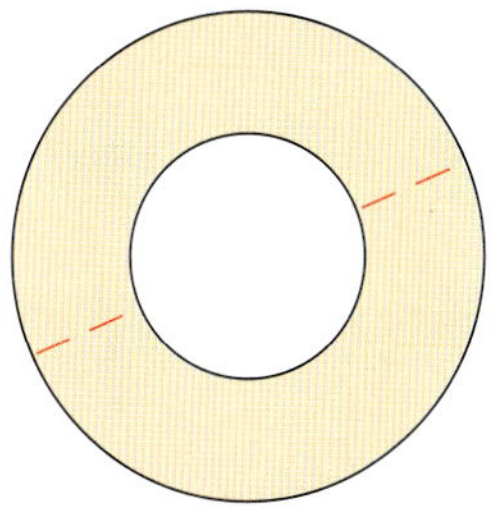

Per questo progetto servono quattro colonnine: due lungo la piega centrale e una su ciascun lato.

SCATOLE

LE TECNICHE PER I POP-UP COMPOSITI POSSONO ESSERE SFRUTTATE PER COSTRUIRE FORME CHIUSE COME LE SCATOLE. DA POSIZIONARE SU UNA PIEGA CHE SI APRE A 180 GRADI, I LATI FORMANO UN ANGOLO DI 90 GRADI CON IL FOGLIO DI SUPPORTO, SU CUI PUÒ ESSERE APPLICATA QUALSIASI TECNICA CHE PREVEDA L'APERTURA A 90 GRADI O QUALSIASI METODO DI INCISIONE.

Non esistono divisioni realizzate a braccio: ciascuna viene eseguita sovrapponendo un punto specifico a un altro, e di ciascuna si può dimostrare l'accuratezza ricorrendo a teoremi di geometria o trigonometria. Si tratta di tecniche veloci e affidabili che non richiedono l'uso di goniometro, compasso, righello o matita, e, soprattutto, sono estremamente eleganti. È sorprendente che non esista un solo metodo per dividere un lato o piegare un poligono, ma tanti. Alcuni sono immediati, altri più complessi, e durante la costruzione noterete con estrema soddisfazione che i lati o le pieghe vanno ad allinearsi in modo inaspettato.

VEDI ANCHE

Piegare e tagliare, pagg. 12–13

Simboli degli origami, pagg. 16–17

SCATOLA A SQUADRA

Il nome della scatola si riferisce alla sua posizione rispetto alla piega del cartoncino di supporto.

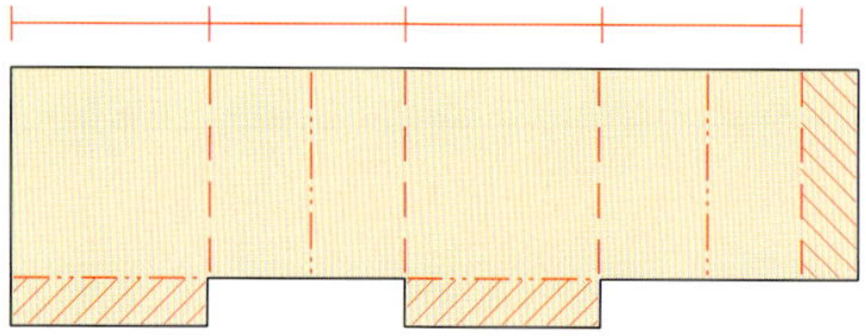

Ritagliate una forma come questa, creando le linguette nei punti indicati. Incollate la linguetta laterale all'altra estremità della striscia per formare un tubo a sezione quadrata. Incollate le linguette inferiori sul foglio di supporto piegato, allineando la piega a valle centrale del cartamodello della scatola con la piega del foglio.

LA SCATOLA A SQUADRA COMPLETATA

Quando la scatola viene aperta, le pieghe al centro di due delle face dovrebbero trovarsi direttamente sulla piega del foglio di supporto.

VARIANTI DELLA SCATOLA A SQUADRA

Questa scatola può essere allungata per diventare più alta, larga o profonda. È possibile aggiungere o togliere pieghe per creare altre forme, quali esagoni e cilindri. Le strutture con un numero dispari di lati, come i triangoli e i pentagoni, sono più complesse da costruire, ma sono un ottimo esercizio per gli artisti ai primi passi.

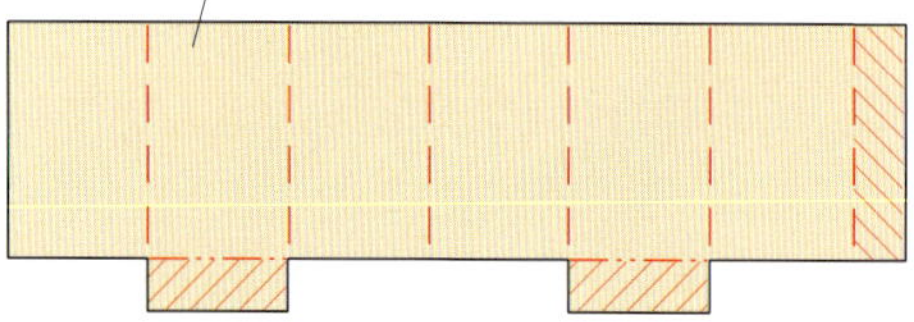

Una scatola esagonale richiede più pieghe di una quadrata.

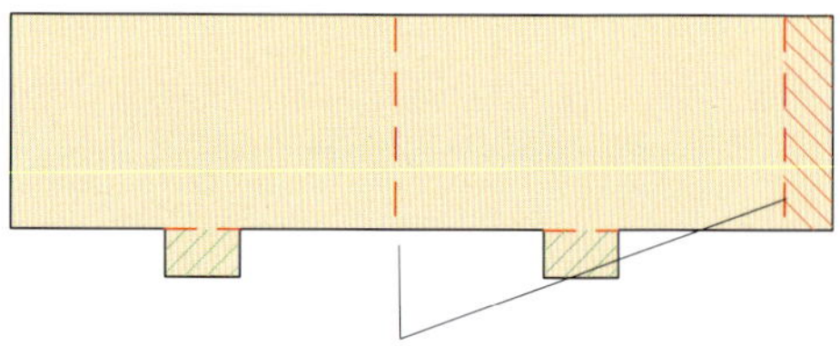

Le due pieghe necessarie per il cilindro vanno posizionate sulla piega del foglio di supporto.

SCATOLA OBLIQUA

Anche in questo caso il nome della scatola si riferisce alla sua posizione rispetto alla piega del cartoncino di supporto.

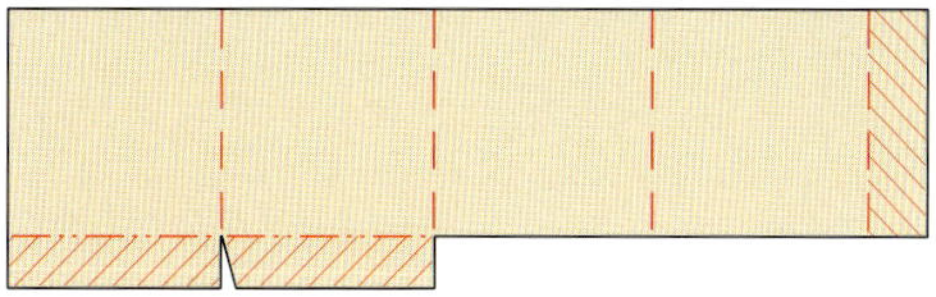

1 Ritagliate la forma illustrata qui sopra. Incollate la linguetta laterale all'altra estremità della striscia per formare un tubo a sezione quadrata.

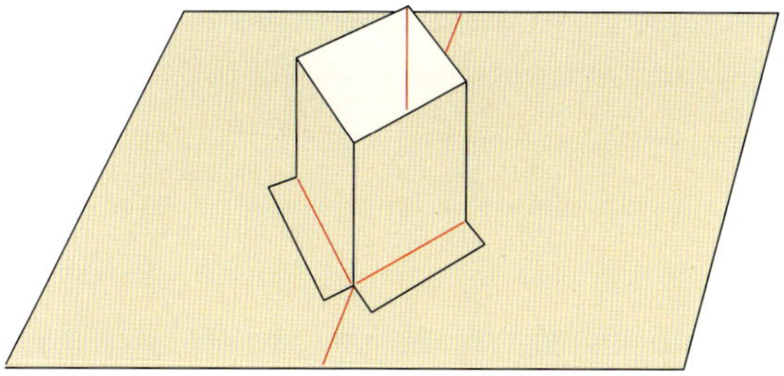

2 Incollate le linguette inferiori sul foglio di supporto, una su ciascun lato della piega centrale, in modo che questa si trovi esattamente sotto la diagonale della scatola. Perché gli angoli della scatola siano di 90 gradi, incollate le linguette a 45 gradi rispetto alla piega centrale.

LA SCATOLA OBLIQUA COMPLETATA

La scatola obliqua ha forse una struttura più elegante delle precedenti, perché mantiene meglio la forma. Se le linguette non vengono incollate a 45 gradi rispetto alla piega centrale, si ottengono scatole non quadrate.

REALIZZARE UN COPERCHIO

La scatola obliqua può essere sormontata da un coperchio composto da due parti.

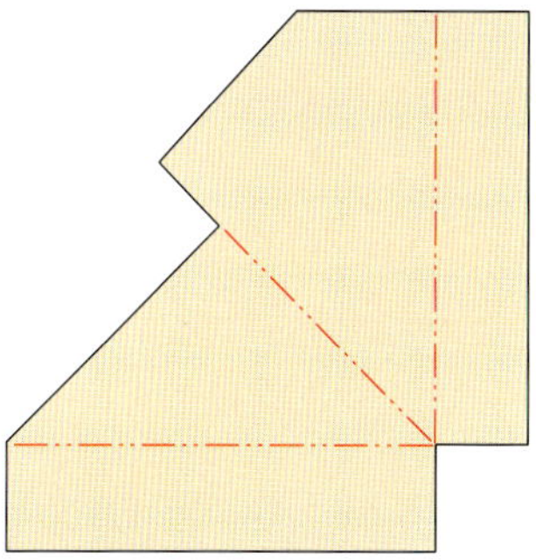

1 Per creare il coperchio, preparate due pezzi uguali a quello mostrato qui. Notate la disposizione di pieghe e linguette.

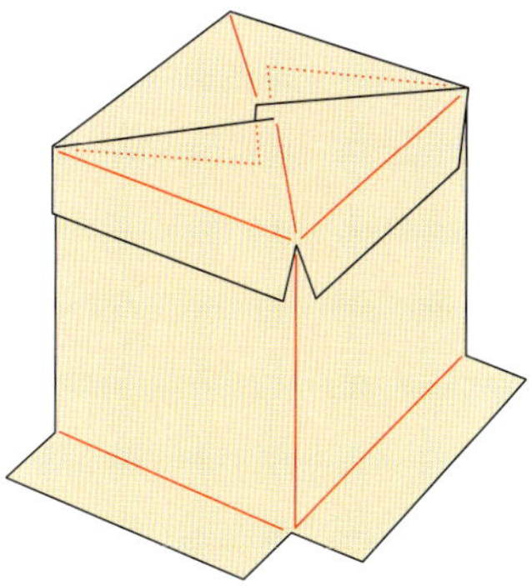

2 Incollate un pezzo sulle due facce della scatola già fissate al foglio con le linguette, e l'altro pezzo sulle restanti due facce.

IL COPERCHIO COMPLETATO

Le due metà del coperchio si saldano quando il foglio di supporto viene aperto e la scatola si solleva.

PROGETTO

RAGNO POP-UP

QUESTO SPLENDIDO PROGETTO MULTICOLORE È LA DIMOSTRAZIONE PERFETTA DI COME, A PARTIRE DAI PRINCIPI BASE DELLA PIEGA A V, SIA POSSIBILE CREARE POP-UP COMPOSITI DIVERTENTI E REALISTICI. PER LAVORARE MEGLIO E PER ASSICURARVI DI NON SPORCARE LE SUPERFICI DEL CARTONCINO, LASCIATE SEMPRE ASCIUGARE LA COLLA PRIMA DI PASSARE AL PUNTO SUCCESSIVO.

OCCORRENTE

- 3 fogli di cartoncino formato A4 da 210 g/mq, in diversi colori (in questo caso arancio, rosso, giallo)
- 1 foglio di cartoncino formato A4 da 240 g/mq, bianco (se non riuscite a trovarlo, usate qualsiasi cartoncino più pesante rispetto a quello usato per gli elementi pop-up, purché si pieghi nel mezzo)
- Matita
- Cutter
- Tappetino
- Righello di metallo
- Colla vinilica (per non sporcare il lavoro è consigliabile usare un tubetto dotato di beccuccio erogatore)
- Pennello fine (facoltativo) per applicare la colla in alternativa al tubetto
- Goniometro

VEDI ANCHE

Piegare e tagliare, pagg. 12–13
Pop-up composti, pagg. 52–55

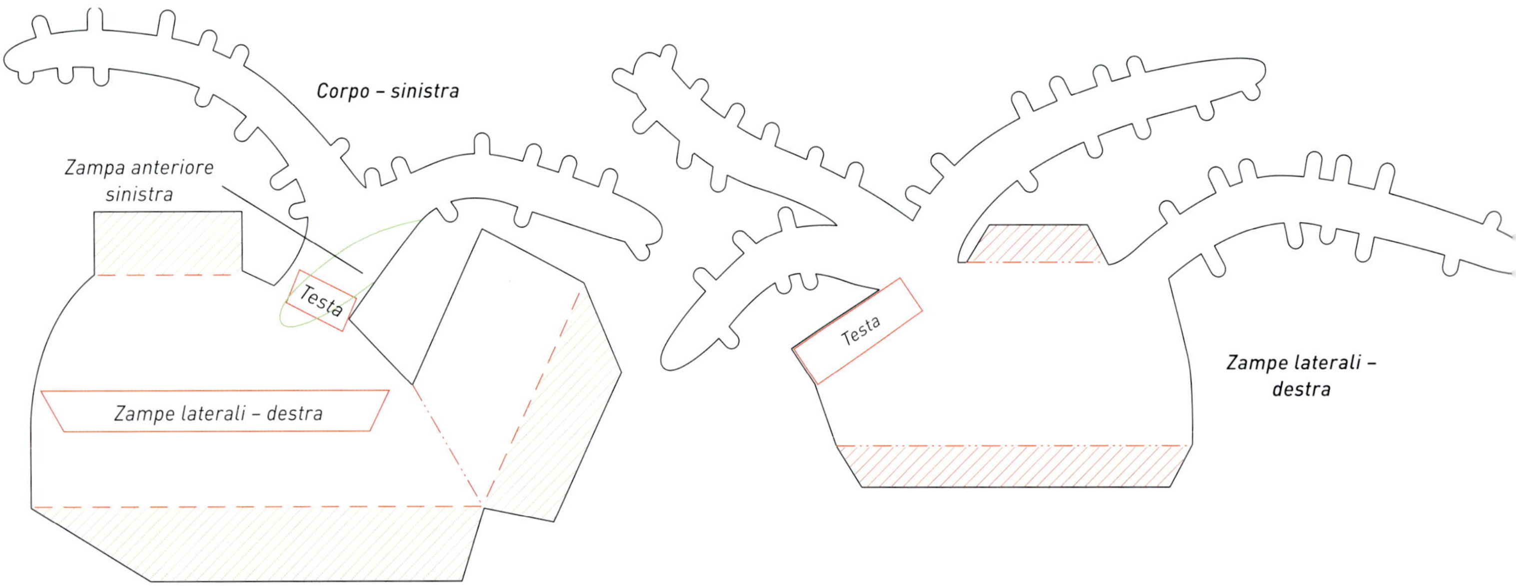

CARTAMODELLI

I cartamodelli qui illustrati sono in formato leggermente ridotto. Per riprodurre le dimensioni esatte del ragno, fotocopiate i modelli con un ingrandimento del 125%, ritagliateli e ricalcateli sul cartoncino colorato.

SUGGERIMENTI

Quando realizzate la linea per una piega, incidetela dal retro del cartamodello: si piegherà molto più facilmente!

Se non volete incidere usando il cutter, provate con uno stilo o una penna a sfera esaurita. Lo scopo è premere le fibre del cartoncino affinché si pieghi e si fletta senza rompersi.

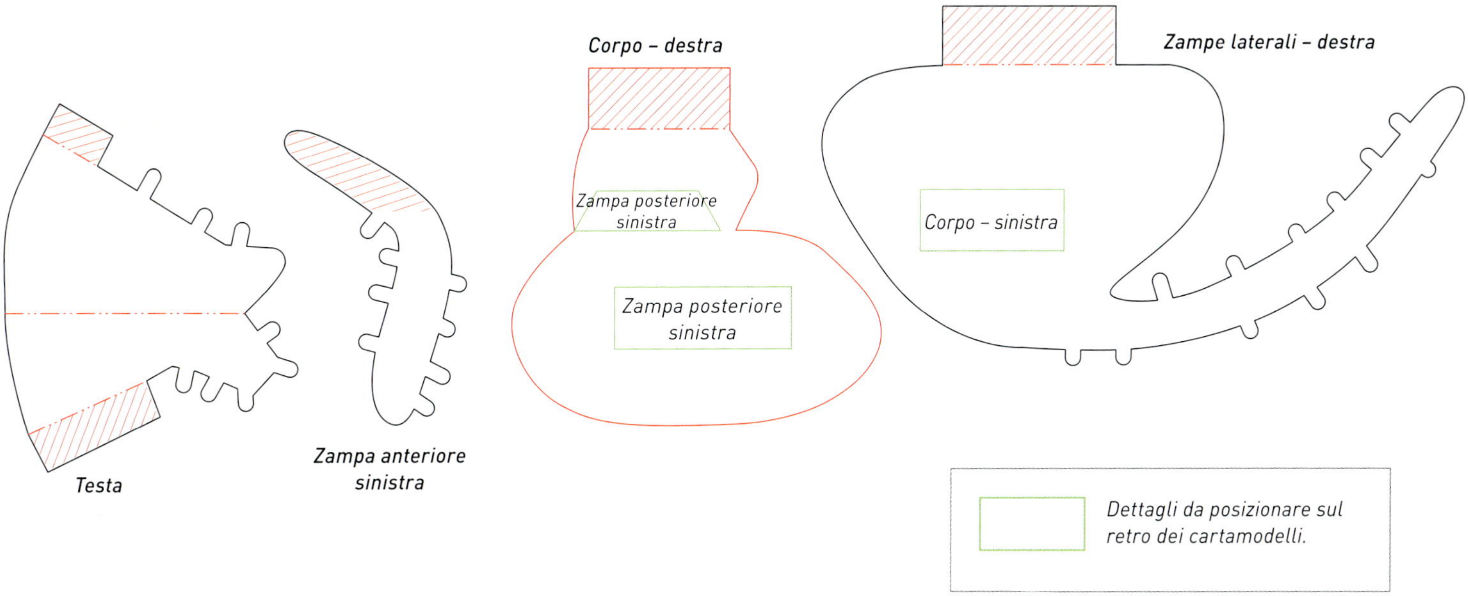

1 Con la matita ricalcate i cartamodelli del ragno sul cartoncino colorato. Usando un cutter affilato, e proteggendo il piano di lavoro con il tappetino, ritagliate accuratamente tutti i pezzi.

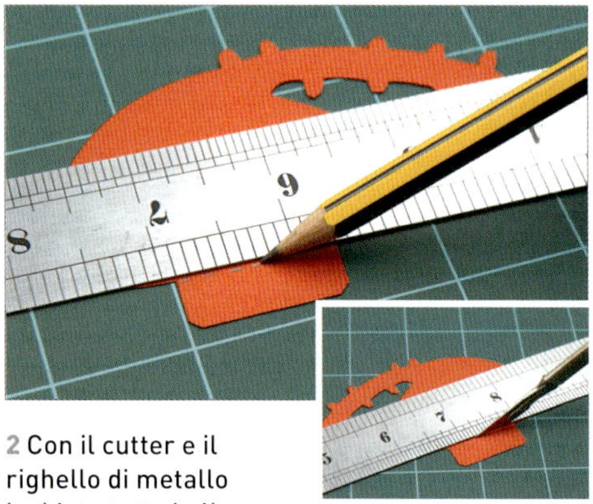

2 Con il cutter e il righello di metallo incidete tutte le linee corrispondenti alle pieghe. Usate come riferimento i cartamodelli per distinguere le pieghe a monte e a valle.

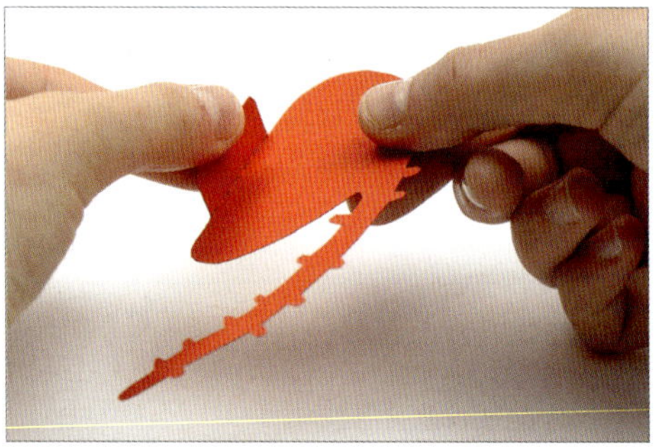

3 Eseguite le pieghe e segnate con la matita i punti dove incollare i vari elementi, come indicato sui cartamodelli.

4 Applicate uno strato sottile di colla vinilica dove indicato sul cartamodello della zampa anteriore sinistra. Tenete il pezzo sinistro del corpo con le linguette rivolte verso di voi e fissate la zampa anteriore sinistra sul rovescio, sotto le due zampe.

5 Applicate la colla sulla linguetta più lunga delle zampe laterali di destra e fissatele in posizione sul pezzo sinistro del corpo.

6 Applicate la colla sulla linguetta destra della testa e posizionatela sulle zampe laterali di destra. Lasciate asciugare la colla.

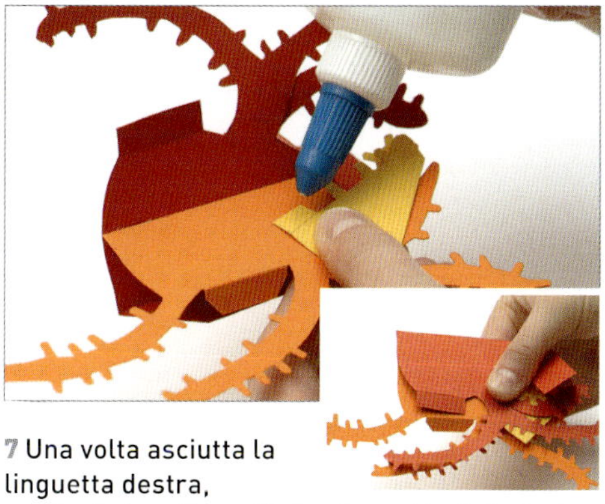

7 Una volta asciutta la linguetta destra, applicate la colla sull'altra linguetta della testa. Piegate il pezzo sinistro del corpo sulla linguetta appena cosparsa di colla per completare questa sezione.

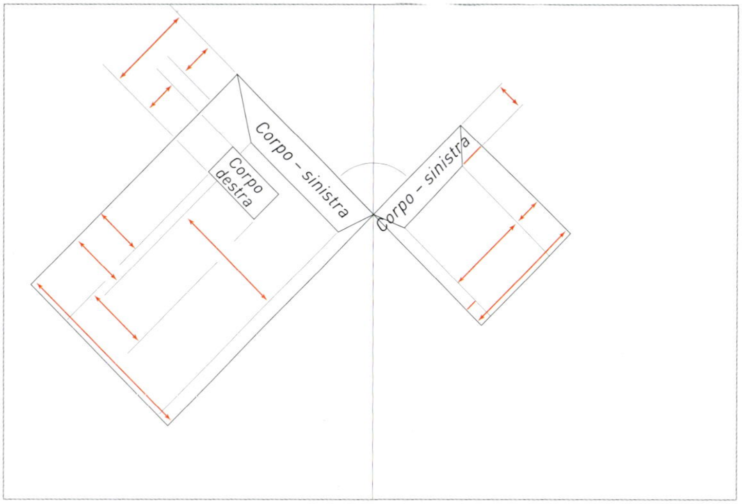

Schema per il punto 9

8 Applicate la colla sulla linguetta che sporge dal pezzo delle zampe laterali di destra e fissatela al pezzo destro del corpo, dove indicato sul cartamodello.

9 Usando come guida lo schema riportato in alto a destra, piegate a metà il cartoncino da 240 g/mq. A partire dalla sommità della piega, misurate 10 cm e segnate il punto dove fissare le linguette dei pezzi di sinistra del corpo, a 45 gradi rispetto alla piega. Potete tracciare sul cartoncino le restanti linguette del pezzo sinistro del corpo, semplicemente allineando i lati più lunghi delle linguette al segno inclinato di 45 gradi. Poi potete ricalcare la linguetta per ottenere la forma esatta. Il lato più lungo e più vicino del pezzo sinistro del corpo va collocato a 3 cm di distanza dal lato più lontano del pezzo destro del corpo, ed è parallelo a esso. Tracciate il segno per la linguetta del pezzo destro del corpo spostandovi verso la spina dorsale di 1,5 cm e ricalcate la linguetta rimanente in fondo allo stesso pezzo per trovare la posizione corretta.

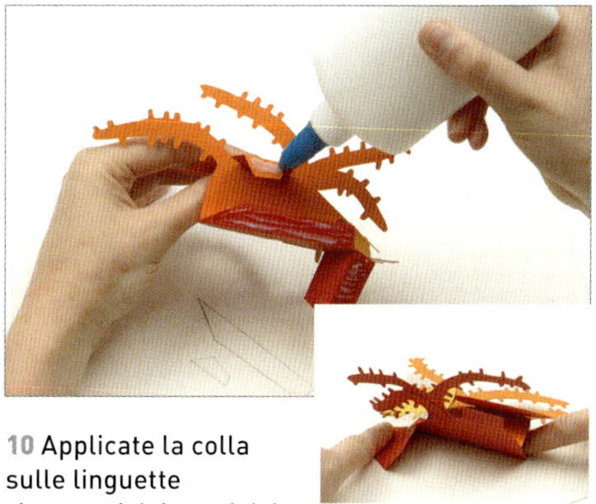

10 Applicate la colla sulle linguette rimanenti dei pezzi del corpo, destro e sinistro, poi fissate la struttura così ottenuta sulla base, assicurandovi di allinearla correttamente.

11 Applicate la colla sulla linguetta sporgente della zampa posteriore sinistra e su quella del pezzo sinistro del corpo, poi fissate la zampa posteriore sinistra sui pezzi del corpo, destro e sinistro, badando all'allineamento. Una volta posizionato il tutto, chiudete delicatamente il cartoncino e lasciate asciugare.

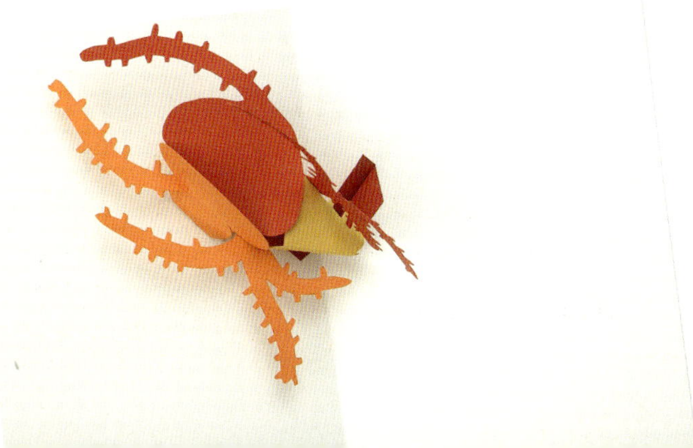

RAGNO POP-UP

Lasciate il ragno dove un amico lo possa trovare, e guardatelo sobbalzare per lo spavento!

OCCORRENTE

Gli strumenti base hanno un costo limitato e sono in gran parte reperibili in casa. L'unica eccezione è il cutter con la lama intercambiabile.

- Matita da disegno
- Cutter e tappetino
- Righello di metallo
- Compasso
- Forbici affilate
- Forbicine da ricamo (ideali per i lavori più delicati)
- Cucitrice piccola o nastro adesivo
- Colla vinilica
- Pennello

FACOLTATIVO

Un assortimento di graffette, mollette da bucato e pinzette è molto utile per reggere il lavoro durante la costruzione. Anche un rotolo di nastro adesivo di carta potrebbe fungere allo scopo, poiché è facilmente removibile.

SIMBOLI

I simboli usati in questo capitolo sono gli stessi degli origami (vedi pagg. 16–17).

Questo simbolo indica dove applicare la colla. Quando è rosso, la colla va applicata sul dritto; quando è verde, sul rovescio.

UNITÀ 3

SCULTURE DI CARTA

CARTA COLORATA
L'impiego di fogli colorati per le sculture rappresenta un'alternativa più vivace del tradizionale bianco.

LE SCULTURE DI CARTA SONO UNA FORMA ESPRESSIVA AL PARI DI QUELLE IN LEGNO, METALLO O PIETRA, E COME PER QUALSIASI FORMA D'ARTE CHE SI RISPETTI CHIUNQUE VI SI PUÒ DEDICARE DIVERTENDOSI. ANCHE CHI È ALLE PRIME ARMI HA LA POSSIBILITÀ DI PRODURRE SPLENDIDI MANUFATTI.

ASTRATTO
INGRID SILIAKUS
Progettare e costruire sculture complesse è un'operazione laboriosa, e per alcuni un'occasione per meditare. Per questa artista il fascino maggiore è esercitato dal risultato finale, quasi sempre più efficace di quanto avesse immaginato.

RISERVA NATURALE
JEFFREY NISHINAKA
Le sculture in rilievo di Jeffrey Nishinaka ricorrono a pezzi leggermente rialzati, incisi e incurvati per creare diverse angolature e gradazioni di luce. Le incisioni si notano alla base delle nuvole, sulle piume dell'uccello e nell'increspatura orizzontale ai piedi delle montagne. Incidendo la carta di ottengono pieghe ondulate e precise, mentre incurvandola si crea l'illusione tridimensionale visibile sui tronchi degli alberi.

Al tempo stesso le sculture di carta hanno anche applicazioni pratiche. Sono usate diffusamente nei corsi di arte e design e più in generale nelle scuole, in gallerie e musei, in pubblicità e nelle illustrazioni dei libri.
A grandi linee questi oggetti si possono dividere in due categorie. Le sculture a tutto tondo offrono una prospettiva da tutti i lati, mentre quelle in altorilievo o bassorilievo sono progettate per essere guardate solo di fronte. L'effetto di luci e ombre è un fattore importante per il prodotto finito, e l'artista deve riflettere su come sfruttarlo al meglio nella fase di elaborazione e organizzazione delle forme base.

TIPI DI CARTA

La tradizione vuole che le sculture di questo tipo vengano realizzate con carta bianca, facilmente reperibile in varie grammature. La scelta migliore per i principianti è la carta spessa. Per le strutture particolarmente grandi è indicata anche la carta più pesante, ma è difficile da lavorare; all'opposto, la normale carta per stampanti o per fotocopie è adatta ai soggetti piccoli e poco in rilievo.

La carta spessa colorata, disponibile in un'ampia varietà di sfumature, è un'alternativa interessante per rompere la tradizione. Ricordate tuttavia che talvolta i fogli di questo tipo hanno una sola faccia lucida, e che l'effetto della luce sulla scultura è migliore se si usa la superficie opaca per il davanti dell'oggetto. Assicuratevi inoltre che la colorazione sia completa; se la tinta è solo in superficie, tagliando o incidendo la carta compare una linea bianca.
I fogli dorati, argentati o in altre lamine metalliche sono usati di frequente per abbellire le sculture, ma hanno ben poca consistenza e prima dell'uso vanno incollati su un foglio di cartoncino. In più sono molto sottili ed è impossibile inciderli per scopi decorativi.
La carta da regalo offre un'infinità di motivi da cui trarre il massimo effetto; è possibile incollarla su un supporto, come la carta alluminio, o usarla per ritagliare motivi da applicare su sezioni della scultura.
Il cartoncino (con spessore variabile) e il cartone ondulato sono ottimi per le armature e per le basi di sostegno. I moderni fogli di polistirene, combinando leggerezza e rigidità, si rivelano particolarmente utili.

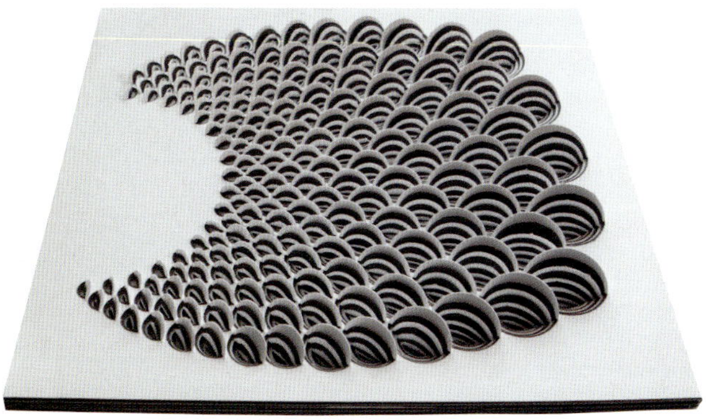

SCAGLIE DI CARTA, MATTHEW SHLIAN
Da artista della carta, Matthew Shlian si dedica alla stampa, all'illustrazione di libri e alla grafica pubblicitaria. Cominciando da una piega iniziale, una singola azione provoca un trasferimento di energia a pieghe successive, che infine compaiono sotto forma di disegni e forme tridimensionali. L'artista si concentra più sul processo creativo che sul risultato finale.

STELLA RITORTA
MATTHEW SHLIAN
Il talentuoso Matthew Shlian crea sculture cinetiche a cui si sono interessati gli scienziati dell'Università del Michigan: insieme lavorano sulla scala dei nanometri traducendo le strutture della carta in micro-origami. I ricercatori vedono nella carta una metafora dei principi scientifici, Shlian vede i loro studi come base per l'ispirazione artistica.

CONI E CILINDRI

IL PRINCIPIO ESSENZIALE DELLE SCULTURE DI CARTA È LA RAPPRESENTAZIONE DELLE FORME. UNA FOGLIA SOTTILE O UNA MASCHERA, CREATE CON PIEGHE E INCISIONI ACCURATE, SI BASANO SULLE FORME ELEMENTARI DEL CONO E DEL CILINDRO, RIPRODUCIBILI MEDIANTE LE TECNICHE ILLUSTRATE ALLE PAGINE 12-13.

MOLTEPLICI USI

Il cono ha una grande varietà di impieghi: per esempio come corpo di una scultura a tutto tondo o, se molto sottile, come occhio di una figura in bassorilievo. Con cilindri di formati diversi è possibile riprodurre il corpo e il collo di una figura a tutto tondo; inoltre servono a inserire spazi in una costruzione o come colonne portanti o decorative in una struttura. Il cilindro semplice non è molto robusto, ma mediante incisioni e curvature può essere trasformato in un supporto resistente.

VEDI ANCHE
Piegare e tagliare, pagg. 12–13
Simboli degli origami, pagg. 16–17

CONI BASE

I coni a base circolare hanno molte applicazioni nelle sculture di carta: la loro naturale rigidità li rende una struttura portante ideale sulla quale costruire.

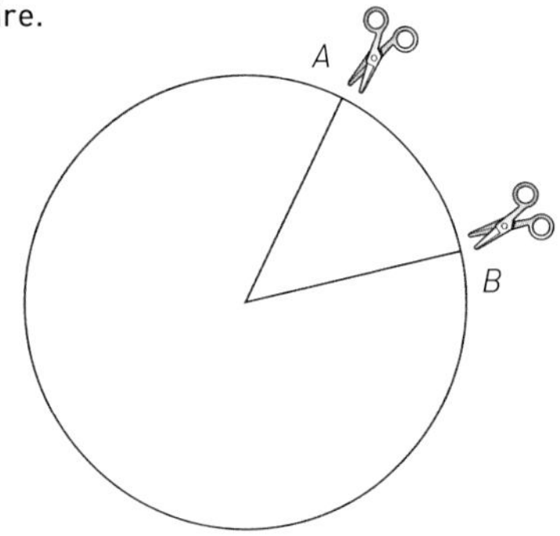

Da un cerchio di carta ritagliate un segmento triangolare, come mostrato in figura. Applicate la colla lungo tutto il lato A e formate il cono sovrapponendo il lato B al lato A.

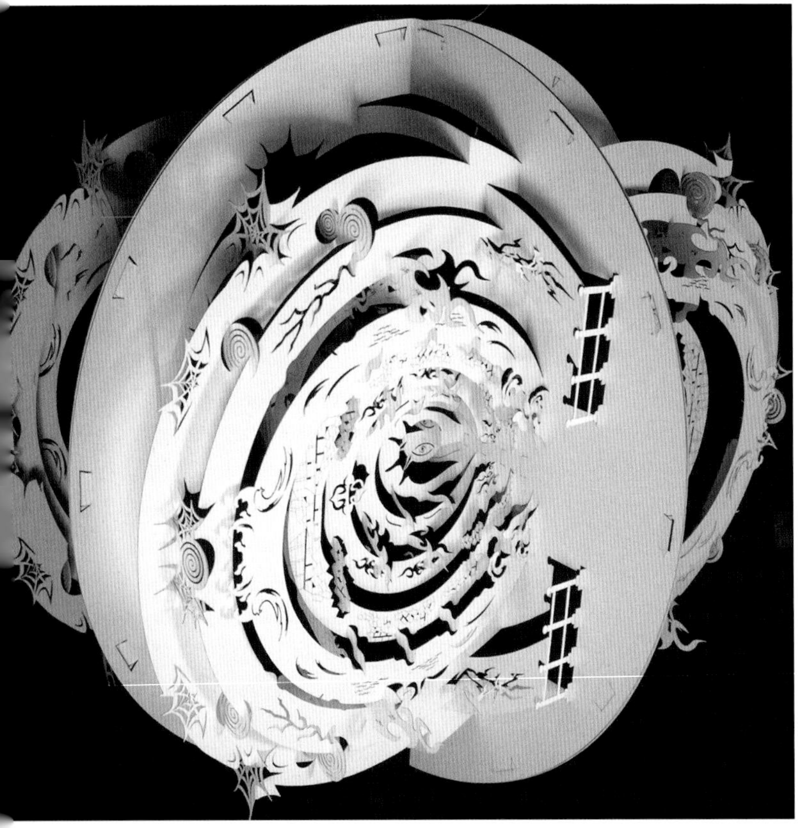

CERCHI A INCASTRO
INGRID SILIAKUS
Questa scultura è costituita da quattro lati esterni bianchi e due interni neri, ritagliati e piegati a partire da pezzi distinti di cartoncino. I cerchi esterni sono posizionati nello spazio lungo assi diversi e al loro interno sono stati ritagliati e piegati motivi rappresentativi dei quattro elementi, come acqua e fuoco, insieme ad altre figure e forme dal valore simbolico. Due parti della sezione esterna, poste una di fronte all'altra, sono unite in modo invisibile per mezzo di agganci e scanalature lungo i bordi. Questi meccanismi possono essere aperti: a quel punto l'oggetto si piega verso l'interno e diventa bidimensionale.

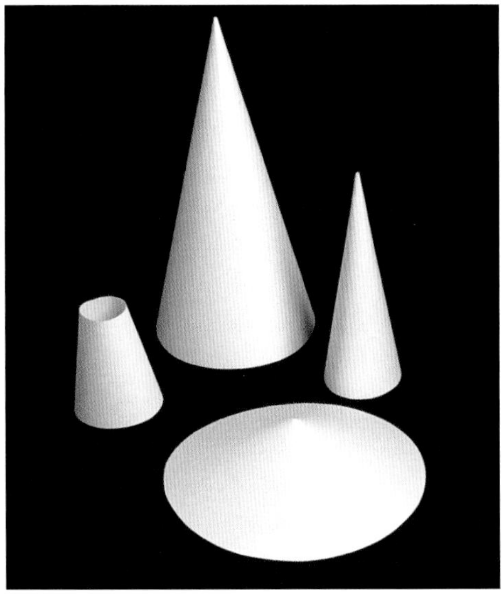

SELEZIONE DI CONI
Variando il raggio del cerchio o la dimensione del segmento ritagliato, si ottengono coni di formati differenti. Nel secondo caso, in particolare, si avranno coni con la base uguale ma con altezza e diametro diversi.

CONI CONCENTRICI INCISI

Le varianti di questo cono si ottengono modificando la distanza fra le linee incise, che devono sempre presentare un'alternanza fra pieghe a valle e a monte.

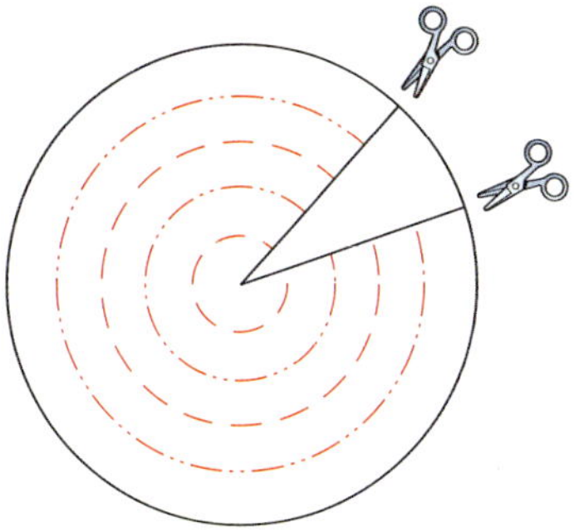

Ritagliate un cerchio di carta e incidete cerchi concentrici all'interno, alternando il dritto e il rovescio della carta. In questo esempio il raggio dei cerchi aumenta di 2,5 cm alla volta fino a un diametro complessivo di 25 cm. Ritagliate dal cerchio un segmento triangolare e completate con lo stesso procedimento del cono base.

SELEZIONE DI CONI INCISI

In questi coni è chiaramente visibile la differenza fra le distanze delle linee incise. Come nel caso del cono base, la dimensione del segmento ritagliato determina l'altezza e il diametro del cono finito: il cono più grande nell'immagine è stato ottenuto da un segmento dell'ampiezza di 30 gradi.

CONI PIEGHETTATI

Le varianti di questo cono si ottengono modificando la distanza fra le linee incise, che devono sempre presentare un'alternanza fra pieghe a valle e a monte.

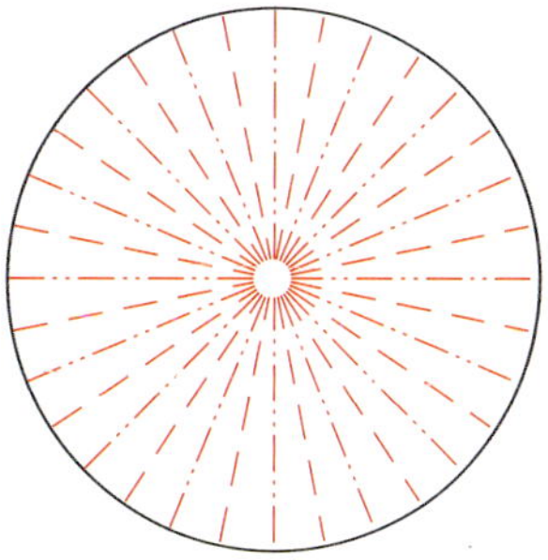

Alternando il dritto e il rovescio del cerchio di carta, e affidandovi a misure precise e a pieghe accurate, eseguite incisioni che si irradiano dal centro per ottenere un effetto pieghettato. Incollare il cono è più facile se si rimuove un piccolo cerchio dal centro del cono.

SELEZIONE DI CONI PIEGHETTATI

Cerchi iniziali di formati diversi producono coni di altezze e diametri diversi. Il motivo ornamentale si ottiene tagliando attraverso le incisioni rovesciate.

CILINDRI BASE

I cilindri base si formano semplicemente arrotolando un pezzo di carta rettangolare. Se si lascia una linguetta mentre si ritaglia, è più facile costruire il cilindro finito.

CILINDRI INCISI

Un pezzo di carta rettangolare inciso sul lato concavo, come mostrato in figura, produce un cilindro con una superficie curva rientrante. La carta viene fissata lungo la curva naturale, e fra un'incisione e l'altra la curva viene lavorata su un perno di legno per ottenere l'aspetto scanalato.

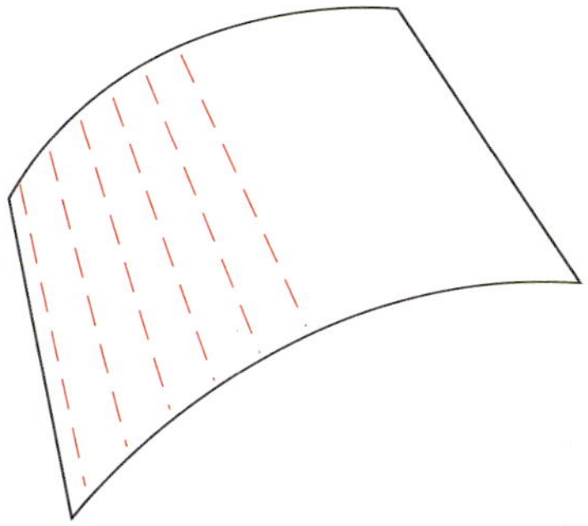

FORME DECORATIVE

LA COMBINAZIONE DI INCISIONI LINEARI E RICURVE PUÒ PRODURRE UNA GRANDE VARIETÀ DI INTERESSANTI FORME DECORATIVE, IDEALI PER ABBELLIRE PANNELLI E BORDI E PER OPERE ARTISTICHE.

VEDI ANCHE
Piegare e tagliare, pagg. 12–13
Simboli degli origami, pagg. 16–17

INCISIONE MISTA
La decorazione della superficie può essere realizzata con un'incisione mista, sempre sul lato del dritto. Il motivo molto semplice dell'oggetto più grande in figura è il risultato di incisioni lineari su carta incurvata per ottenere l'effetto. Le dimensioni sono a piacimento, ma i segni devono essere accurati. Lo stesso motivo è stato applicato a una forma cilindrica; il terzo oggetto è un cilindro con incisioni ricurve sulla superficie.

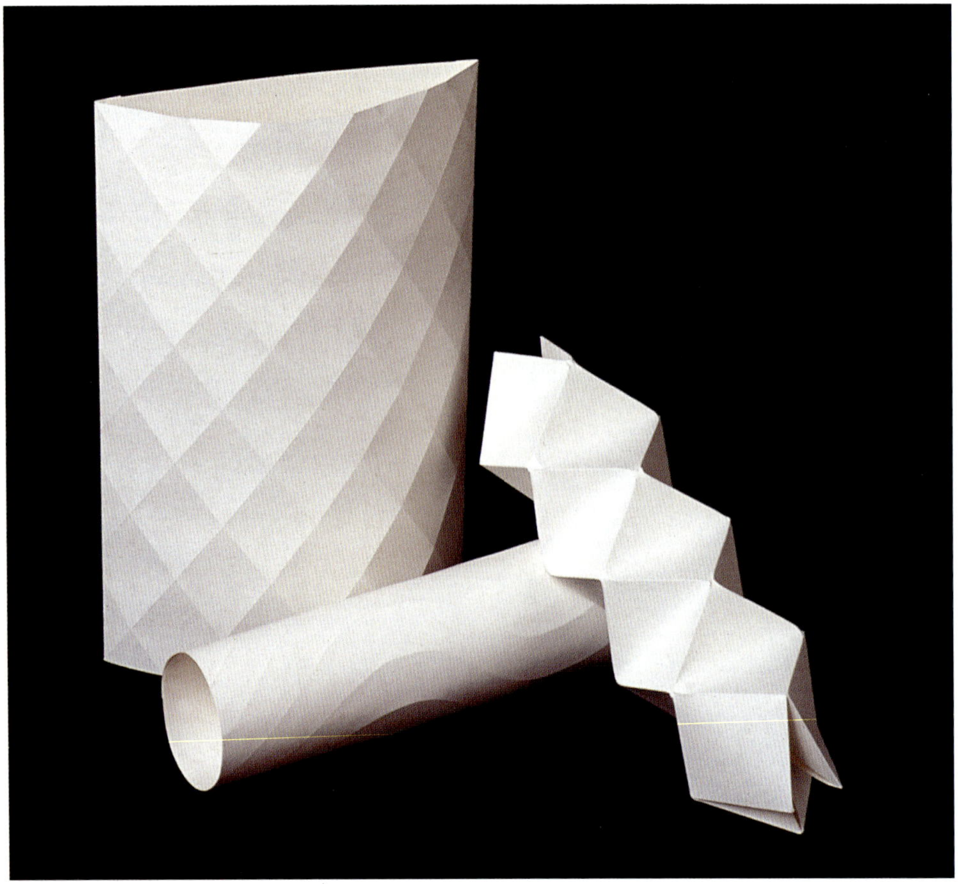

INCISIONE LINEARE
La cura nell'incisione è il segreto per ottenere l'effetto desiderato.

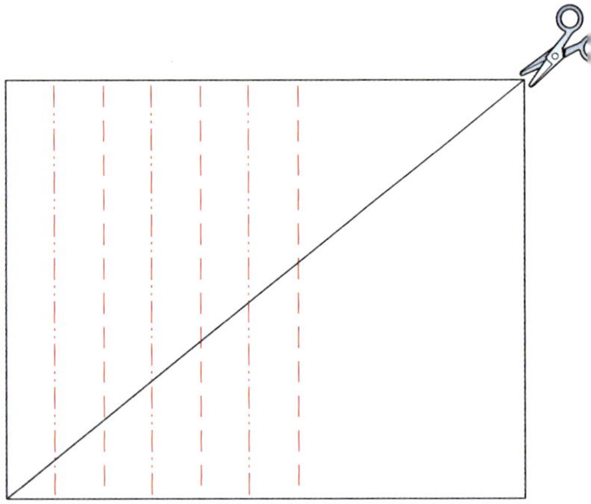

Incidete un rettangolo di carta alternando il dritto e il rovescio e lasciando un intervallo di 1,3 cm fra un segno e l'altro, come mostrato in figura. Tagliate la carta in diagonale, poi, lavorando su un piano orizzontale, applicate la colla sulla base di ciascuna piega, solo su un'estremità. Unite le pieghe stringendole fra le dita.

MODELLO CON INCISIONI LINEARI
Le due forme ottenute da un solo pezzo di carta servono a riprodurre l'effetto della foglia.

INCISIONE RICURVA

Molti progetti prevedono l'impiego di incisioni ricurve; una combinazione di pieghe a monte e a valle disposte accuratamente può dare vita a forme morbide e in rilievo.

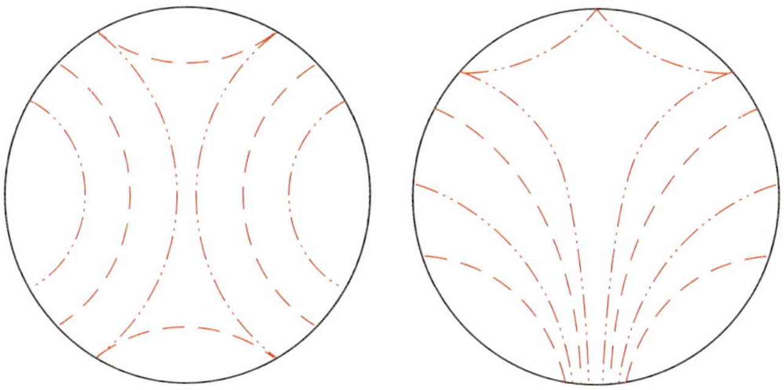

Prima di realizzare un progetto, disegnate le pieghe sulla forma di carta, a mano libera o con un compasso. Incidete e piegate ciascuna curva esercitando una pressione moderata e procedendo lentamente: usando troppa forza la carta rischia di deformarsi.

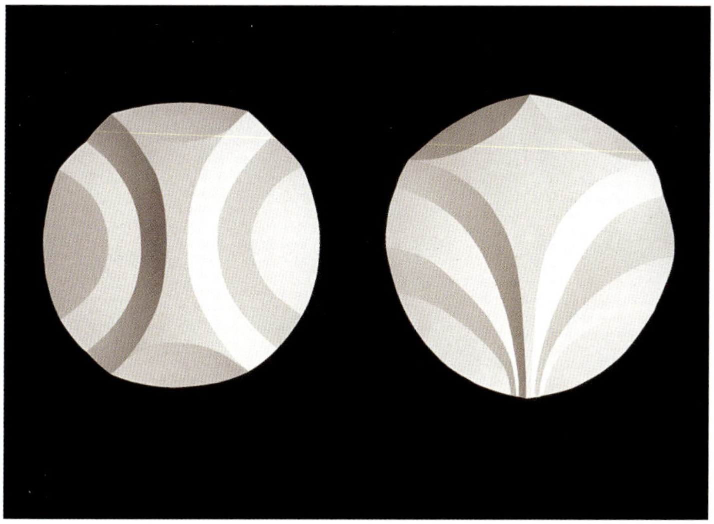

SELEZIONE DI INCISIONI RICURVE

La tecnica dell'incisione ricurva produce forme espressive e in movimento, come si nota negli esempi qui sopra e in queste pagine.

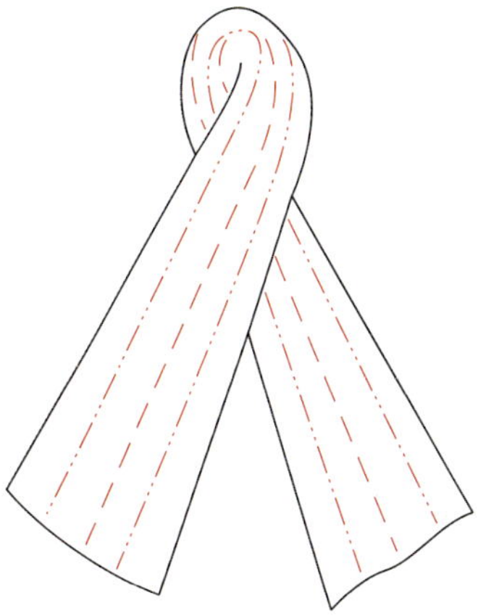

È possibile sovrapporre i due bracci di una forma a U incisa con pieghe a valle e a monte che si alternano fra loro.

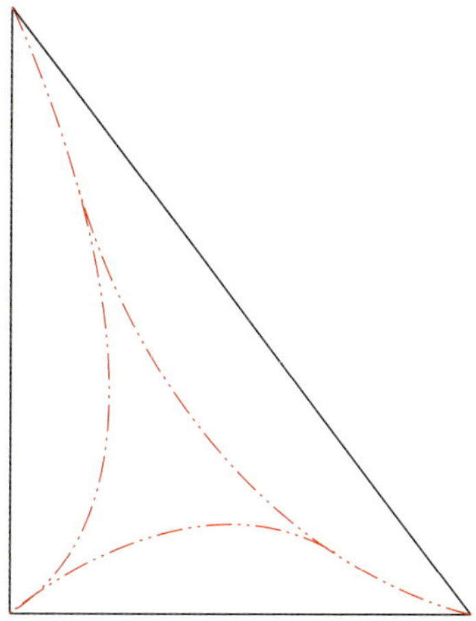

Tre incisioni a monte in un triangolo creano questa forma simile a un cuscino.

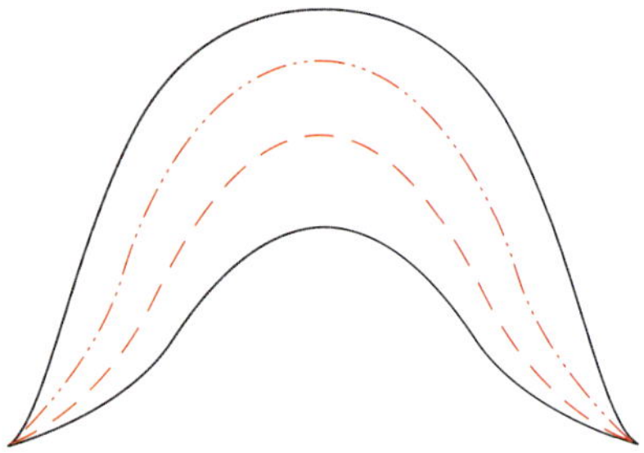

Questo esempio è simile alle due forme incrociate raffigurate sotto, ma è più aperto.

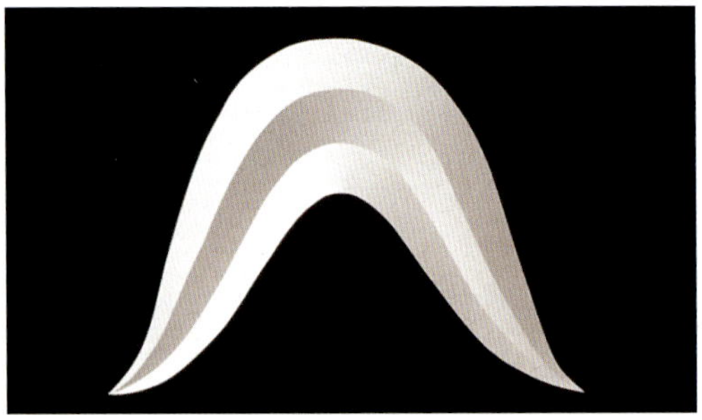

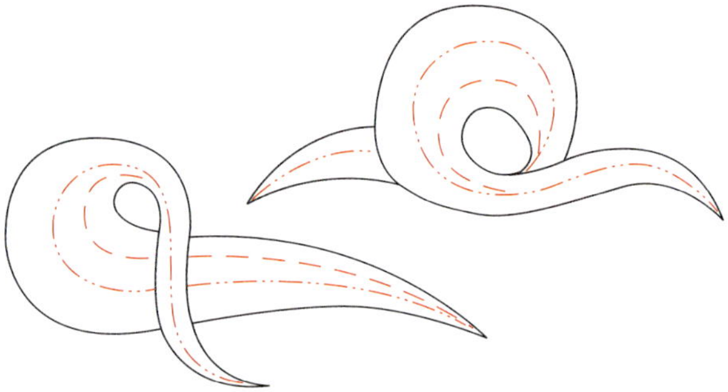

In questa forma solo la piega a monte percorre tutta la coda fino all'estremità. Applicate la colla nel punto in cui le due code si sovrappongono per fermare il ricciolo.

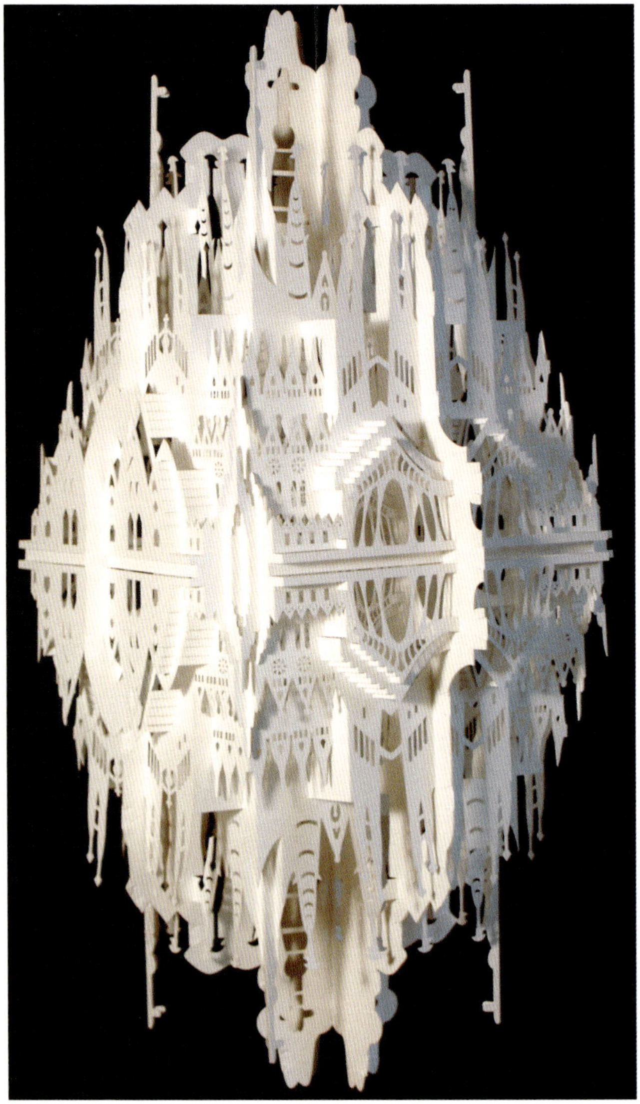

RIFLESSIONE SULLA SAGRADA FAMILIA
INGRID SILIAKUS

Per elaborare le sue sculture architettoniche, dotate di uno straordinario livello di dettaglio, Ingrid Siliakus si dedica a un intenso lavoro di ricerca, con tanto di fotografie, mappe architettoniche e piantine. Una volta raccolte le informazioni, si passa alla fase di studio per scegliere il lato dell'edificio più adatto a essere tradotto in una struttura cartacea.
Il progetto inizia con un disegno che specifica le pieghe a valle e a monte e i tagli necessari. Il disegno viene tagliato e piegato per osservare il risultato, poi si procede agli eventuali aggiustamenti e aggiunte. Il disegno viene tagliato e piegato di nuovo; il processo può andare avanti fino a creare anche trenta prototipi.

ILLUMINAZIONE

Una scultura in rilievo deve il proprio impatto quasi esclusivamente al modo in cui è illuminata. In una scultura tridimensionale che si regge da sola la luce è meno importante, anche se può contribuire a darle un aspetto ancora più eccezionale. Gli artisti più esperti cercano di studiare gli effetti della luce fin dalle prime fasi del progetto.

La luce deve sempre provenire da una sola fonte di luce, laterale o superiore. L'illuminazione dal davanti non crea ombre e fa sembrare la scultura piatta e monotona, mentre l'illuminazione laterale produce un gioco di luci e ombre sulla superficie. Tenendo presenti queste considerazioni, decidete con cognizione di causa dove collocare la luce per ottenere l'effetto migliore.

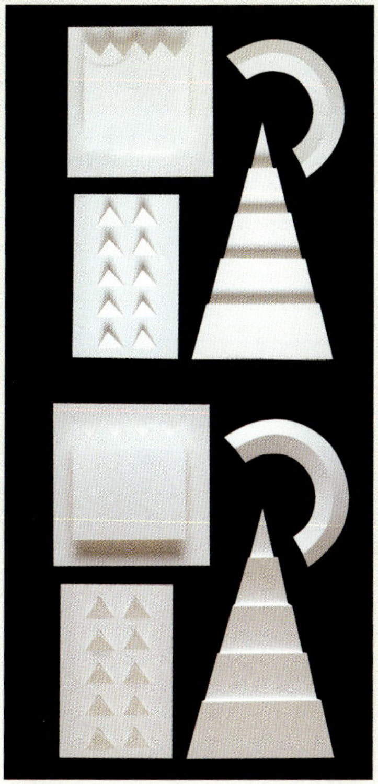

ILLUMINAZIONE EFFICACE E NON EFFICACE
Confrontate il gioco di luci e ombre sulla superficie delle forme in questi due esempi: il primo è illuminato dal basso e il secondo dall'alto. A seconda dell'inclinazione con cui la luce colpisce le pieghe, in alcuni casi le ombre creano l'illusione della profondità, in altri non producono ombre e scompaiono.

SUPERFICI CON MOTIVI DECORATIVI
Incidendo e tagliando la superficie della carta, è possibile creare una vastissima gamma di motivi decorativi di grande effetto.

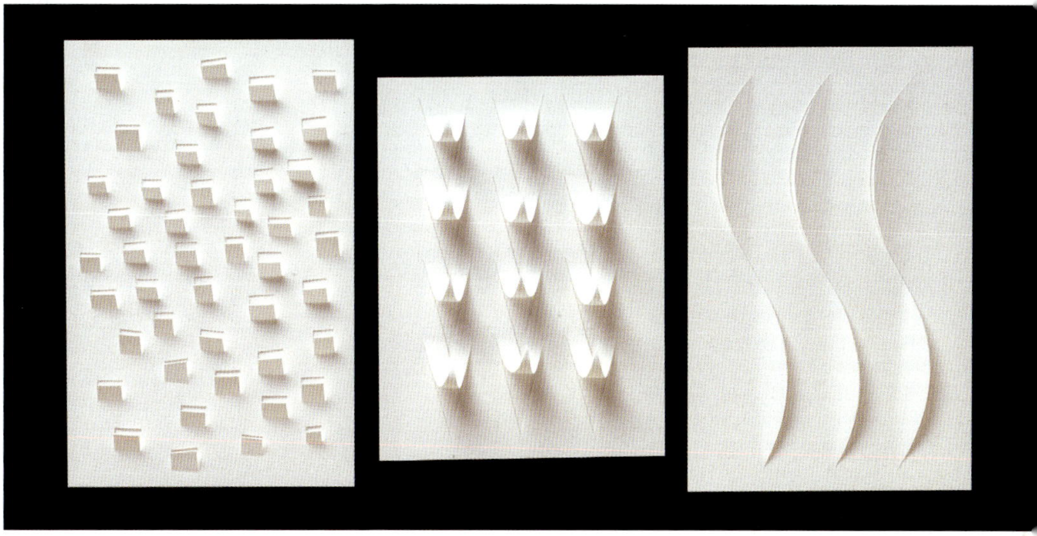

I motivi creati con i tagli sono visibili solo creando un sistema di luci e ombre, dunque riflettete sul modo in cui l'opera verrà illuminata prima di procedere al taglio.

GOLDEN GATE BRIDGE
JEFFREY NISHINAKA
Quando fotografa le sue sculture di carta in rilievo, Jeffrey Nishinaka si assicura che la fonte di luce si trovi alla stessa altezza dell'opera; deve essere defilata e sfiorare a malapena la superficie della scultura. In tal modo l'effetto è più scenografico e crea l'illusione della tridimensionalità. In questo caso, inoltre, le nuvole sono illuminate da dietro per mezzo di piccole lampadine simili alle luci con cui si decorano gli alberi di Natale. Le nuvole sono state tagliate dallo sfondo per posizionare le lampadine.

ASSEMBLAGGIO E ARMATURE

UNA VOLTA CREATE LE FORME DI CARTA CHE COMPONGONO LA SCULTURA, IL PROBLEMA È ASSEMBLARLE FRA LORO. ESISTONO SVARIATI METODI FRA CUI SCEGLIERE: PER ALCUNI PROGETTI È SUFFICIENTE IL NASTRO ADESIVO, PER ALTRI SI RIVELANO MOLTO UTILI LE LINGUETTE. CERTE SCULTURE HANNO BISOGNO DI UN'ARMATURA, UNA STRUTTURA DI SUPPORTO INTERNA E INVISIBILE.

ASSEMBLAGGIO

Per costruire la vostra scultura, talvolta è sufficiente un pezzo di nastro adesivo o biadesivo o un punto metallico nascosto. Nella maggior parte dei casi, tuttavia, si consiglia di usare una colla di buona qualità, che asciughi in fretta ma vi permetta di cambiare idea fino all'ultimo momenti. I cuscinetti adesivi sono utili per esporre una scultura in altorilievo o in bassorilievo, poiché in seguito basta tagliare attraverso il supporto per rimuoverla. In alternativa, per fissare un elemento all'altro o una scultura in altorilievo alla sua armatura è possibile utilizzare le linguette, incorporate ai pezzi o aggiunte in seguito.

ARMATURE

Una scultura a tutto tondo ha bisogno di un supporto interno che, di solito, segue la forma della scultura e permette di aggiungere ulteriori componenti. Una scultura di questo tipo di medie dimensioni può avere come supporto centrale un cilindro formato da un foglio arrotolato, un tubo di cartone o un perno di legno, se necessario con pezzi intersecanti.
Un altorilievo o un bassorilievo viene costruito per strati e in genere richiede un'armatura piatta che supporti i componenti e al tempo stesso mantenga la forma della scultura. L'armatura ha lo stesso profilo della scultura ma in scala leggermente ridotta, per poter fissare l'una all'altra per mezzo di linguette.

VEDI ANCHE
Coni e cilindri, pagg. 64–65
Forme decorative, pagg. 66–69

IMPIEGO DELLE LINGUETTE

Le linguette possono fare parte della forma fin da quando viene ritagliata, o essere costruite con strisce di carta fissate in seguito. Nel secondo caso, le linguette vanno incollate all'interno del componente evitando differenze di livello troppo evidenti; se i profili sono visibili, in genere sono da preferire le linguette incorporate.

1 Ritagliate le linguette insieme al componente. Fate un segno nel punto in cui le linguette andranno inserite nell'armatura o nel foglio di supporto e realizzate i tagli necessari.

2 In alternativa ritagliate strisce di carta per creare linguette separate. Fissatele sul rovescio del componente, vicino al bordo, con la colla o il nastro adesivo. Realizzate tagli della stessa larghezza delle linguette nei punti in cui andranno inserite nell'armatura o nel foglio di supporto.

3 Inserite ciascuna linguetta nella fessura corrispondente fino a fissare saldamente i pezzi. Piegate le linguette e fermatele con il nastro adesivo o la colla.

ARMATURE PER ALTORILIEVI E BASSORILIEVI

Nel caso degli altorilievi, spesso l'armatura viene costruita in sezioni, separate da elementi opportuni quali piccole spirali di carta che permettono di ottenere l'effetto della profondità. Per le sculture più piccole il materiale più adatto è il cartoncino, ma per le opere più grandi l'armatura può essere realizzata in truciolato, compensato o polistirene. Anche il cartone ondulato offre una buona resistenza e ha il vantaggio di essere facilmente reperibile: malgrado la scarsa rigidità, si può ottenere una buona armatura incollando due strati con le ondulazioni ad angolo retto. Se optate per un'armatura di semplice cartoncino, fate attenzione: poiché rischia di deformarsi, è consigliabile rivestirne entrambe le facce con carta spessa.

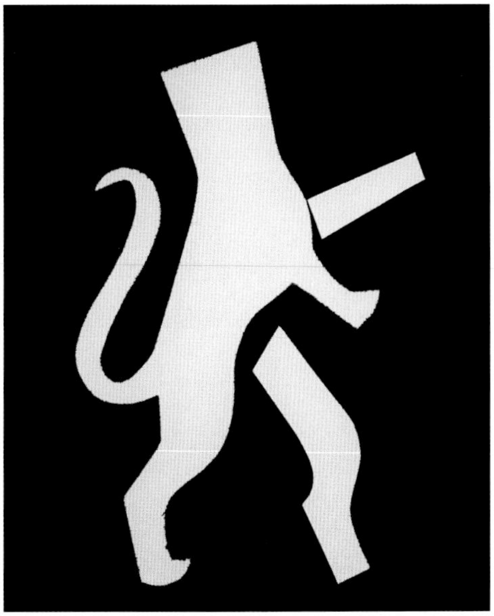

1 Con il cutter ritagliate la forma base dell'armatura, sulla quale andranno aggiunti gli altri elementi della scultura. L'armatura nell'immagine è formata da tre elementi separati; i dettagli quali la pelliccia e le fattezze del viso non sono compresi.

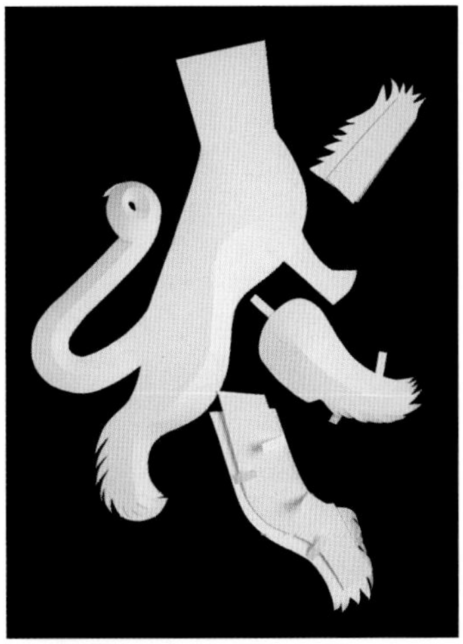

2 Fissate gli elementi di carta sull'armatura usando le linguette o un altro metodo. Nell'esempio la zampa inferiore è rovesciata per mostrare come saldare la carta all'armatura per mezzo di linguette. L'aggiunta di pezzi all'armatura procede per strati e aumenta l'altezza e la profondità dell'opera.

3 Una volta aggiunti tutti gli elementi, fissate gli eventuali pezzi rimanenti alla scultura principale. Nell'esempio le zampe sul retro sono separate dal rovescio del corpo per mezzo di spirali di carta.

PROGETTO

RAPACE NOTTURNO

QUESTA SCULTURA IN BASSORILIEVO, RAFFIGURANTE UN GUFO, MOSTRA COME METTERE IN PRATICA LE TECNICHE DESCRITTE NELLE PAGINE PRECEDENTI PER OTTENERE UN OGGETTO FINITO.

Il gufo ha un'apertura alare di 40 cm e un'altezza di 42 cm. Una volta completato, va sistemato in posizione leggermente rialzata rispetto alla superficie del cartoncino di appoggio per produrre un effetto tridimensionale.

I pezzi dell'armatura vanno costruiti con cartoncino sottile, mentre per tutti gli elementi della scultura è indicata la carta rigida. L'effetto delle piume si ottiene sollevando i tagli, mentre la profondità dei bordi è indicata sui cartamodelli.

OCCORRENTE

- Cartoncino sottile
- Carta rigida
- Cutter
- Tappetino
- Forbici
- Colla vinilica
- Pennello

RAPACE NOTTURNO
Modellando e incidendo la carta, e badando a un'accurata disposizione degli strati, si ottiene un'illusione di profondità e volume molto efficace, benché la scultura non sia eccessivamente in rilievo.

CARTAMODELLI
La riproduzione dei cartamodelli corrisponde a circa un terzo delle dimensioni reali, ma può essere adattata a qualsiasi formato. Fotocopiate i modelli e ricalcate i pezzi dell'armatura (su cartoncino sottile) e gli elementi della scultura (su carta rigida). Ritagliate il tutto con le forbici e incidete le pieghe e le fessure con il cutter.

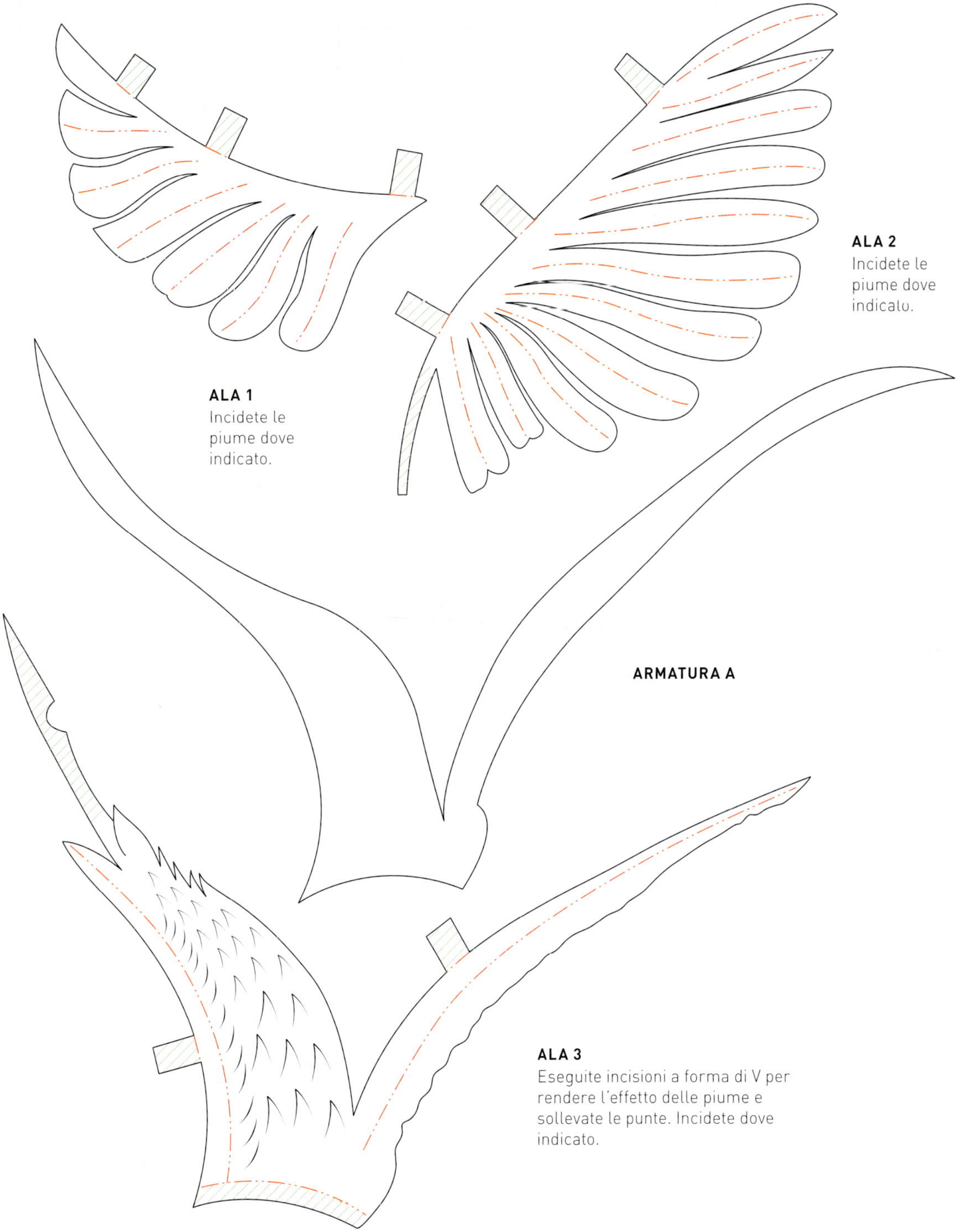

ALA 1
Incidete le piume dove indicato.

ALA 2
Incidete le piume dove indicato.

ARMATURA A

ALA 3
Eseguite incisioni a forma di V per rendere l'effetto delle piume e sollevate le punte. Incidete dove indicato.

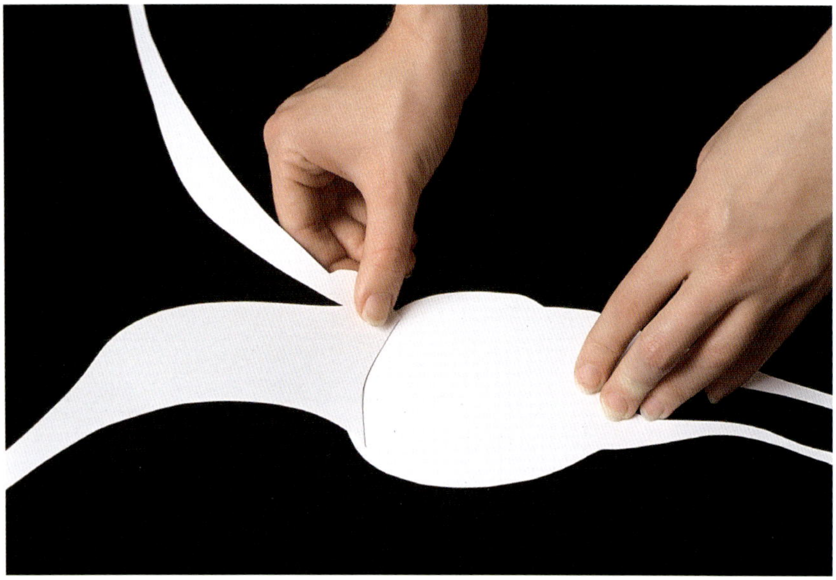

1 Applicate la colla nella zona indicata in cima all'armatura B, e fissate l'armatura A.

2 Posizionate le ali 1 e 2 sull'armatura delle ali e incollate la striscia sottile in fondo all'ala 2 sull'armatura. Posizionate il pezzo del corpo 1 sull'armatura del corpo: l'elemento è più largo dell'armatura, perciò curvatelo per renderlo più stretto. Piegate le linguette del corpo e delle ali dietro la rispettiva armatura e incollate.

3 Fissate l'ala 3 al di sopra delle ali 1 e 2 per mezzo delle linguette. Incollate la punta dell'ala 3 sull'ala 2 e la base dell'ala 3 sulla base dell'armatura delle ali. Posizionate il pezzo del corpo 2 sul pezzo del corpo 1, leggermente più in alto a sinistra che a destra, per accentuare l'illusione di un corpo solido che si protende in avanti. Piegate indietro le linguette e fissatele sul retro dell'armatura.

4 Posizionate le parti 1 e 2 degli occhi una accanto all'altra, facendo in modo che le frange centrali si sovrappongano e si sollevino, e incollate il becco. Incollate le sezioni 3 e 4 degli occhi sopra le parti 1 e 2. Fissate linguette separate sul retro di ciascuna pupilla e usatele per saldare la testa al pezzo 2 del corpo.

5 Per completare, incollate la coda e le piume sul rovescio dell'armatura B.

ARMATURA B

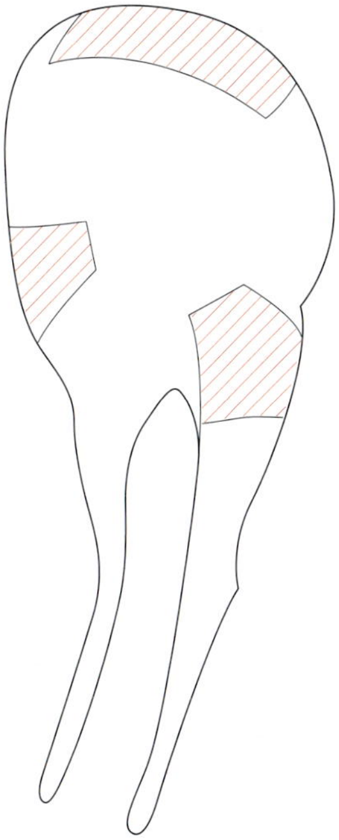

CORPO 1

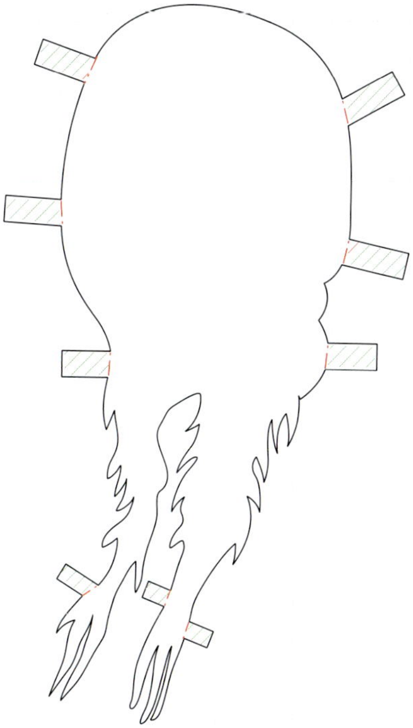

OCCHIO 1 E 2

Sono l'uno l'immagine speculare dell'altro. Tagliate via il centro. A partire dal bordo esterno realizzate un taglio fino al centro e incollate A sopra B per formare un cono basso. Incidete lungo tutto il perimetro, quindi tagliate per realizzare le frange.

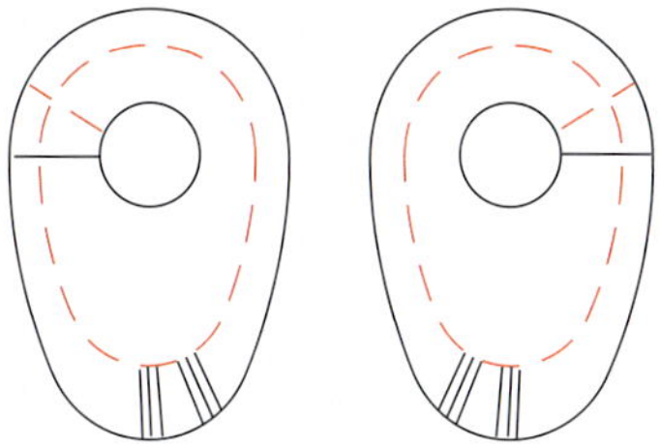

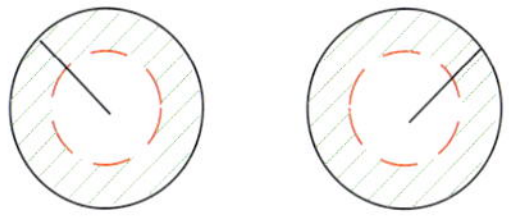

OCCHIO 3 E 4

Su ciascuno realizzate un taglio a partire dal bordo esterno fino al centro e incidete dove indicato. Sovrapponete il bordo tagliato per formare un cono basso e incollate. Una volta asciutto, tagliate il bordo per lasciare un piccolo orlo.

CORPO 2

Eseguite incisioni a forma di V per rendere l'effetto delle piume e sollevate le punte. Realizzate un'incisione a monte perché la sezione di destra curvi verso l'alto.

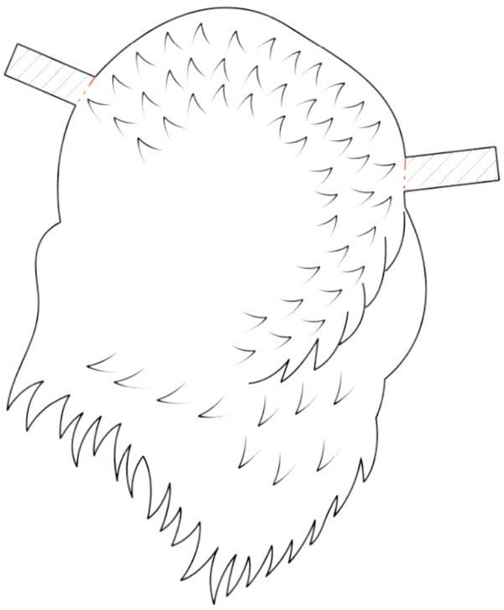

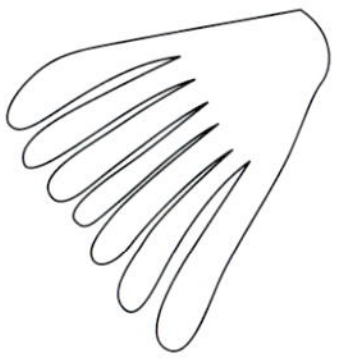

PIUME

Arricciate le piume usando la lama delle forbici.

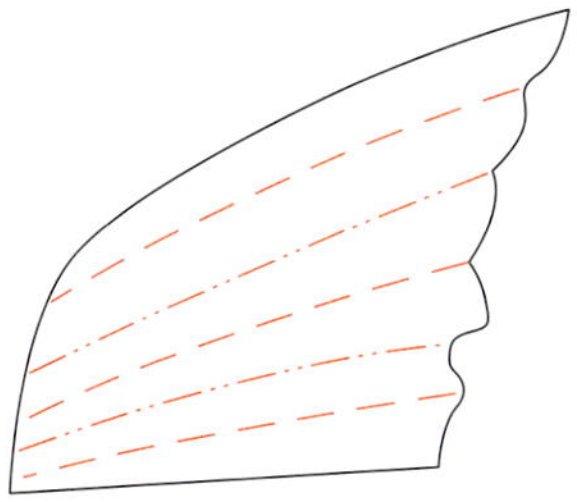

CODA

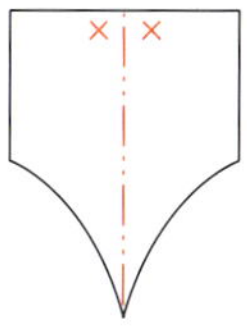

BECCO

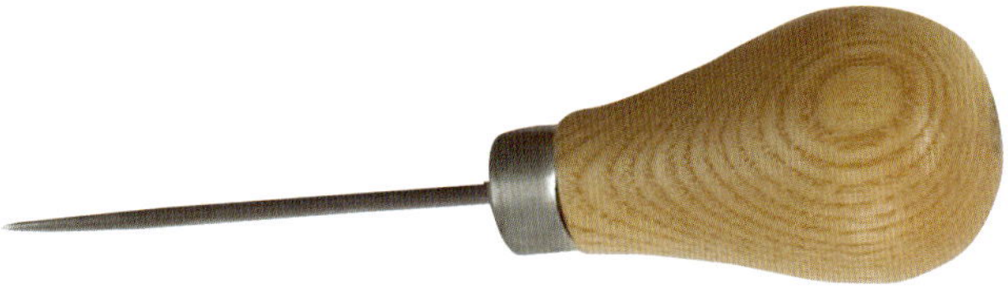

PUNTERUOLO PER RILEGARE
Un punteruolo robusto serve per forare uno strato spesso di fogli di carta.

PENNELLI PER COLLA
I pennelli tondi sono i più adatti per applicare la colla. Ne serve almeno uno, ma l'ideale è un assortimento di tre in formati diversi.

UNITÀ 4

RILEGATURE

EFFETTUARE UNA RILEGATURA CON LE PROPRIE MANI CONSENTE DI OTTENERE UN OGGETTO UTILE ED ESTETICAMENTE BELLO, NONCHÉ DI ASSECONDARE LA PROPRIA PASSIONE PER LA CARTA, L'ELEMENTO FONDAMENTALE DI QUESTA ATTIVITÀ. LA SCELTA DEI COLORI, DELLE GRAMMATURE E DELLA CONSISTENZA PIÙ ADATTA A UN PROGETTO SPECIFICO VI TERRÀ PIACEVOLMENTE IMPEGNATI PER ORE.

OCCORRENTE

Se siete agli inizi, acquistate gli strumenti base elencati sotto. Ci sarà sempre tempo per integrare l'attrezzatura in seguito.

- Matita
- Cutter
- Tappetino
- Righello di metallo
- Forbici
- Colla
- Pennelli per colla
- Colla vinilica
- Pennello
- Pieghetta
- Ago per rilegare o da ricamo (deve essere relativamente piccolo, molto appuntito e con la cruna delle dimensioni adeguate per il filo)
- Materiali per rilegare
- Punteruolo e martello (la dimensione del punteruolo dipende dalla larghezza del materiale per rilegare)
- Rullo piccolo
- Peso (per esempio un mattone avvolto nella carta)
- Graffette metalliche (per tenere insieme le pagine)

UNA PASSEGGIATA FUORI
HANNAH BROWN
Le tecniche di rilegatura permettono di personalizzare quaderni e rubriche telefoniche e anche di aggiungere una copertina a pagine sciolte. In questo caso l'artista ha preso un quaderno, ha attribuito una lettera a ogni pagina per ottenere una rubrica telefonica e ha cucito una copertina di cartoncino decorata con oggetti vari.

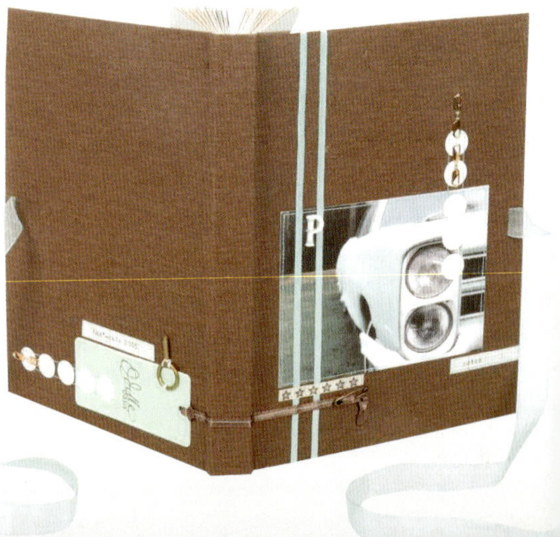

FANALE
HANNAH BROWN
Questa rilegatura, formata da sei fascicoli cuciti insieme su tre fettucce, presenta una copertina di tela e svariate decorazioni, fra cui nastri, una spilla da balia e una catena gioiello.

TIPI DI CARTA

Poiché le pagine di un libro devono sopportare ripetute sollecitazioni, è consigliabile ricorrere al cartoncino. La carta per acquarelli, per stampanti e per calligrafia è altrettanto indicata, come pure la carta fatta in casa, purché sia abbastanza rigida. Questi materiali sono adatti anche per realizzare copertine morbide. La normale carta per fotocopie sopporta l'usura, perciò va bene per le pagine di un quaderno; ma nel caso degli album per fotografie e degli scrapbook sono necessari fogli più resistenti.

Le copertine rigide si costruiscono con cartone rivestito di carta o tela. Il normale cartone è troppo sottile e fragile per essere perforato per le rilegature, perciò viene sostituito con il cartone doppio pressato o quello accoppiato. Il primo è il più resistente e di migliore qualità, ma ciò lo rende anche più difficile da tagliare a mano. Il cartone accoppiato è di spessore medio, più facile da tagliare e da reperire e meno costoso. Il materiale per la copertina, flessibile e resistente, di solito va incollato su cartone. Procuratevi carta abbastanza sottile da piegarsi bene in corrispondenza degli angoli e creare spigoli e bordi lisci; la carta molto spessa, infatti, non si piega in modo preciso ed è difficile ottenere spigoli accurati. Un'altra opzione è la tela per rilegature, un materiale a base di cotone rivestito di carta sul rovescio affinché il collante non penetri attraverso la stoffa.

COLLANTI

Esistono due tipi di collanti. La colla per rilegare è prodotta con farina di grano cotta in acqua per creare una sostanza adesiva efficace e poco costosa; poiché asciuga lentamente, consente di effettuare varie prove prima di posizionare definitivamente il cartoncino sulla carta della copertina. Si applica con il pennello e va riposta in frigorifero per poter essere riutilizzata. La colla vinilica asciuga in fretta ed è un ottimo complemento alla colla di farina; conservatela in una bottiglietta a chiusura ermetica.

MATERIALI PER RILEGARE

La scelta dei materiali per rilegare è molto ampia: fili da ricamo colorati, fili di lino per rilegature, nastro, rafia. Scegliete quello più adatto all'aspetto complessivo e allo scopo del libro. Nel caso di un volume composto da più fascicoli, il filo per rilegature, sottile ma resistente, è l'ideale per saldarli insieme.

Se si riveste il filo per rilegature con uno strato sottile di cera d'api, è più facile infilarlo; inoltre, una volta posizionato, farà più presa sulla carta. La cera va evitata con i nastri ornamentali, ma non con il filo da ricamo e il filo per rilegature. In alternativa procuratevi filo di lino già cerato in un negozio di fai da te.

FILI PER RILEGARE
Nella scelta del materiale per rilegare, ricordate che il filo deve essere abbastanza forte da sopportare i movimenti interni del libro, ma anche non così spesso da rendere troppo voluminoso il dorso.

LIBRO INFINITO
ANNE RIZK
Progettata come rilegatura vuota in cui conservare materiali casalinghi, quest'opera è divisa in due sezioni separate. Il punto di partenza è la piega a fisarmonica, ma anziché rilegare una sola fisarmonica tra due copertine di cartoncino, sono state create due fisarmoniche. Entrambe hanno un'estremità incollata a una sola copertina di cartoncino e l'altra fissata su una copertina interna separata dall'altra.

LIBRO GIOSTRA
HEATHER WESTON
Chiamato anche "libro a stella", questo oggetto nasce dall'unione di tre fisarmoniche separate e di dimensioni diverse. Chiuso, è piatto con un libro normale; aperto, crea una forma affascinante che ricorda una giostra se visto di lato e una stella se visto dall'alto.

PREPARARE IL LIBRO CUCITO

PER PREPARARE L'INSIEME DI PAGINE CHE COSTITUISCONO L'INTERO LIBRO CUCITO, MA ANCORA PRIVO DI COPERTINA, È NECESSARIO CONOSCERE UNA SERIE DI TECNICHE BASE. DOPO AVERLE IMPARATE POTRETE CREARE VOLUMI RESISTENTI E DURATURI.

FARE PRATICA

Prima di realizzare le rilegature definitive, può essere utile prendere dimestichezza con le tecniche facendo esercizio con la carta straccia. Mettete da parte i pezzi ottenuti per rivedere i passaggi più ostici quando necessario.

VEDI ANCHE

Grana della carta, pagg. 10–11

VOLARE ALTO
HANNAH BROWN
Questa copertina di cartoncino morbido è applicata con cinque punti su un quaderno a fascicolo singolo.

PIEGARE

Quando si piega la carta da rilegare, è utile usare una pieghetta per ottenere uno spigolo ben marcato.

1 Piegate il foglio a metà. Posizionate la pieghetta al centro del bordo piegato e spostatela verso l'esterno, premendo bene per appiattire metà della piega.

2 Riportate la pieghetta al centro e fatela scorrere sull'altra metà della piega, sempre spostandovi verso l'esterno, creando un bordo marcato. Usate questa tecnica per piegare una pagina singola (come nell'immagine) o più pagine riunite in un fascicolo.

ALLINEARE IL LIBRO CUCITO

Prima di rilegare, le pagine del libro vanno allineate con estrema cura.

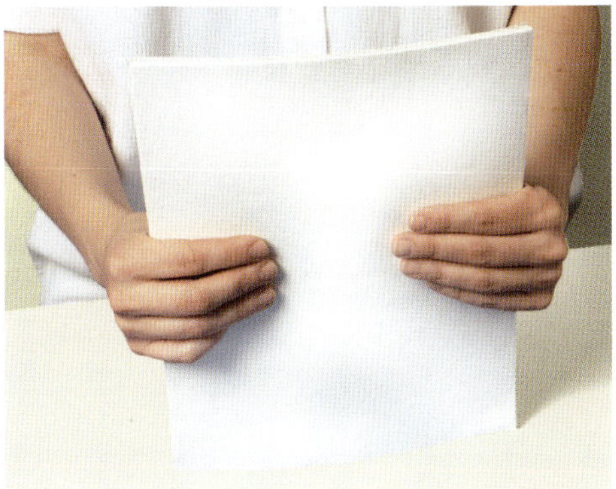

1 Per allineare con precisione una pila di fogli, date una serie di colpetti decisi prima sul lato corto, poi lungo il lato esterno.

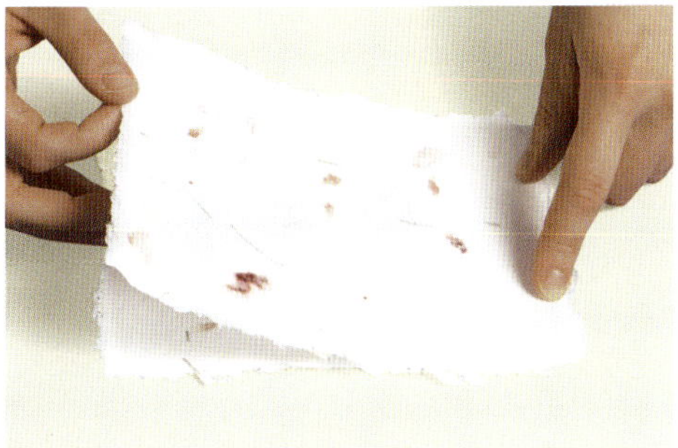

2 La carta fatta in casa non è facile da allineare per via dei margini irregolari e arricciati. In questo caso sovrapponete i fogli uno alla volta, allineando il margine da rilegare con la maggiore precisione possibile.

REALIZZARE I FORI

Per forare un foglio singolo – o poche pagine – prima di cucire si può usare un ago per rilegare o da ricamo, ma per forare una pila di fogli, o per ottenere fori più grandi, bisogna ricorrere al punteruolo.

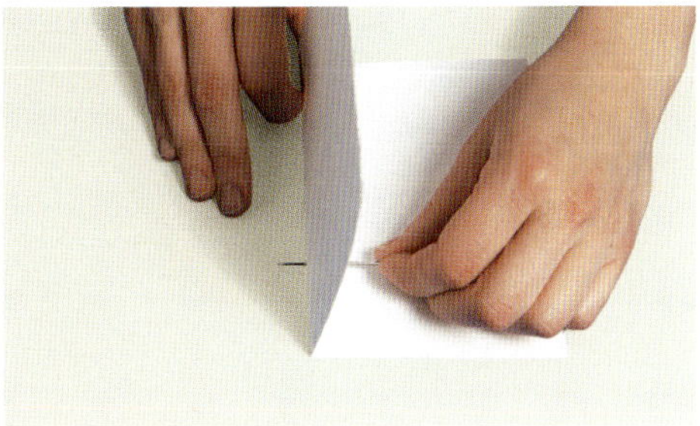

1 Nel caso dell'ago, prima fate un segno in corrispondenza di ciascun foro, poi infilate l'ago spingendo nella carta con fermezza ma anche con delicatezza.

2 Per fori più grandi o per una pila di fogli più consistente, usate il punteruolo. Sistemate un tappetino o un pezzo di cartone sotto la carta per proteggere la superficie di lavoro. Posizionate il punteruolo ad angolo retto rispetto ai fogli e colpitelo con decisione con un martello. Per rilegare con rafia, spago spesso o cordino di pelle scegliete un punteruolo robusto; per nastro o filo ricorrete a uno più sottile.

LE PARTI DEL LIBRO

Ciascuna parte del libro ha un nome specifico che verrà utilizzato nel corso di questo capitolo.

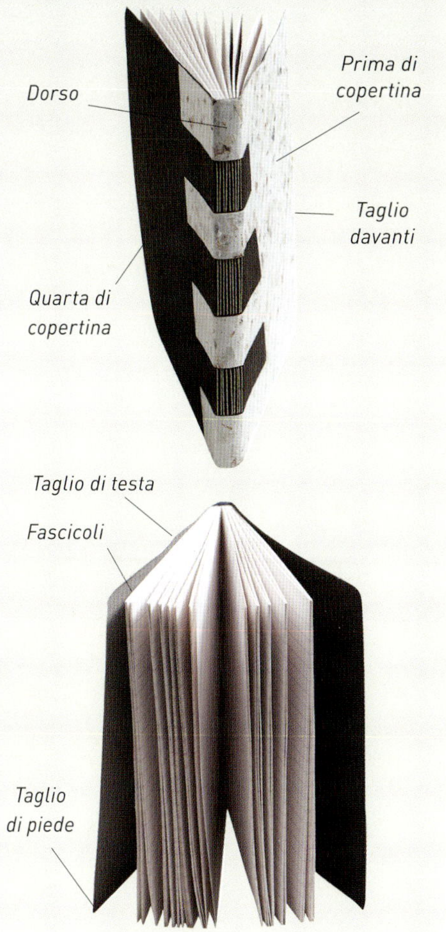

COPERTINE MORBIDE E RIGIDE

LE PAGINE DEL LIBRO VANNO RACCHIUSE IN UNA COPERTINA, MORBIDA O RIGIDA. NEL PRIMO CASO SI PUÒ UTILIZZARE CARTONE O CARTA FATTA IN CASA RESISTENTE, CHE CONFERISCONO UN ASPETTO PIÙ ARTIGIANALE AL VOLUME. LE COPERTINE RIGIDE, INVECE, HANNO UN'ARIA PIÙ FORMALE. PROTEGGONO I FOGLI INTERNI, PIÙ DELICATI, E CONTRIBUISCONO A TENERE CHIUSO IL LIBRO, PERCIÒ SONO PIÙ INDICATE PER I VOLUMI CON MOLTE PAGINE.

REALIZZARE UNA COPERTINA MORBIDA

La copertina morbida può essere fissata a un libro costituito da un solo fascicolo per mezzo di una rilegatura a filza (vedi pag. 82); in alternativa usate il metodo descritto sotto per incollare la copertina al libro.

1 Per preparare una copertina morbida, misurate le dimensioni del libro cucito, senza tralasciare la profondità del dorso, che va aggiunta alla misura della lunghezza.

COPERTINE RIGIDE

Per creare un libro più resistente con la rilegatura a impunture, realizzate la prima di copertina rigida e incernierata e la quarta di copertina sempre rigida ma non incernierata. Seguite le istruzioni per le copertine rigide, ma sostituite lo spazio del dorso con uno spazio di 1 cm per formare la cerniera.

VEDI ANCHE

Le parti del libro, pag. 79
Preparare il libro cucito, pagg. 78–79
Rilegatura per fascicolo singolo, pagg. 82–84
Rilegatura per fascicoli multipli, pagg. 85–87

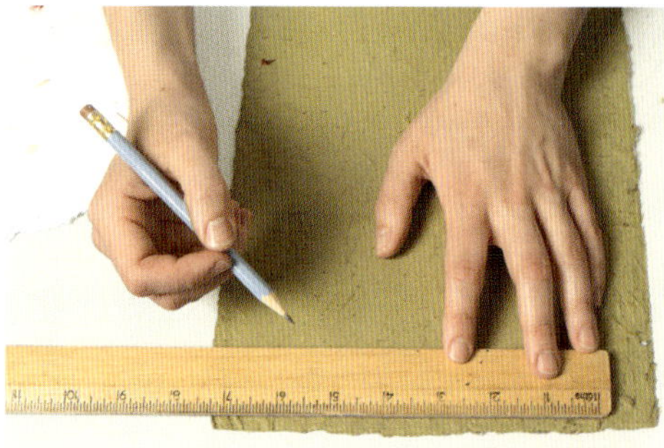

2 Riportate le misure sul foglio destinato alla copertina. Scegliete una carta abbastanza flessibile da piegarsi, ma abbastanza robusta da resistere all'usura.

3 Con il cutter e un righello dal bordo metallico, tagliate la carta alle dimensioni desiderate.

4 Per un libro formato da un solo fascicolo, la carta della copertina può essere semplicemente incisa e piegata a metà, ricorrendo a una pieghetta per ottenere una piega più definita. Nel caso di un libro più spesso e con vari fascicoli la copertina va incisa in due punti per adattarla alla profondità del dorso.

REALIZZARE UNA COPERTINA RIGIDA

La copertina rigida è indicate per tutti i libri rilegati con una delle tecniche descritte alle pagine 80–85.

1 Misurate il davanti del libro cucito e riportate le misure su un foglio di cartone accoppiato, aggiungendo 5 mm in cima, sul fondo e sul margine esterno. Con il cutter tagliate due pezzi di cartone di queste dimensioni per la prima e la quarta di copertina. Per misurare lo spazio del dorso, posizionate i due pezzi sul libro, lasciando sporgere il dorso di 5 mm circa. Avvolgete una striscia di carta sul dorso e segnate la distanza tra la prima e la quarta di copertina: corrisponde all'ampiezza che dovrà avere lo spazio per il dorso.

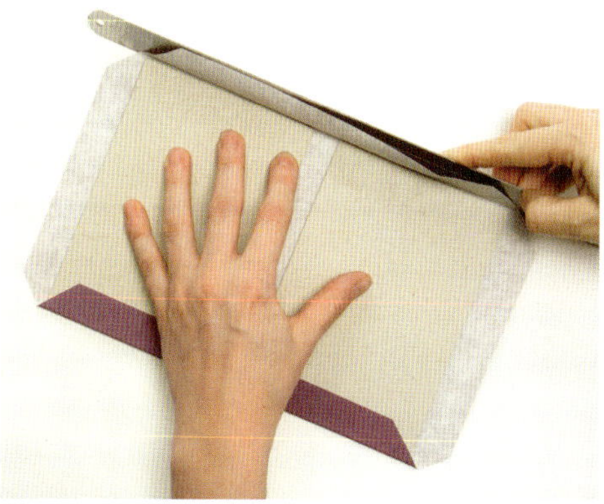

2 Tagliate la carta o la tela per la copertina in modo che le dimensioni comprendano i due pezzi di cartone e lo spazio del dorso, più 2 cm aggiuntivi lungo tutto il contorno. Con il pennello applicate la colla sul rovescio della carta o della tela, iniziando dal centro e spostandovi verso l'esterno. Lasciando spazio sufficiente per il dorso, posizionate con cura i due pezzi di cartone sul materiale, assicurandovi che il lato superiore e inferiore siano dritti e alla pari. Tagliate in diagonale gli angoli del materiale fino a 5 mm dagli spigoli del cartone. Usate un righello di metallo per piegare accuratamente i lati lunghi del materiale sopra il cartone.

3 Usate la pieghetta per rimboccare la carta o la tela intorno agli spigoli del cartone, poi piegate i lati corti e premete per appiattirli bene.

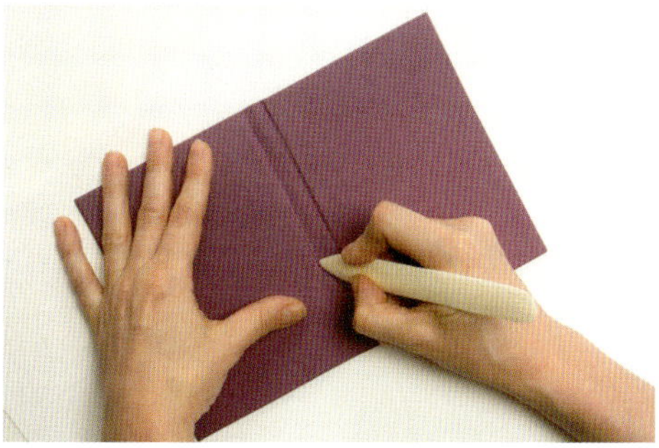

4 Fate scorrere la pieghetta lungo l'esterno del dorso per definirne i bordi, poi sistemate la copertina sotto un peso finché asciuga.

5 Se volete inserire un segnalibro, tagliate un nastrino di lunghezza pari a 1,5 volte l'altezza della copertina e fissatelo con la colla vinilica.

6 Prendete il libro cucito e, a partire dal centro verso l'esterno, applicate la colla sul davanti. Usando entrambe le mani posizionate il davanti del libro all'interno della copertina rigida, assicurandovi che il bordo visibile sia uguale su tutti i lati. Appiattite bene.

7 Incollate il retro del libro nello stesso modo e posizionatelo all'interno della copertina rigida. Affinché la pagina incollata raggiunga la copertina dovrete sollevare il davanti di 90 gradi. Inserite fogli di carta straccia fra la copertina e le pagine per assorbire la colla in eccesso. Infine sistemate il libro sotto un peso finché asciuga.

RILEGATURA PER FASCICOLO SINGOLO

UN LIBRO A FASCICOLO SINGOLO È FORMATO DA UN INSIEME DI PAGINE PIEGATE AL CENTRO, CON UN FOGLIO ESTERNO – TALVOLTA DI CARTA PIÙ PESANTE O CARTONCINO – CHE FUNGE DA COPERTINA MORBIDA DEL LIBRO O CHE PUÒ ESSERE INCOLLATO ALL'INTERNO DI UNA COPERTINA RIGIDA.

RILEGATURA A FILZA

Questo metodo si basa su tre, cinque o anche sette fori – a seconda delle dimensioni del libro – ed è uno dei sistemi più semplici per rilegare un fascicolo singolo. Il filo può essere nascosto oppure visibile con funzione decorativa.
I fogli vengono tenuti insieme con filo per ricamo colorato, spago, nastro, rafia o persino lacci per le scarpe. Scegliete un ago per rilegare o da ricamo adatto allo spessore del filo utilizzato: materiali più spessi, come cordini di pelle o nastri pesanti, hanno bisogno di un ago con la cruna più grande.

COSTRUIRE IL LIBRO

Impilate le pagine una sull'altra e posizionate la pila all'interno della copertina. La filza deve attraversare tutti gli strati.

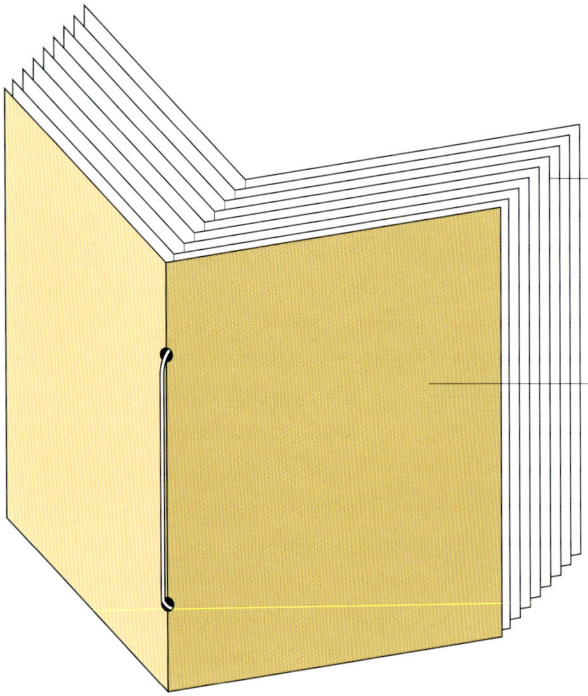

VEDI ANCHE

Preparare il libro cucito, pagg. 78–79
Copertine morbide e rigide, pagg. 80–81

FILZA CON TRE FORI

Un filo da ricamo o di lino incerato passa facilmente nei fori.

1 Allineate più fogli con una serie di colpetti, poi piegateli a metà ricorrendo alla pieghetta per ottenere una piega marcata. Trovate il centro della piega e fate un segno. Segnate anche un foro in alto e uno in basso rispetto al centro dividendo il dorso in parti uguali.

2 Realizzate i tre fori servendovi dell'ago.

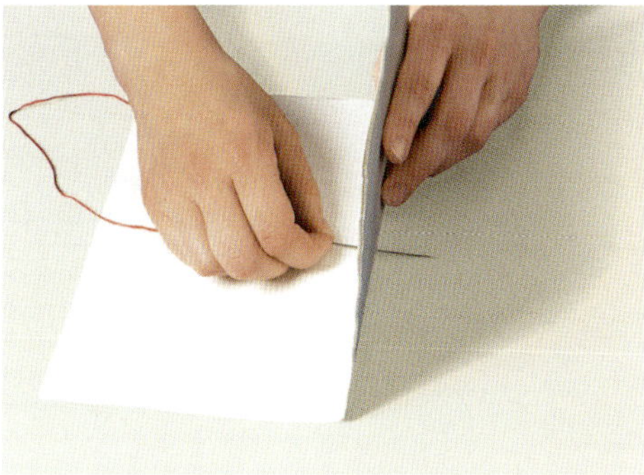

3 Inserite un filo colorato nell'ago e iniziate a cucire facendo passare l'ago nel foro centrale dall'interno verso l'esterno del libro.

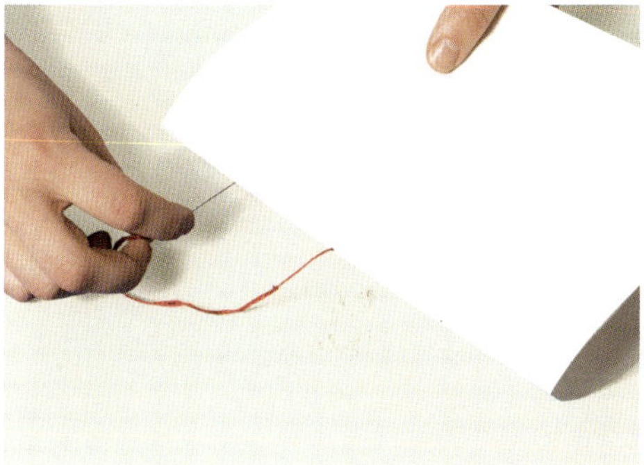

4 Estraete l'ago lasciando nel libro un pezzo di filo lungo 7,5 cm circa. Infilate l'ago nel foro superiore dall'esterno verso l'interno e tendete bene il filo.

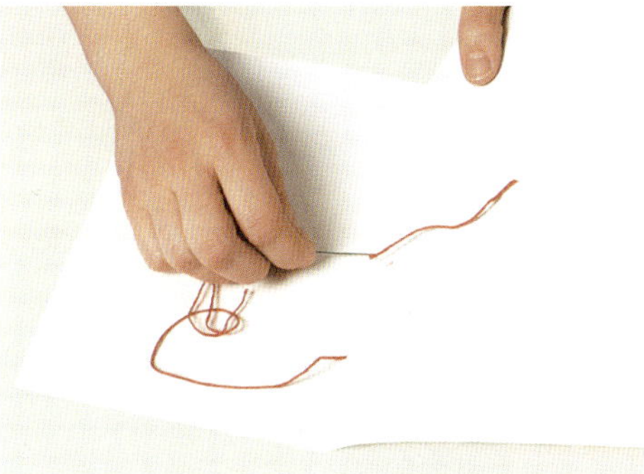

5 Inserite di nuovo l'ago nel foro centrale e uscite sul lato esterno del libro. Tendete il filo.

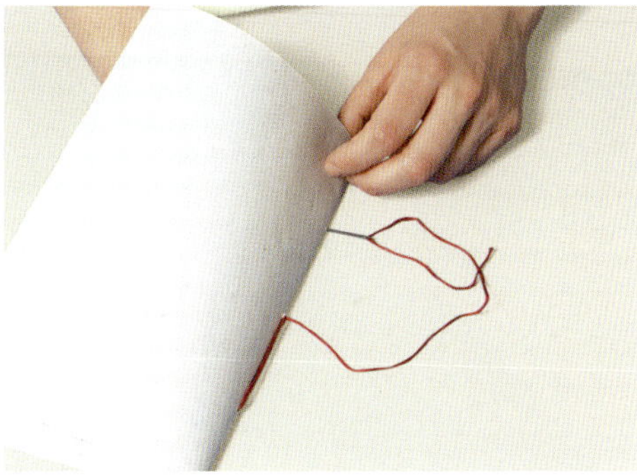

6 Inserite l'ago nel foro rimanente uscendo sul lato interno del libro e tendete il filo.

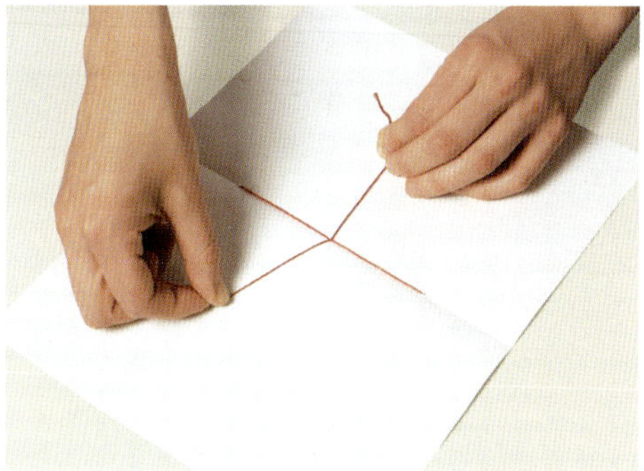

7 Con il filo rimanente e il pezzo lasciato al punto 4, realizzate un doppio nodo. Tagliate il filo in eccesso con le forbici lasciando 1,3 cm circa su entrambe le estremità.

LA RILEGATURA A FILZA CON TRE FORI COMPLETATA
È possibile rovesciare la cucitura per creare un fiocco ornamentale all'esterno del dorso. Inserite l'ago nel foro centrale dall'esterno verso l'interno e seguite lo stesso ordine per realizzare gli altri punti.

FILZA CON CINQUE FORI

Questa variante della filza con tre fori permette di fissare le pagine del fascicolo in modo più solido e abbellisce il dorso. Ricorrete a questo metodo nel caso di pagine grandi, che dunque hanno bisogno di maggiore stabilità, o quando il filo per rilegare funge anche da decorazione. I nodi realizzati all'esterno sono particolarmente ornamentali.

1 Preparate i fogli e la copertina come nel caso della filza con cinque fori. Prendete le misure per realizzare cinque fori lungo la piega: uno al centro e due su ciascun lato in modo da dividere il dorso in parti uguali. Eseguite i fori con un ago per rilegare o da ricamo.

2 Infilate l'ago nel foro centrale procedendo dall'interno verso l'esterno del libro. Poi infilate l'ago nel foro subito sopra quello centrale. Tendete il filo e lasciate nel libro un pezzo di filo lungo 7,5 cm circa.

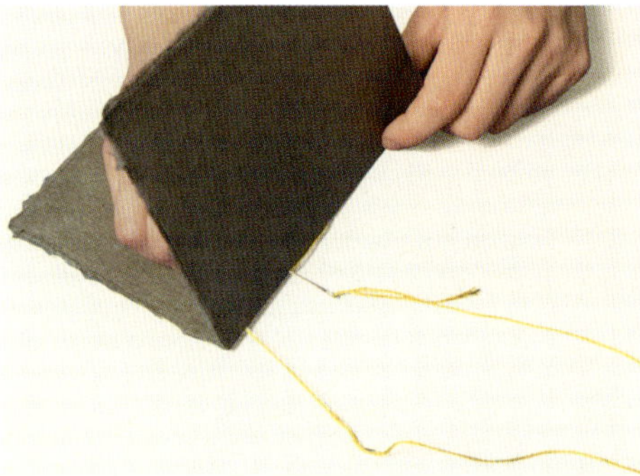

3 Infilate l'ago nel foro più in alto, procedendo dall'interno verso l'esterno del libro. Poi infilate nel foro subito sotto e tirate il filo verso l'interno, tendendolo bene.

4 Saltate il foro centrale e infilate l'ago nel foro subito sotto, dall'interno verso l'esterno. Inserite l'ago nel foro più in basso.

5 Dall'interno del libro, infilate l'ago nel secondo foro a partire dal basso.

6 Dall'esterno del libro, infilate l'ago nel foro centrale e tirate bene il filo. Eseguite un nodo in corrispondenza del foro centrale e, per assicurarlo bene, fate un secondo nodo sopra il primo.

LA RILEGATURA A FILZA CON CINQUE FORI COMPLETATA

Aumentare il numero di fori lungo i quali cucire all'aumentare delle dimensioni del libro è un'ottima soluzione. Se necessario, quindi, potete ricorrere allo stesso sistema di cucitura anche con sette fori.

RILEGATURA PER FASCICOLI MULTIPLI

I VOLUMI A FASCICOLI MULTIPLI NON SONO ALTRO CHE FASCICOLI SINGOLI CUCITI INSIEME E RAFFORZATI CON UNA FETTUCCIA. È POSSIBILE INCOLLARE UNA COPERTINA MORBIDA AL DI SOTTO DELLA FETTUCCIA OPPURE RACCHIUDERE L'INTERO LIBRO IN UNA COPERTINA RIGIDA.

USARE LE FETTUCCE

Oltre alle fettucce per rilegare, una scelta immediata, si possono utilizzare carte decorative o nastri, che permettono di sbizzarrirsi nell'abbellire e decorare i libri.

CUCIRE SULLE FETTUCCE

Questo libro a fascicoli multipli è rilegato con due fettucce. Se il volume fosse più grande, aumentate il numero di fettucce per unire i fascicoli e rilegarli saldamente. Per assicurarvi che i fascicoli siano fissati bene, usate il filo di lino incerato.

1 Dividete 24 fogli in sei fascicoli da quattro fogli ciascuno e piegateli servendovi della pieghetta.

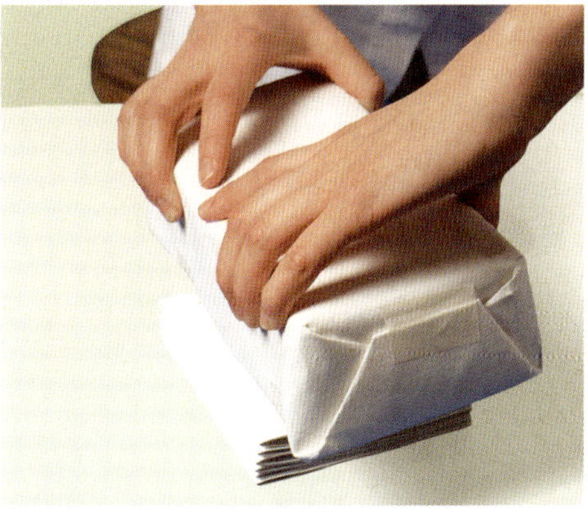

2 Impilate i fascicoli uno sopra l'altro su un piano orizzontale. Sistemate un peso in cima alla pila e lasciatelo tre o quattro ore per formare una piega ben marcata su ciascun fascicolo.

3 Tagliate un foglio di carta colorata lungo come il dorso del libro. La larghezza invece sarà diversa, perché il foglio servirà come cartamodello per realizzare i fori. Misurate la larghezza delle fettucce; in questo caso è pari a 3,5 cm. Fate un segno nel punto in cui andrà posizionata la prima fettuccia, scendendo di 1,3 cm dalla sommità del dorso. Fate un altro segno a 3,5 cm dal primo, per marcare la larghezza della fettuccia. Ripetete la procedura sulla seconda fettuccia, segnando il punto a 1,3 cm dal fondo e l'altro a 3,5 cm dal primo. Questi quattro segni indicano dove eseguire i fori.

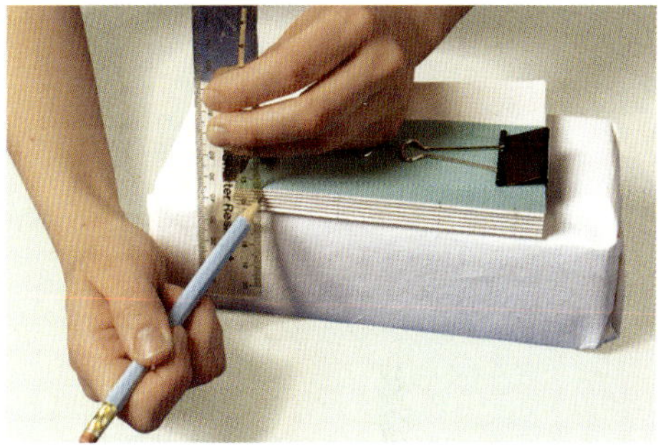

4 Con un fermaglio fissate il cartamodello alla pila di fascicoli, assicurandovi che siano allineati al dorso. Con matita e righello tracciate linee dritte lungo sul dorso, seguendo i segni realizzati sul cartamodello, per marcare i punti dove andranno realizzati i fori.

VEDI ANCHE

Le parti del libro, pag. 75
Preparare il libro cucito, pagg. 78–79
Copertine morbide e rigide, pagg. 80–81
Rilegatura per fascicolo singolo, pagg. 82–84

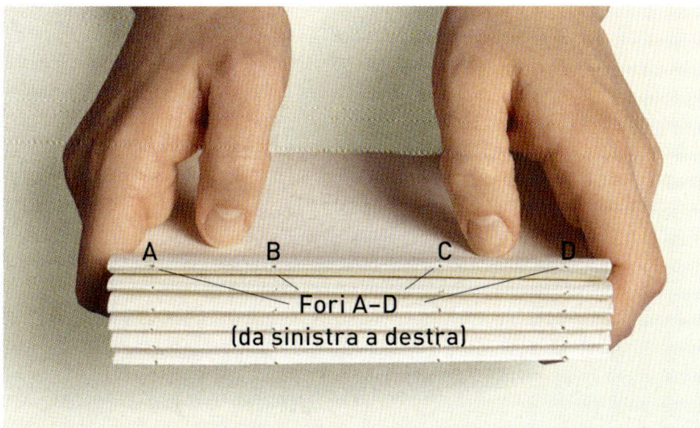

5 Con un ago per rilegare o da ricamo realizzate i fori su ciascun fascicolo. Inserite nell'ago un filo di lino incerato, in questo caso lungo 75 cm.

6 Prendete un singolo fascicolo e iniziate a cucire inserendo l'ago nel foro B a partire dall'interno. Uscite dal foro B ed entrate nel foro A dall'esterno. Mentre tendete il filo, sistemate la fettuccia tra i due fori in modo da fissarla.

7 Realizzate un doppio nodo sul foro B, all'interno, per fermare il filo. Inserite l'ago nel foro C ed uscite all'esterno del fascicolo.

8 Sistemate la seconda fettuccia in posizione e tendete il filo entrando nel foro D.

9 Inserite di nuovo il filo nel foro C.

10 Posizionate il fascicolo successivo sopra il primo e infilate l'ago nel foro C di questo nuovo fascicolo.

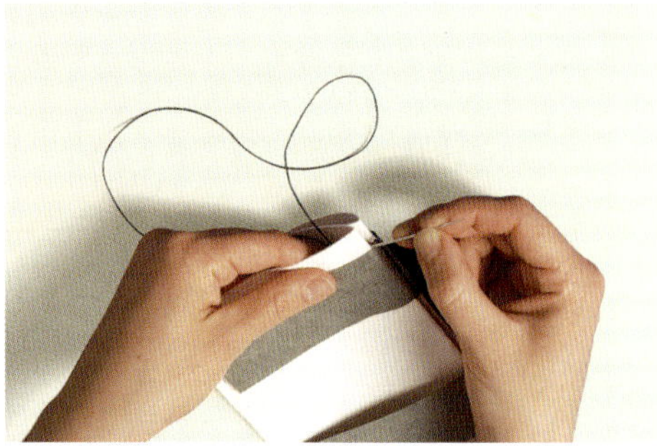

11 Inserite l'ago nel foro D e uscite all'esterno. Sistemate la fettuccia in posizione.

12 Entrate di nuovo nel foro C e tirate l'ago tendendo bene il filo.

13 Infilate l'ago nel foro B dall'interno verso l'esterno. Uscite dal fascicolo e realizzate un cappio intorno alla fettuccia. Inserite l'ago nel foro A dall'esterno verso l'interno e uscite dal foro B.

14 Aggiungete il terzo fascicolo entrando nel corrispondente foro B. Seguite la stessa procedura per aggiungere ulteriori fascicoli.

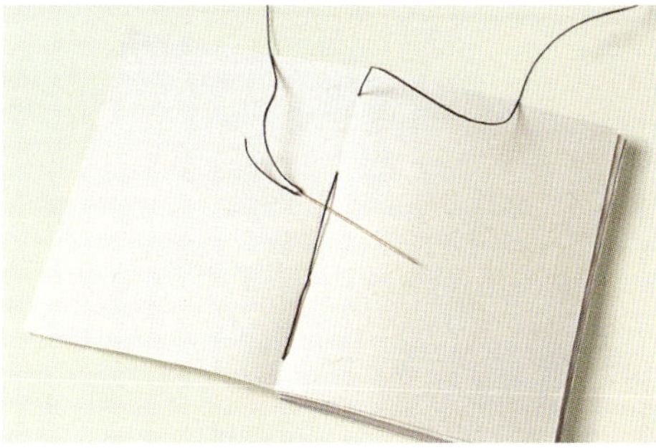

15 Una volta posizionati tutti i fascicoli, realizzate un doppio nodo in corrispondenza del foro centrale. Tagliate i capi del filo lasciandone 1,3 cm.

LA RILEGATURA CON LE FETTUCCE COMPLETATA
Questa rilegatura è solida e durevole e le pagine, quando vengono aperte, rimangono piatte.

AGGIUNGERE LA COPERTINA

Il libro completo può essere incollato all'interno di una copertina rigida, seguendo i passaggi illustrati alle pagine 78–79. In alternativa, la rilegatura può diventare un elemento decorativo di una copertina morbida.

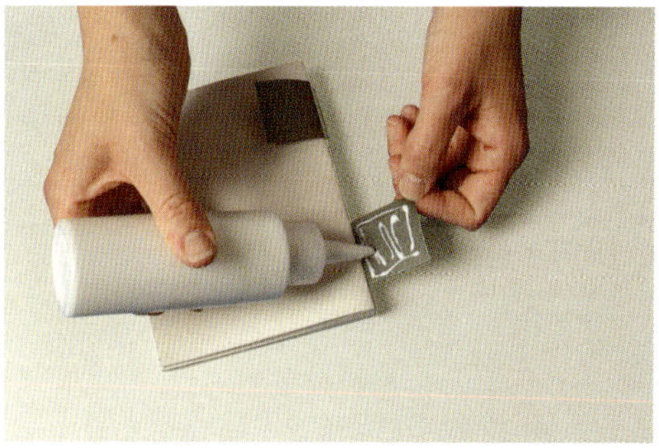

1 Ritagliate la prima e la quarta di copertina e applicate la colla vinilica sulle fettucce posizionate sul davanti del libro.

2 Collocate la prima di copertina sotto le fettucce e incollate. Ripetete per la quarta di copertina.

RILEGATURA A IMPUNTURE

LA RILEGATURA A IMPUNTURE, PER TRADIZIONE, SI ABBINA A DUE COPERTINE SEPARATE E A PAGINE INTERNE SINGOLE. NEL CASO DELLE COPERTINE RIGIDE LA CERNIERA VA INCOLLATA; SE SONO MORBIDE, PUÒ ESSERE INCISA.

VEDI ANCHE

Le parti del libro, pag. 79
Preparare il libro cucito, pagg. 78–79
Copertine morbide e rigide, pagg. 80–81

MOTIVI ORNAMENTALI

La cucitura a vista lungo il dorso è caratteristica di questa rilegatura e crea un effetto decorativo. Esistono svariati sistemi di cucitura, tra cui quello "a guscio di tartaruga" e "a foglia di canapa", ciascuno dotato di una propria storia. Il metodo base a cinque fori descritto in queste pagine è adatto a libri di tutti i formati.

IMPUNTURA A CINQUE FORI

Poiché la rilegatura e i nodi sono tutti esterni, si consiglia di iniziare con un filo abbastanza lungo, per evitare di annodare un secondo pezzo di filo in fase di realizzazione. Di solito l'impuntura a cinque fori richiede un filo lungo cinque volte l'altezza del libro.

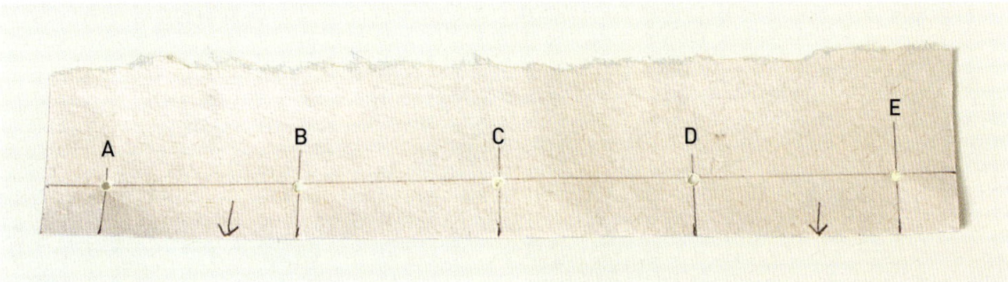

1 Create un cartamodello ritagliando un pezzo di carta straccia lungo come il dorso del libro. Segnate i cinque fori da realizzare a 1,3 cm di distanza dal lato lungo del dorso, con un foro centrale e due fori su ciascun lato. Usate le freccette per indicare il bordo del dorso.

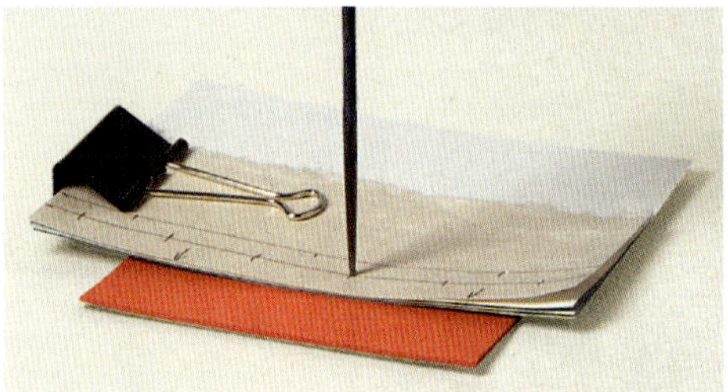

2 Allineate e impilate i fogli singoli che formeranno il libro. In questo caso è stata usata carta fatta in casa che funge anche da copertina. Se volete aggiungere una copertina morbida di cartoncino più pesante, incidete una linea sul cartoncino a 1,3 cm di distanza dal lato lungo del dorso. Fermate il cartamodello sulla pila di fogli per mezzo di un fermaglio. Collocate la pila su una superficie protettiva e realizzate i fori con punteruolo e martello.

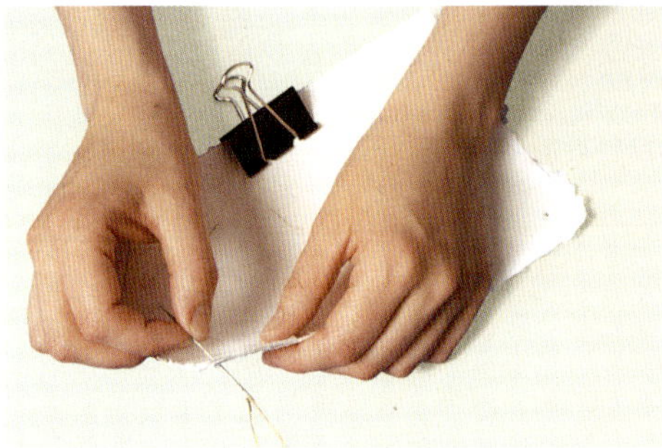

3 Prendete un ago per rilegare o da ricamo e inserite nella cruna un filo incerato, rafia o un nastro. Nell'esempio si è ricorso a un filo sottile di rafia. A partire dal retro del libro, entrate nel foro A e tirate il filo lasciandone un pezzo di 5 cm.

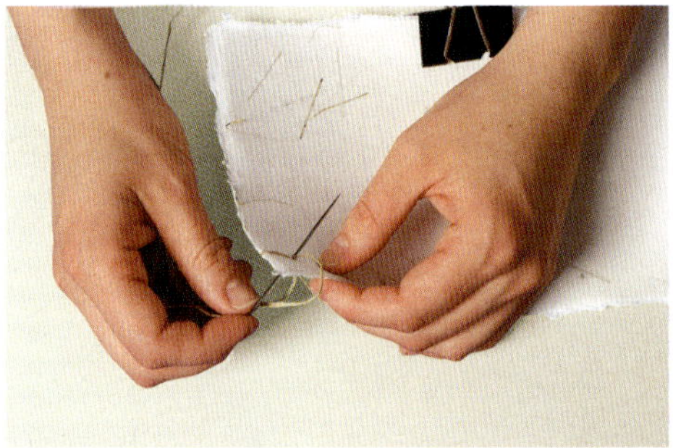

4 Realizzate un cappio intorno alla testa del libro e, dal retro, rientrate nel foro A. Avvolgete il filo intorno al dorso del libro ed entrate nel foro A per la terza volta. Tendete il filo.

5 Dal davanti, entrate nel foro B e tirate il filo sul retro. Realizzate un cappio intorno al dorso e rientrate nel foro B. Tendete il filo.

6 Dal retro, entrate nel foro C e tirate il filo sul davanti.

7 Realizzate un cappio intorno al dorso e rientrate nel foro C. Tendete il filo.

8 Dal davanti, entrate nel foro D e tirate il filo sul retro. Realizzate un cappio intorno al dorso e rientrate nel foro D. Tendete il filo.

9 Dal retro, entrate nel foro E, in fondo al libro. Realizzate un cappio intorno al piede del libro e rientrate nel foro E. Avvolgete il filo intorno al dorso del libro ed entrate nel foro E per la terza volta.

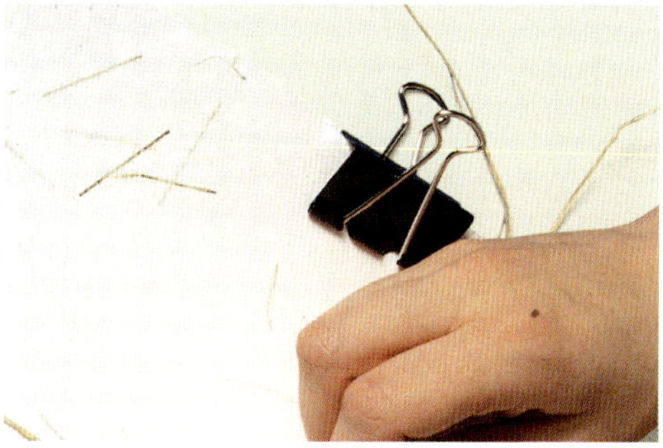

10 A questo punto bisogna tornare indietro cucendo fino alla testa del libro e riempiendo gli spazi lasciati al primo passaggio. Le cuciture vanno realizzate da un foro all'altro, senza cappi intorno al dorso. Entrate nel foro D dal davanti e tirate il filo sul retro.

11 Entrate nel foro C dal retro e tirate il filo. Entrate nel foro B dal davanti e tirate il filo sul retro.

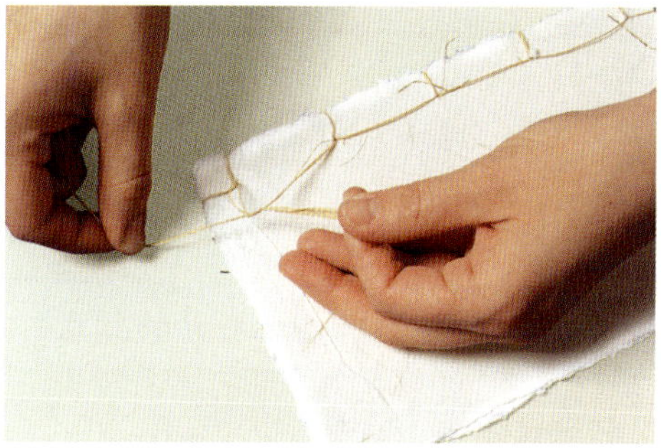

12 Eseguite un doppio nodo per saldare i punti.

L'IMPUNTURA A CINQUE FORI COMPLETATA

I punti fissano saldamente le pagine del libro e il filo singolo conferisce la giusta rigidità al dorso.

PROGETTO

LIBRO A FISARMONICA

LE PIEGHE DI QUESTO DIVERTENTE PROGETTO PERMETTONO DI SFOGLIARLO COME UN LIBRO, MA UNA VOLTA APERTO DEL TUTTO IL FOGLIO PUÒ RAGGIUNGERE UNA LUNGHEZZA DI UN METRO O PIÙ.

VEDI ANCHE

Le parti del libro, pag. 79
Preparare il libro cucito, pag. 78–79
Copertine morbide e rigide, pagg. 80–81

La fisarmonica si ottiene piegando ripetutamente un foglio di carta, anche se non è necessario limitarsi a un singolo foglio. È possibile incollare insieme vari fascicoli, aumentando così le dimensioni del libro o aggiungendo tipi diversi di carta.

PIEGHE PER LA FISARMONICA
Le linee tratteggiate indicano i segni da fare sul rovescio del foglio, mentre le linee piene corrispondono a quelli sul dritto.

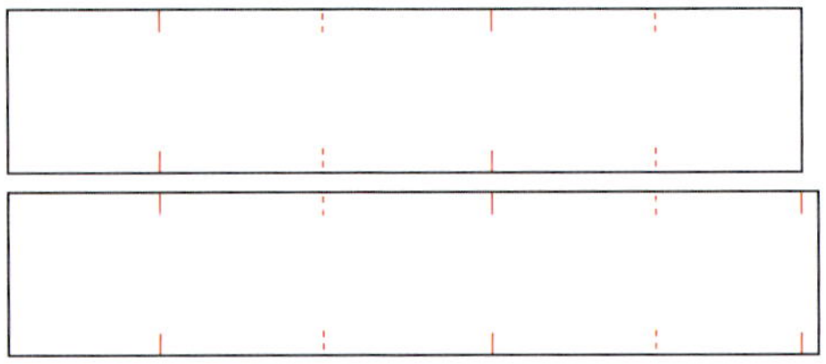

LIBRO A FISARMONICA
Il libro ha due facce distinte: il davanti, che di solito è quello presentato al lettore, e il retro, che quasi sempre è lasciato vuoto.

OCCORRENTE

- Carta: un foglio da 9,5 x 47,5 cm e un foglio da 9,5 x 49 cm, entrambi con le fibre parallele al lato corto
- Matita
- Righello di metallo
- Pieghetta
- Colla vinilica
- Pennello per colla
- Peso
- Cutter
- Tappetino
- Tela o carta per la copertina: due pezzi da 15 x 15 cm
- Cartone accoppiato: due pezzi da 10 x 10 cm
- Carta straccia

1 Prendete il foglio di carta più corto e con la matita tracciate dei segni lungo il lato superiore e inferiore, a intervalli di 19 cm. Voltate il foglio e ripetete anche sul rovescio, sempre con un intervallo di 19 cm ma iniziando a 9,5 cm dal bordo, in modo che i segni si trovino nel mezzo di quelli sul dritto. Ripetete con il foglio più lungo. In fondo a questo foglio rimarrà un margine di 1,3 cm: sarà l'aletta per unire i due fogli.

2 Fate scorrere la pieghetta lungo il righello di metallo per incidere leggermente lo spazio fra i punti segnati sul dritto del primo foglio, poi giratelo per fare lo stesso sul rovescio. Ripetete con il secondo foglio. In questo modo la carta si piegherà facilmente e con precisione.

3 Iniziate con la striscia più corta e piegate la prima linea all'indietro, la seconda in avanti e così via fino a piegare tutte le linee. Ripetete con la seconda striscia. Le incisioni dovrebbero finire all'interno delle pieghe.

4 Applicate un leggero strato di colla sull'interno dell'aletta in fondo alla striscia più lunga e unite le due strisce posizionando l'aletta sotto la striscia più corta, assicurandovi che la giunzione sia seguita da una piega a monte sulla striscia più corta. Lasciate asciugare sotto un peso, poi eliminate con il cutter l'eventuale carta in eccesso sopra e sotto la giunzione.

5 Con il pennello, a partire dal centro e spostandovi verso l'esterno, applicate la colla vinilica sulla tela (o carta) per la copertina, quindi posizionate un foglio di cartone accoppiato nel mezzo. Tagliate via i quattro spigoli della tela (o carta) e usate il righello di metallo per piegare i due lati opposti sul cartone.

6 Rimboccate gli angoli, poi piegate i due lati rimanenti. Ripetete i punti 5 e 6 per la seconda copertina e lasciatele asciugare entrambe sotto un peso.

7 Piegate le pagine a fisarmonica e posizionate un foglio di carta straccia sotto la prima pagina. Applicate la colla su questa pagina, uno strato leggero ma completo.

8 Sollevate con entrambe le mani l'estremità della fisarmonica incollata e posizionatela delicatamente sul rovescio di una delle copertine rigide. Quando siete sicuri che sia centrata, premetela per fissarla. Ripetete i punti 7 e 8 per la quarta di copertina.

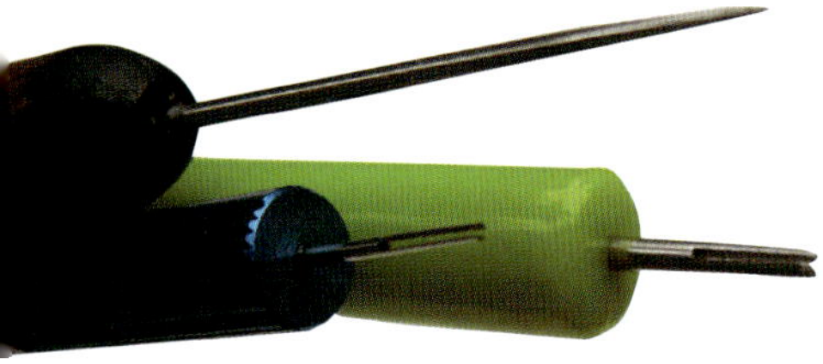

STRUMENTO PER IL QUILLING
Le forme per il quilling possono essere arrotolate a mano oppure con un apposito strumento dotato di ago oppure biforcato.

LIBELLULA
CECELIA LOUIE
La pergamena usata come sfondo ricorda le ali traslucide delle libellule vere e lascia filtrare la luce, illuminando così i motivi decorativi. La particolare trasparenza si apprezza soprattutto in controluce.

UNITÀ 5

FILIGRANA DI CARTA

LA FILIGRANA DI CARTA, O QUILLING, È L'ARTE DI ARROTOLARE STRISCE DI CARTA LUNGHE E SOTTILI MODELLANDOLE IN UNA SERIE DI FORME BASE, FRA CUI SPIRALI, CARTIGLI E GOCCE – ALCUNE SCHIACCIATE E INCRESPATE –, DA APPLICARE POI SU UNO SFONDO PER CREARE DISEGNI FIGURATIVI O ASTRATTI.

OCCORRENTE

Per iniziare a praticare il quilling, ecco cosa vi servirà.

- Strumento per il quilling
- Stuzzicadenti
- Colla vinilica
- Cerchiografo
- Pinzette
- Tavola di lavoro
- Sughero o polistirolo, o cartone ondulato avvolto in uno strato di pellicola trasparente o carta cerata.
- Spilli
- Matita

RAPPORTO ANNUALE DELLA HAVAS
YULIA BRODSKAYA
FOTOGRAFIA DI JOHN ROSS
Questo progetto assai complesso è stato sviluppato per la Havas Media, una società di comunicazione fra le maggiori al mondo. Si tratta di uno di quattro lavori commissionati per il rapporto annuale della compagnia. Alla fine le opere sono state riprodotte su poster, sul retro dei quali era stampato il rapporto stesso.

Le striscioline di carta vengono arrotolate a mano, tenendole fra l'indice e il pollice, o per mezzo di uno strumento apposito. Si possono utilizzare strisce di spessore diverso, e a seconda della forma base prescelta cambia anche la lunghezza della striscia.

BREVE STORIA

È convinzione diffusa che l'arte della filigrana abbia avuto origine nell'antico Egitto, ma i primi riferimenti precisi risalgono all'Inghilterra del XV secolo, dove era usata dalle organizzazioni religiose più povere per creare gli sfondi delle sculture, imitando la filigrana d'oro e d'argento impiegata dalle istituzioni più ricche. Nel XVII secolo tornò in auge come passatempo per ricche signore, che se ne servivano per decorare cestini da cucito, paravento e vetrinette. Da allora il quilling ha avuto alterne fortune e, come molte tecniche basate sulla carta, è stato da poco riscoperto.

L'origine del termine "quilling" è incerta. Potrebbe derivare da "quill", la piuma d'oca: nella punta, su cui si realizzava una fessura, venivano inserite le strisce di carta da arrotolare. Un'altra teoria è che derivi da "porcupine quill", gli aculei del porcospino, usati come aghi dagli indiani d'America per abbellire i mocassini con peli di animale disposti in decorazioni a filigrana.

TIPI DI CARTA

Le striscioline di carta sono disponibili non solo in numerose sfumature e in svariate ampiezze, ma anche con diversi trattamenti di colore, compresi toni sfumati, metallizzati, perlati e bicolori. Le strisce più diffuse, larghe 3 mm, sono la scelta ideale per chi è alle prime armi. In alternativa è possibile tagliarle a mano, ma si tratta di un'attività laboriosa ed è difficile mantenere una larghezza costante.

ATTREZZATURA

La realizzazione della filigrana è molto più semplice con l'impiego di uno strumento apposito per il quilling. Ne esistono di due tipi: uno con la punta incisa, all'interno della quale si fissa la striscia di carta prima di arrotolarla; l'altro con un ago intorno al quale si avvolge la striscia.
Un altro accessorio utile è il cerchiografo, che permette di creare spirali di dimensioni regolari. Le pinzette sono fondamentali per posizionare gli elementi troppo piccoli per le dita e possono servire anche a tenere fermi i pezzi mentre posizionate altri elementi.
Per unire le forme arrotolate è consigliata una colla di buona qualità, come la colla vinilica, da applicare con uno stuzzicadenti. È utile anche per fissare sullo sfondo i motivi realizzati in filigrana.

PROFUMO
YULIA BRODSKAYA
Per la filigrana di questo progetto l'artista ha utilizzato cartoncino e carta pesante, e non si è avvalsa di nessuno utensile specifico ma solo di cannucce e stuzzicadenti. L'impiego libero di materiali e strumenti le ha permesso di "disegnare" con la carta creando un'immagine molto aperta che evoca odori e profumi di ogni tipo.

PROGETTI DECORATIVI
Le forme base (vedi le pagine seguenti) possono essere incluse in numerosi progetti, come dimostrano i fiori e le farfalle illustrati in queste pagine.

FORME DELLA FILIGRANA

GLI ARTISTI DELLA FILIGRANA HANNO A DISPOSIZIONE UNA GAMMA DI FORME BASE SU CUI INIZIARE A LAVORARE. ACQUISITA UNA CERTA DIMESTICHEZZA, È POSSIBILE CREARE MOLTI ALTRI MOTIVI.

STRISCE DI CARTA

La grandezza delle forme realizzate dipende dalla lunghezza della striscia di carta e dalle dimensioni dello strumento per il quilling. Esercitatevi a creare le spirali base e le altre forme con strisce di lunghezza diversa e prendete nota dei risultati. Una volta trovata la lunghezza desiderata, strappate la striscia di carta anziché tagliarla: la giunzione sarà meno evidente. Le forbici, infatti, creano un bordo netto che rimane visibile quando la spirale viene fissata con la colla.

Striscia stretta · *Spirale larga* · *Spirale eccentrica* · *Falce di luna* · *Goccia* · *Goccia eccentrica*

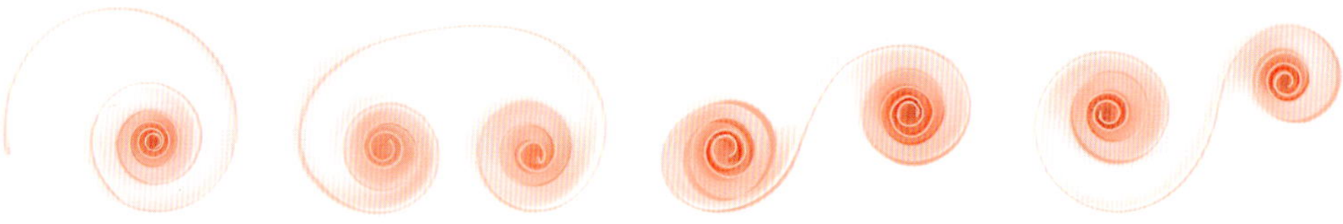

Cartiglio largo · *Cartiglio a C* · *Cartiglio a S* · *Cartiglio assimetrico*

Marquise · *Marquise modellata* · *Goccia modellata* · *Cuore* · *Cuore di spirali eccentriche*

Cartiglio a V · *Cartiglio a V asimmetrico* · *Cartiglio a cuore asimmetrico* · *Cartiglio a cuore*

LA RACCOLTA DELL'ARTISTA DELLA FILIGRANA

L'artista del quilling ha a disposizione un assortimento di 20 forme base con cui lavorare, a cui si aggiungono tutte quelle di sua invenzione. Altre vengono costruite adattando le tecniche usate per le spirali e i cartigli.

SPIRALI

La spirale è la base di molte altre forme in filigrana.

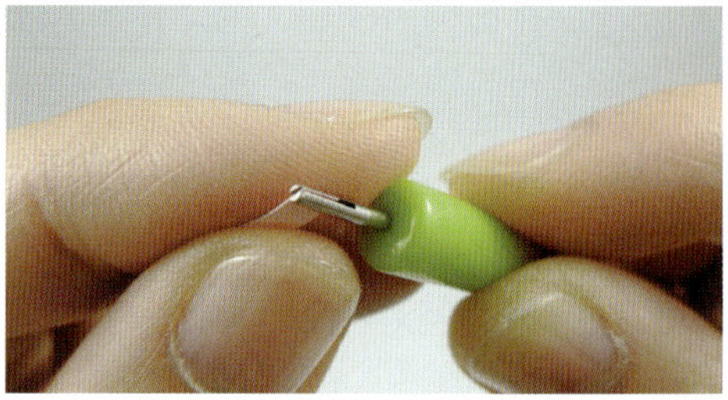

1 Nel caso dello strumento per il quilling biforcato, inserite un'estremità della striscia di carta nella fessura, allineando il bordo alla punta dello strumento per produrre la minore increspatura possibile. Ruotate lo strumento tenendo ferma la carta con il dito per evitare che si srotoli.

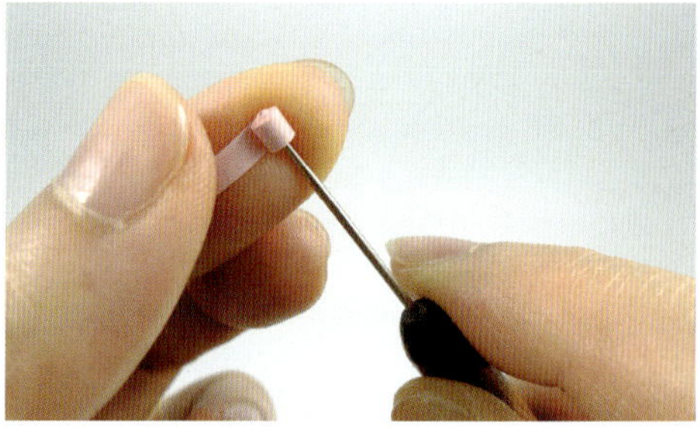

2 Nel caso dello strumento per il quilling dotato di ago, allineate l'estremità della striscia alla punta dell'ago. Premete delicatamente l'ago contro il dito e, accostando il pollice all'indice, arrotolate la striscia a spirale senza lasciare increspature al centro.

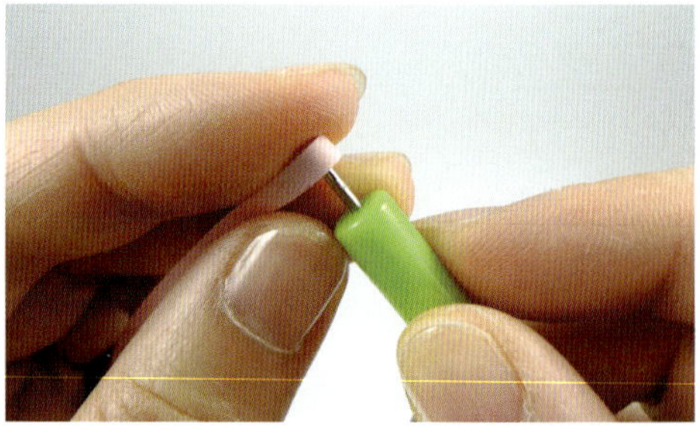

3 In entrambi i casi, assicuratevi di tenere dritta la spirale appoggiando l'indice sulla sommità dello strumento.

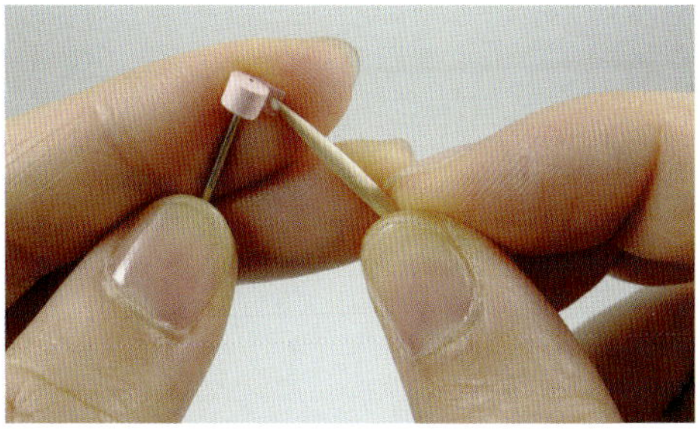

4 Per una spirale stretta, con uno stuzzicadenti applicate un goccio di colla vinilica sull'estremità, in modo da fissare la spirale prima di rimuoverla dallo strumento.

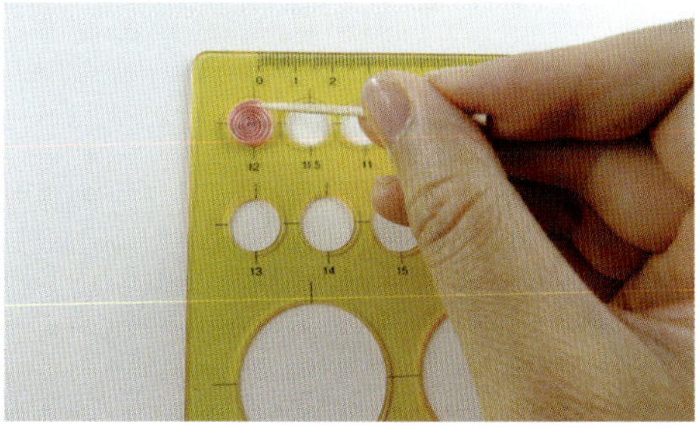

5 Prima di incollarla come illustrato sopra, la spirale può essere posata sulla superficie di lavoro e lasciata allargare fino al formato voluto. Per ottenere spirali delle stesse dimensioni, appoggiate la forma nel cerchiografo lasciandola allargare all'interno della circonferenza, quindi incollatela.

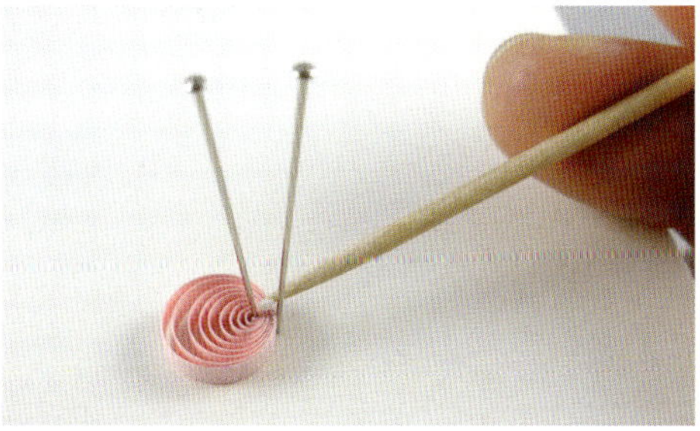

6 Per ottenere una spirale eccentrica, con uno spillo spingete tutte le spirali verso il bordo e fissate la forma su una tavola di sughero o polistirolo. Incollate tutti gli strati con un goccio di colla e una volta asciutti togliete gli spilli. Poiché la colla rimane visibile, ricordate di capovolgere questo elemento prima di aggiungerlo al vostro progetto.

ALTRE FORME

Manipolando la spirale base è possibile ottenere altre forme.

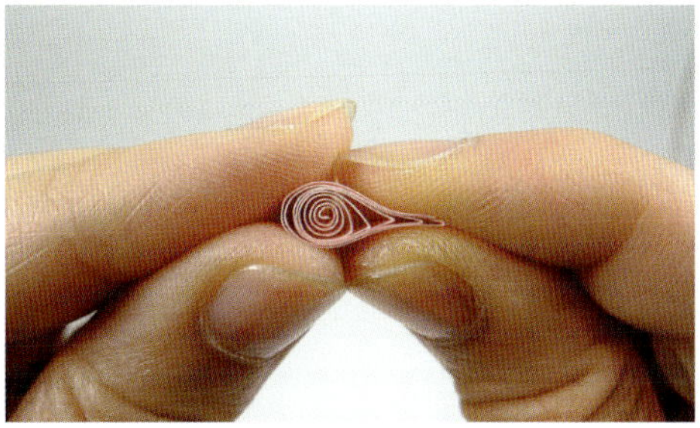

1 Per una goccia, stringete tra le dita un'estremità, con una forza sufficiente a piegare tutti gli strati.

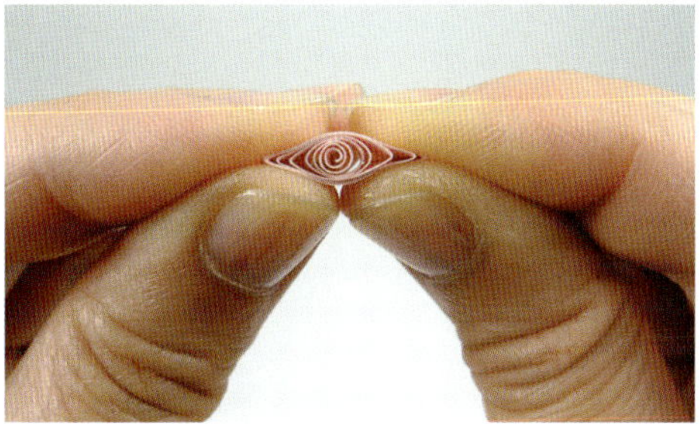

2 Per un occhio, o marquise, stringete entrambe le estremità nello stesso momento, senza increspare il centro.

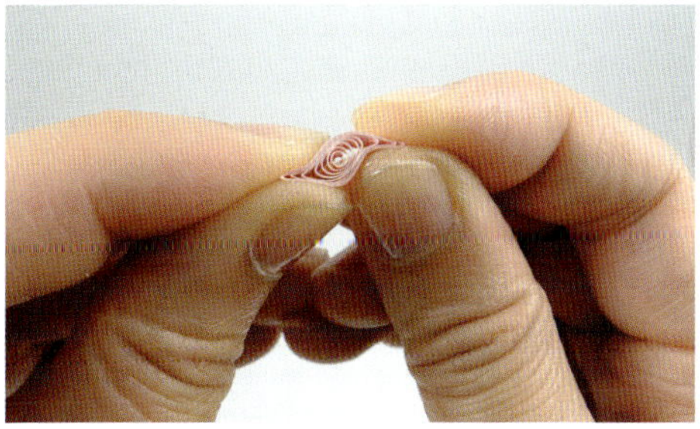

3 Per una marquise modellata, spingete con i pollici in direzioni opposte.

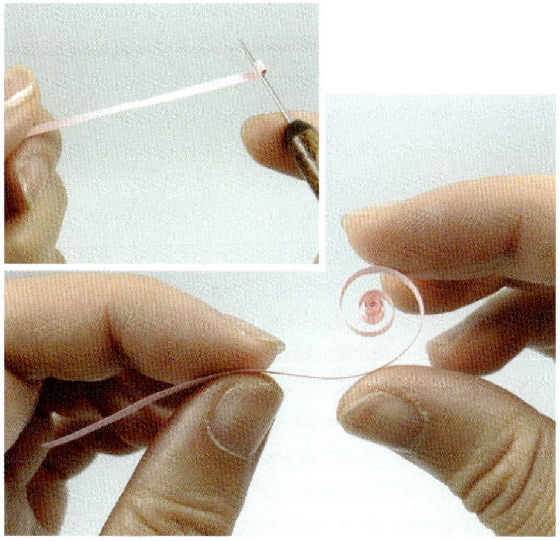

4 Per un cartiglio largo, lisciate leggermente una spirale tirando lo strumento fino a due terzi della sua lunghezza. Riavvolgete la forma con le dita.

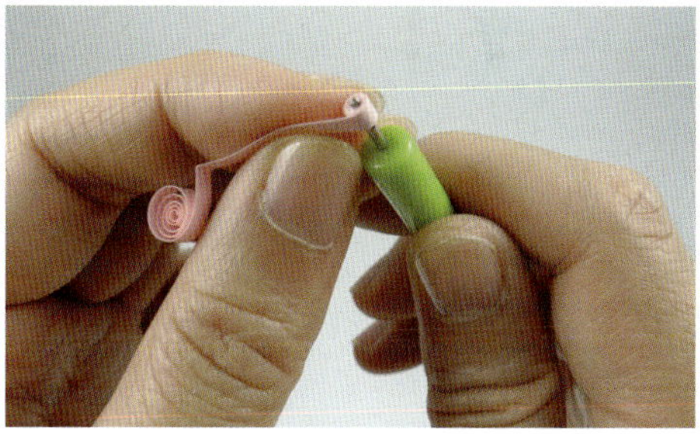

5 Per un cartiglio doppio, piegate la striscia a metà e arricciate le estremità nella stessa direzione; per un cartiglio a V, nella direzione opposta.

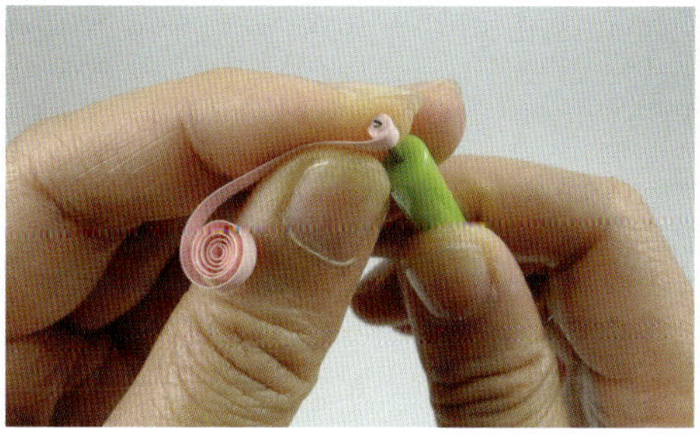

6 Per un cartiglio a S, arricciate entrambe le estremità di una striscia in direzioni opposte.

APPLICAZIONI DELLA FILIGRANA

LE FORME BASE, ASSEMBLATE FRA LORO, POSSONO DARE VITA A DISEGNI DI QUALSIASI TIPO E ABBELLIRE UN'INFINITÀ DI PROGETTI E SUPERFICI.

CUORE
CECELIA LOUIE
L'amore dell'artista per i fiori primaverili è racchiuso in un profilo a forma di cuore, fissato con gli spilli a una tavola di sughero per creare un contorno solido.

FIORI IN FILIGRANA

Preparando fiori e foglie vi farete un'idea di come usare e combinare le forme base della filigrana per creare un progetto composito di maggiori dimensioni.

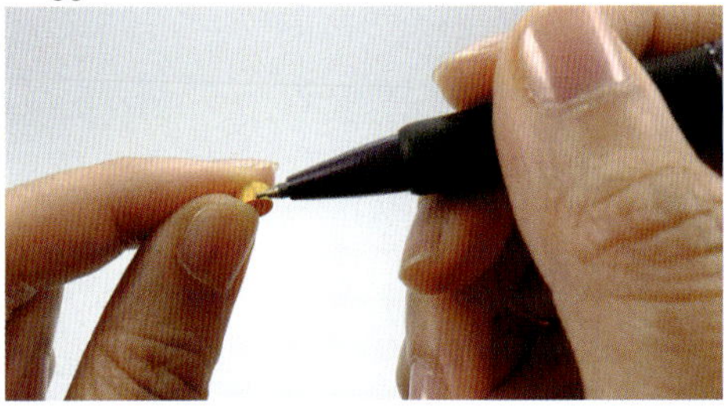

1 Per il centro del fiore, realizzate una spirale larga. Fate cinque segni leggeri, equidistanti, in corrispondenza dei punti in cui collocare i petali.

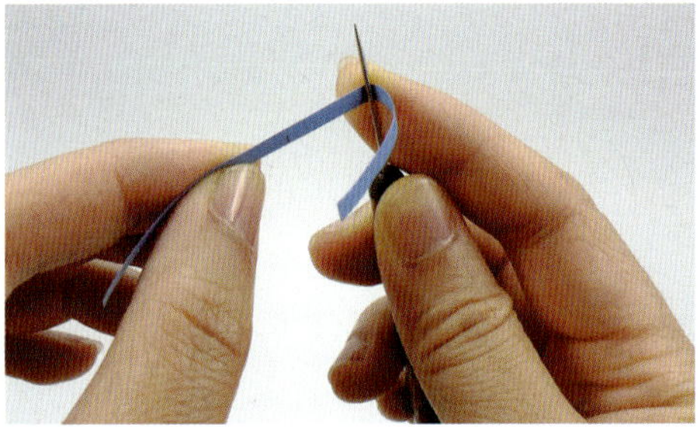

2 Per i petali, marcate quattro segni equidistanti su una strisciolina di carta. La lunghezza della striscia determina la grandezza dei petali. Arricciate la striscia fra le dita usando lo strumento per il quilling, come fareste per increspare il nastro con cui si impacchettano i regali.

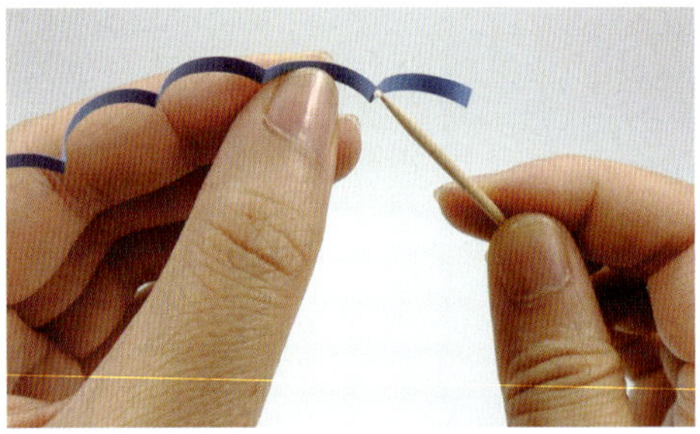

3 Eseguite le pieghe in corrispondenza dei segni e con uno stuzzicadenti applicate un goccio di colla vinilica sulla prima piega.

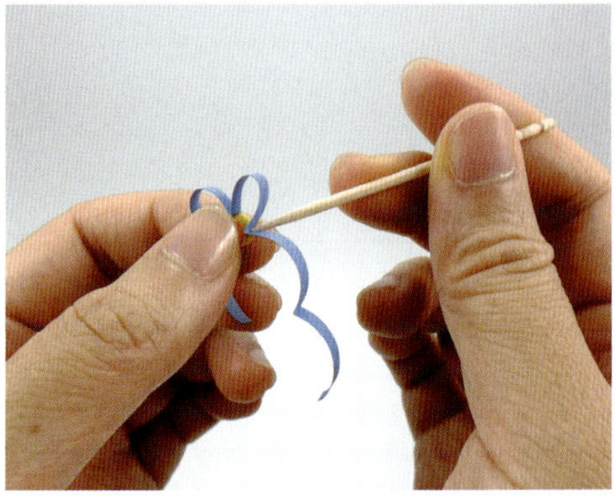

4 Fissate la piega rivestita di colla a uno dei segni fatti sul centro del fiore. Continuate a incollare e abbinare ciascuna piega a una linea sul centro del fiore.

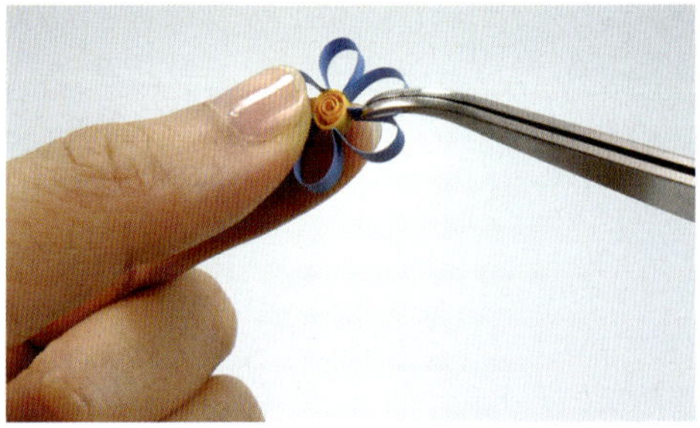

5 Finite incollando le due estremità contemporaneamente. Per facilitarvi, potete tenere le estremità con un paio di pinzette.

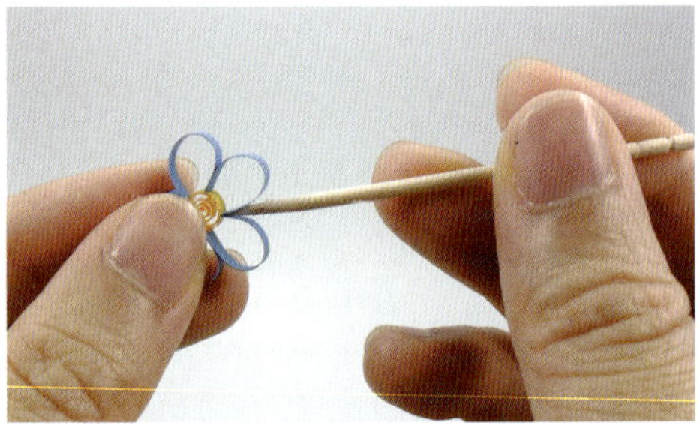

6 Con uno stuzzicadenti premete bene le pieghe dei petali sul centro del fiore per assicurarvi che siano fissate saldamente.

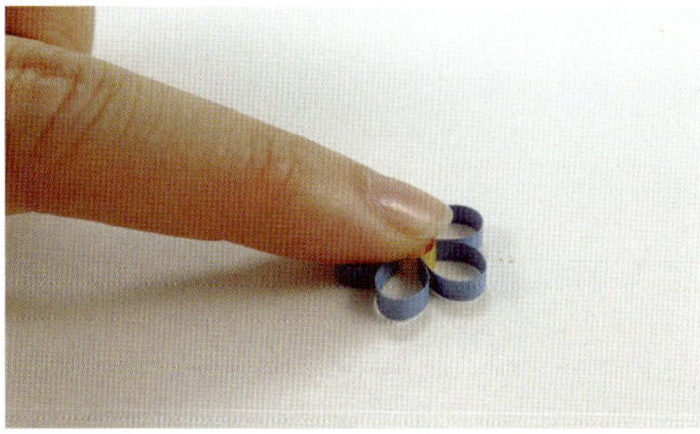

7 Realizzate tutti i fiori necessari. Mentre la colla asciuga, posizionate i fiori su una superficie piana e premeteli delicatamente più volte per allineare tutti gli elementi della filigrana.

8 Per le foglie, preparate cartigli larghi a V e a S (vedi pag. 94). Uno dei cartigli a V dovrà avere un braccio più lungo dell'altro, e uno dei cartigli a S dovrà avere un'estremità più grande dell'altra.

9 Provate varie disposizioni dei fiori e delle foglie sulla superficie di lavoro, se necessario usando gli spilli per impedire agli elementi di spostarsi.

COMBINARE GLI ELEMENTI

Una volta realizzati i vari elementi, accostateli per formare il progetto completo. Potete farlo a mano libera o sulla tavola da quilling, provando varie combinazioni prima di incollare, oppure potete usare un cartamodello, preparato da voi o reperito in un libro o su internet.

1 Collocate il cartamodello su una superficie di sughero, polistirolo o cartone e copritelo con la pellicola trasparente o con la carta cerata. Disponete gli elementi sopra il cartamodello. Per fissarli, potete servirvi degli spilli.

2 Versate un goccio di colla sulla punta di uno stuzzicadenti e infilatelo con delicatezza fra due elementi accostati. Ripetete per tutti i punti di contatto.

PIEGHE INVISIBILI

Per realizzare le pieghe senza segnare la carta, appoggiate sul righello l'estremità della striscia di carta della lunghezza desiderata, lasciando che il resto della striscia sporga dal lato dello "0". Premete su quel lato del righello, lasciando una piccola incisione a cui seguirà una piega netta che non rovinerà la striscia.

INCOLLARE SULLO SFONDO

1 Versate un po' di colla su un pezzo di carta straccia e spargetela sul foglio con un'ampiezza pari all'opera in filigrana completata. Prendete l'oggetto con le pinzette e immergetelo nella colla. Sollevatelo e controllate che tutti i profili siano cosparsi di colla; se necessario, immergetelo di nuovo.

2 Posizionate il progetto sullo sfondo e premete delicatamente con la punta delle dita per fissare bene tutti gli elementi.

VARIANTE

In questo fiore i petali sono costituiti da sei forme a goccia con le spirali rivolte nella stessa direzione. La foglia è data da una marquise, mentre il gambo si ottiene creando una spirale larga su un terzo di una striscia e incurvano il resto.

PROGETTO

SCATOLA CON FARFALLA

BENCHÉ SIA UN'ARTE DALL'ASPETTO DELICATO, LA FILIGRANA NASCONDE UNA NATURA SORPRENDENTEMENTE FORTE ED EFFICACE. IL QUILLING PUÒ ESSERE UTILIZZATO PER DECORARE E PERSONALIZZARE UN'INFINITÀ DI OGGETTI, DA UNA SEMPLICE SCATOLA A UN SEGNAPOSTO, A UN LIBRO.

Assicuratevi che la superficie finale sia porosa, affinché la colla aderisca bene. Malgrado la consistenza liscia, questa scatola portaoggetti rivestita di carta permette di fissare le decorazioni in maniera ottimale. Un rivestimento di plastica o alluminio non è adatto, perché la colla non può penetrare sotto la superficie.

OCCORRENTE

- Striscioline di carta per il profilo delle ali, larghezza 3 mm:
  - 2 di colore rosso cupo, lunghezza 14 cm l'una
- Striscioline di carta per il riempimento delle ali superiori, larghezza 3 mm:
  - 2 rosa, lunghezza 10 cm l'una
  - 2 arancio, lunghezza 10 cm l'una
  - 2 verde chiaro, lunghezza 4 cm l'una
- Striscioline di carta per il riempimento delle ali inferiori, larghezza 3 mm:
  - 2 lilla, lunghezza 7 cm l'una
  - 2 verde chiaro, lunghezza 7 cm l'una
- Striscioline di carta per la testa e le antenne, larghezza 3 mm:
  - 1 rosso cupo, lunghezza 3 cm
  - 1 lilla, lunghezza 5 cm
- Matita
- Stuzzicadenti
- Colla vinilica
- Pinzette
- Spilli
- Strumento per il quilling

SCATOLA CON FARFALLA
Una scatola personalizzata è un dono molto apprezzato. Una decorazione di questo tipo, inoltre, permette all'artista di esprimersi in modo concreto e piacevole. L'oggetto finito può essere ulteriormente protetto con vari strati di vernice trasparente.

VEDI ANCHE

Forme della filigrana, pagg. 94–95
Applicazioni della filigrana, pagg. 96–97

CARTAMODELLO

Il modello della farfalla può essere ingrandito o rimpicciolito per adattarlo a qualsiasi progetto; in questo caso è stato usato in scala 1:1. Usate il cartamodello come punto di riferimento occasionale mentre date vita alla vostra farfalla, oppure posizionatelo sulla superficie di lavoro, proteggendolo con la pellicola trasparente, per lavorare direttamente al di sopra di esso (vedi "Combinare gli elementi", pag. 97).

1 Iniziate formando il profilo esterno delle ali con due strisce di carta di colore rosso cupo lunghe 14 cm ciascuna. Piegatele a 4 cm di distanza da un'estremità. Con la matita fate un segno leggero in corrispondenza degli 8 cm. Arricciate delicatamente la striscia come fareste con il nastro per regali.

2 Con uno stuzzicadenti applicate la colla vinilica per fissare entrambe le estremità di un'ala sul segno della matita, in perpendicolare, in modo da creare il profilo. Usate le pinzette per premere le estremità contro il corpo, che potete tenere fermo con il dito o con gli spilli. Ripetete per la seconda striscia.

3 Applicate un goccio di colla sulla metà inferiore di uno dei due profili e unite le ali.

4 Piegate entrambe le strisce rosa a 6 cm dall'estremità. Con lo strumento per il quilling modellatele con delicatezza per formare due cartigli a cuore asimmetrici. Incollate la piega di uno dei cartigli sulla metà dell'ala e ripetete sull'altro lato.

5 Piegate una striscia arancio a 4 cm dall'estremità e formate un cartiglio doppio asimmetrico. Ripetete per l'altra ala.

6 Con una striscia verde chiaro formate una spirale larga. Posizionatela nell'angolo superiore dell'ala. Ripetete per l'altra ala.

7 Piegate una striscia lilla a 2 cm e a 5 cm. Arricciatela con delicatezza. Applicate la colla nell'angolo dell'ala inferiore e, lavorando su un'estremità alla volta, fissate gli occhielli facendo aderire le pieghe all'angolo. Usate gli spilli per evitare spostamenti.

10 Assicuratevi che tutti i punti di contatto siano fissati con la colla per evitare spostamenti indesiderati, poi incollate la farfalla sulla scatola seguendo le istruzioni di pagina 97. Aggiungete fiori di vari formati con foglie e fronde a piacere.

8 Piegate una striscia verde chiaro a 4 cm e formate un cartiglio doppio asimmetrico. Incollatelo vicino agli occhielli lilla. Ripetete sull'altra ala inferiore.

9 Per la testa, piegate con delicatezza la striscia rosso cupo lunga 3 cm finché le estremità si toccano. Applicate un goccio di colla su entrambe per fissarle. Infilate questa forma a goccia in mezzo alle ali superiori. Piegate a metà la striscia lilla lunga 5 cm e formate un cartiglio a V largo. Fissate la piega al centro della goccia.

LA FARFALLA COMPLETATA

CARTA FATTA IN CASA
Di solito la carta realizzata artigianalmente ha una consistenza particolare che arricchisce le opere intessute. Andate alle pagine 142–151 se volete provare anche voi a preparare la carta con le vostre mani.

OCCORRENTE

Nella tessitura è la carta l'elemento più importante, ma forse vi torneranno utili i seguenti strumenti:

- Matita
- Cutter
- Tappetino
- Righello di metallo
- Colla vinilica
- Nastro adesivo di carta
- Nastro adesivo trasparente

UNITÀ 6

TESSITURA

LA TESSITURA CON LA CARTA È UN'ARTE ASSAI VERSATILE, NON DA ULTIMO PERCHÉ ESISTONO MOLTE VARIETÀ DI CARTA CHE SI PRESTANO A QUESTA LAVORAZIONE E PERCHÉ È POSSIBILE APPROPRIARSI DI SCHEMI TIPICI DI ALTRE TECNICHE. LA TESSITURA PERMETTE DI OTTENERE OPERE STRAORDINARIE PUR ESSENDO UN METODO DI SEMPLICE ESECUZIONE.

PASSIONE
ELLEN JACKSON
La tecnica di tessitura base può servire a creare vari effetti con il semplice impiego di tipi diversi di carta. In questo caso è stata usata una combinazione di carta riciclata e volantini pubblicitari, tagliuzzati e strappati a mano. Le strisce hanno ampiezze e forme diverse per rendere il progetto più vivace.

GIOCO DI SUPERFICI
ELLEN JACKSON
La tessitura è adatta a numerosi tipi di carta: in tinta unita o fantasia, fatta in casa o riciclata. Anche la carta da regalo è ottima per abbellire il progetto. In questo caso l'artista ha scelto fogli con un colore in comune pur usando un insieme misto di schemi.

SPERIMENTARE CON LA CARTA
Sfruttando le qualità naturali della carta è possibile creare molti progetti interessanti. Per un effetto che balza subito all'occhio potete ricorrere a una combinazione di tonalità e trame diverse.

BREVE STORIA

La tessitura della carta è antica quanto l'invenzione della carta stessa. In Cina e, soprattutto in seguito, in Giappone, strisce di carta sottilissime venivano intessute per ottenere borse, tappeti e persino vestiti molto resistenti. Negli anni Sessanta varie aziende tessili studiarono la possibilità di sfruttare la carta intessuta per produrre nuove fibre non sintetiche: per un breve periodo questi materiali furono distribuiti in commercio, ma non raggiunsero mai un'ampia diffusione.

TIPI DI CARTA

La tessitura può essere praticata con qualsiasi tipo di carta, a seconda dell'effetto visivo o tattile desiderato. All'inizio esercitatevi con carta di grammatura media, ma dopo avere acquisito dimestichezza potrete sperimentare con i meravigliosi colori della carta velina e da regalo e con le possibilità tridimensionali offerte dalla carta fatta in casa. È possibile anche riciclare le pagine delle riviste patinate, le carte delle caramelle, vecchie lettere, cartine geografiche e manoscritti.

METODI

Il metodo più elementare consiste nell'intessere il filo dell'ordito (striscia verticale) di un colore con il filo della trama (striscia orizzontale) di un altro, alternandoli per produrre l'effetto di una scacchiera. Il numero delle sovrapposizioni può essere modificato con schemi matematici per creare motivi molto intricati. Nei sistemi tradizionali si ricorreva a carta intrecciata prima di essere intessuta, ma si può usare anche carta piatta, sotto forma di strisce. Non è necessario che abbiano la stessa ampiezza né che i bordi siano dritti. Per esempio, quadrati di carta delle stesse dimensioni ma di colori diversi possono essere tagliati a strisce non troppo precise e poi intessuti in modo regolare creando un effetto a scacchi straniante. Non è necessario intessere le strisce dai bordi paralleli con uno schema piatto. A intervalli regolari è possibile far sporgere la carta dalla tessitura prima di reinserirla nello schema, formando una sorta di occhiello. All'interno di uno schema e con un'altezza predefinita, questo metodo permette di ottenere splenditi motivi in rilievo.

TRIONFO IN ROSANERO
ELLEN JACKSON
In questa variante delle tessitura tridimensionale, strisce di carta fantasia fatta in casa sono intessute in una serie di fessure realizzate su un singolo foglio di carta, anch'essa fatta in casa, e disposte in modo da sporgere dalla superficie.

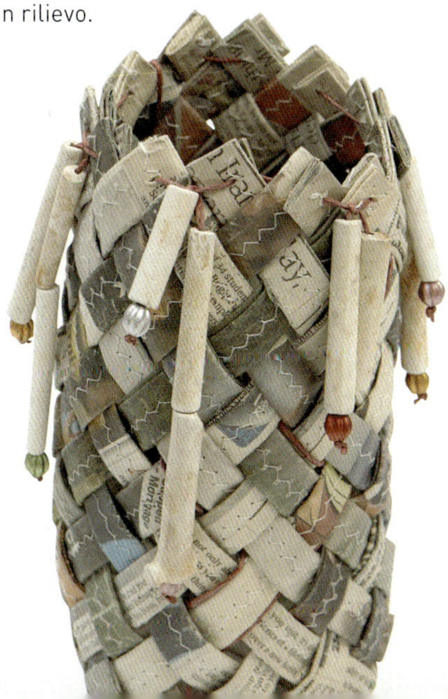

VASO DI GIORNALI
ANNE WILLITTS
L'artista ha progettato un recipiente tridimensionale intessuto con strisce di carta di giornale. I fogli sono stati piegati bene e cuciti a macchina. Il bordo è decorato con frammenti di vecchie pipe di terracotta raccolte sulle rive del Tamigi a Londra.

SCHEMI DI TESSITURA

RICORRENDO A SEMPLICI STRISCE PIATTE DI CARTA È POSSIBILE PRODURRE UN'INFINITÀ DI EFFETTI INTERESSANTI.

OPZIONI PER GLI SCHEMI

Lo schema più semplice è quello che prevede di sovrapporre la striscia della trama a quella dell'ordito per poi alternarle. Tuttavia ciò non significa che debba trattarsi di un lavoro noioso: per esempio, le strisce possono essere di larghezza diversa ed è possibile modificarle per creare un effetto cromatico ondulato su tutta la superficie della tessitura. In alternativa, provate a variare questo schema regolare per creare un'infinità di modelli diversi: il numero delle strisce che si intersecano, infatti, è libero. Sul rovescio lo schema è uguale, ma con i colori rovesciati. La carta può essere intessuta anche con effetti tridimensionali: le strisce dai bordi paralleli vengono increspate per stare in rilievo, formando sporgenze che catturano la luce.

VEDI ANCHE

Piegare e tagliare, pagg. 12–13

TESSITURA SEMPLICE

Lo schema che prevede l'alternarsi di trama e ordito si ripete ogni due righe e ha un aspetto sfalsato, come un muro di mattoni. Potete variare l'ampiezza delle strisce o usare una carta con i bordi increspati per un effetto più morbido.

1 Le strisce dell'ordito (verticali) si possono preparare con un foglio di carta di cui non va tagliata la sommità. Eseguite una serie di tagli verticali a intervalli regolari, a partire da 1,3 cm di distanza dalla sommità del foglio. Le strisce della trama vanno ritagliate da un foglio diverso.

2 Partite dall'alto per intessere la prima striscia della trama sopra la prima striscia dell'ordito, sotto la seconda, sopra la terza e così via fino all'ultima striscia dell'ordito.

3 Intessete la seconda striscia della trama sotto la prima striscia dell'ordito, sopra la seconda, sotto la terza e così via. Ripetete i punti 2 e 3 per le strisce della trama rimanenti.

4 Per ottenere una tessitura dritta e solida, assicuratevi di spingere bene ciascuna striscia della trama contro la precedente. È possibile fissare le strisce con un goccio invisibile di colla vinilica sulle estremità.

5 Se necessario, rifinite i bordi eliminando le parti in eccesso.

STRAPPARE LE STRISCE

Se desiderate un effetto meno rigido e più mutevole, provate a strappare le strisce di carta anziché tagliarle con il cutter. Poiché è difficile strappare i fili dell'ordito senza rompere la parte superiore del foglio, è necessario un approccio particolare.

1 La carta velina è facile da strappare e la tessitura ne aumenta la resistenza. Decidete l'ampiezza delle strisce, poi piegate il margine del foglio su un righello di metallo e strappate scendendo verso il basso. Ripetete fino a ottenere tutte le strisce desiderate.

2 Disponete l'ordito sulla superficie di lavoro, quindi intessete le strisce della trama secondo lo schema prescelto. Dove necessario, spingete verso l'alto con il cutter le strisce della trama per mantenere serrata la tessitura. Alla fine assicurate le estremità dei fili dell'ordito e della trama con nastro adesivo trasparente.

TESSITURA IRREGOLARE

Gli schemi irregolari sono varianti matematiche della tessitura semplice, e le modifiche possibili sono infinite. Tra le più note vi sono lo zigzag, il patchwork e il chiaroscuro.

1 Tagliate i pezzi come nella tessitura semplice. Inserite la prima striscia della trama facendola passare sopra le prime due strisce dell'ordito, poi sotto le due successive e sopra le due successive.

2 Inserite la seconda striscia della trama sotto una dell'ordito, sopra la successiva, sotto la successiva e così via.

3 Ripetete la stessa sequenza del punto 1. Incollate e se necessario rifinite come nella tessitura semplice.

4 A questo punto inserite la quarta striscia della trama facendola passare sopra una dell'ordito, sotto la successiva, sopra la successiva e così via.

5 Ripetete la stessa sequenza del punto 1. Incollate e se necessario rifinite come nella tessitura semplice.

VARIANTI INFINITE

È evidente che la scelta delle varianti in uno schema irregolare è illimitata. Con l'occhio e il talento di un artista la carta intessuta diventa un'opera d'arte.

TESSITURA A CUBI

Questo schema, pur essendo piatto, crea un effetto tridimensionale. Seguite le istruzioni per ottenere un motivo ornamentale a cubi, poi lasciatevi ispirare per ideare schemi di vostra invenzione.

Il foglio arancio per l'ordito misura 16,5 x 11,5 cm ed è diviso in sei strisce verticali larghe 2 cm. Le sei strisce gialle della trama sono lunghe 15 cm e larghe 2 cm. A partire da destra, inserite la prima striscia della trama facendola passare sopra una dell'ordito, sotto la successiva, poi sopra le due successive, poi sotto una e infine sopra la successiva. Per la seconda striscia della trama, fatela passare sopra due strisce dell'ordito, sotto la successiva, poi sopra altre due e sotto l'ultima. Per la terza striscia, fatela passare sotto una striscia dell'ordito, sopra le due successive, sotto una e infine sopra due. Ripetete queste tre righe ancora una volta fino a ottenere sei righe in totale.

SCHEMA INTESSUTO
PAUL JACKSON

La carta con motivi fantasia o le fotografie possono essere intessute per conferire a questa tecnica una dimensione del tutto nuova. Intrecciando due fotografie identiche, una leggermente sfalsata rispetto all'altra, o due disegni geometrici, due parole, due vecchie lettere, due carte geografiche e così via si ottengono effetti straordinari o esilaranti. A volte il processo è un po' laborioso, ma i risultati ripagano lo sforzo. Per creare questa immagine complessa l'artista ha intessuto due riproduzioni della stessa immagine di optical art, una leggermente sfalsata dall'altra.

1 Preparate 8 strisce rosse di dimensioni 1,3 x 15 cm. Piegate a punta un'estremità di ciascuna striscia per facilitarne la tessitura.

2 A partire dall'angolo in alto a sinistra, inserite una striscia rossa facendola passare sopra la prima striscia dell'ordito e sotto la seconda della trama, tenendo fermo con la mano il pezzo intessuto.

3 Voltate il pezzo e inserite la seconda striscia rossa sotto la terza striscia dell'ordito, partendo da destra, in modo che riemerga fra la seconda striscia dell'ordito e la terza della trama.

4 Continuate a intessere le strisce procedendo dall'alto verso il basso per formare uno schema progressivo di cubi. Voltate sempre il pezzo per fare fuoriuscire i capi.

5 Per completare l'effetto tridimensionale, incollate e rifinite i bordi come nella tessitura semplice.

TESSITURA TRIDIMENSIONALE

Con questo schema, le pieghe realizzate sulle strisce della trama e dell'ordito sporgono dalla superficie del pezzo piatto e creano un gradevole effetto tridimensionale. Le opere di questo tipo sono perfette da appendere alle pareti: scegliete un punto illuminato dalla luce naturale, perché le sporgenze producano interessanti ombreggiature con lo spostamento del sole.

1 Tagliate la quantità desiderata di strisce per la trama e l'ordito e iniziate come nella tessitura semplice. Quando arrivate a un punto in cui vorreste inserire una sporgenza, piegate la striscia all'indietro sull'ordito e marcate la piega.

2 Avvolgete la striscia della trama su se stessa creando una piega che tocca il margine opposto dell'ordito adiacente, poi piegatela nella direzione contraria, per ottenere due pieghe a valle e una a monte che costituiscono un triangolo rialzato.

3 Proseguite inserendo la striscia della trama sotto la successiva striscia dell'ordito, e lasciate che la parte piegata sporga dalla superficie della tessitura.

4 Ripetete la procedura descritta al punto 2 su una striscia dell'ordito.

5 Continuate realizzando le sporgenze secondo lo schema di vostra scelta.

6 Controllate che tutte le sporgenze siano ben dritte prima di incollare e rifinire le estremità come nella tessitura semplice.

TESSITURA A GHIRIGORI
PAUL JACKSON

Una volta imparate le tecniche base della tessitura, potete giocare con le regole per ottenere opere più creative. Per questo motivo astratto l'artista ha tagliato in strisce irregolari due quadrati identici, uno in verticale e l'altro in orizzontale. Le strisce sono state poi intrecciate usando la tecnica di tessitura semplice.

PROGETTO

CIOTOLA DI CARTA INTESSUTA

QUESTO OGGETTO RISULTA PARTICOLARMENTE EFFICACE QUANDO È ABBINATO AI TOVAGLIOLI DI CARTA DISPOSTI SULLA TAVOLA. LA TECNICA PERMETTE DI PERSONALIZZARE QUALSIASI CIOTOLA ADATTANDOLA A EVENTI QUALI COMPLEANNI E ANNIVERSARI.

La ciotola si prepara con tre tovaglioli di carta a tre strati, di dimensioni 33 x 33 cm e ognuno con una fantasia diversa. Tuttavia è possibile ottenere una certa varietà anche solo con due colori o motivi oppure combinando carta velina e altri tipi di carta modellabile. Nell'esempio la ciotola presenta l'esterno in tinta unita e l'interno decorato, ma è possibile invertire la combinazione, usare un motivo decorativo su entrambi i lati o mescolare la tinta unita e i motivi sia all'interno che all'esterno. Eliminando i passaggi per creare lo stampo, la stessa tecnica serve a creare tovagliette per la colazione.

OCCORRENTE

- Tovaglia di carta
- 3 tovaglioli di carta: 1 in tinta unita e 2 con motivi decorativi diversi
- Cutter
- Tappetino
- Righello di metallo
- Adesivo per parati
- Colla vinilica
- Pennello per colla
- Colla stick
- Puntine da disegno
- Tavola di sughero
- Ferro da stiro
- Ciotola poco profonda come stampo
- Pellicola trasparente
- Vernice acrilica e pennello (facoltativi)

ASSORTIMENTO DI CIOTOLE ANNE WILLITTS
Nella scelta dei tovaglioli da utilizzare, riflettete sugli accostamenti dei colori e dei motivi. La tessitura stessa crea un motivo decorativo completamente nuovo.

1 Ritagliate due quadrati dalla tovaglia di carta usando un tovagliolo come cartamodello.

3 Incollate uno degli strati decorati dei tovaglioli su un quadrato di tovaglia.

4 Voltate il quadrato e sull'altro lato incollate uno strato del tovagliolo in tinta unita. Ripetete con lo strato decorato dell'altro tovagliolo, sempre incollando uno strato in tinta unita sul retro. Lasciate asciugare. Eventualmente usate la colla stick per fissare i bordi.

2 Staccate lo strato superiore dei due tovaglioli decorati e separate i tre strati del tovagliolo in tinta unita. Mescolate acqua e adesivo per parati e aggiungete un paio di cucchiai di colla vinilica. Il composto dovrebbe avere una consistenza cremosa e spalmabile, non troppo densa.

5 Con il cutter e il righello di metallo tagliate entrambi i quadrati stratificati in 12 strisce larghe 2,5 cm e 2 strisce larghe 1,3 cm, ottenendo in tutto 24 strisce larghe e 4 strisce strette sfruttando tutta la dimensione dei tovaglioli.

6 Per l'ordito, prendete 12 strisce larghe e 2 strette. Fissate l'estremità di ciascuna striscia alla tavola di sughero servendovi delle puntine da disegno, in modo che le strisce siano tutte affiancate in verticale. Alternate o mescolate i due motivi decorativi e inserite le strisce strette nei punti che preferite per movimentare il disegno. Il lato in tinta unita deve restare sul rovescio.

7 Spostate delicatamente le strisce dispari e applicate un velo di colla stick sulle strisce dell'ordito rimaste sulla tavola di sughero, nei punti in cui intersecheranno le strisce della trama.

8 Posizionate con cura la prima striscia della trama, con il lato in tinta unita rivolto verso il basso, sopra le strisce dell'ordito, vicino alle puntine da disegno, e incollate. Aggiungete un puntino di colla sulla striscia della trama nei punti in cui si troveranno le strisce dell'ordito rimanenti una volta riabbassate.

9 Riabbassate le strisce dell'ordito e incollatele sulla trama. Spostate in alto il gruppo successivo di strisce dell'ordito.

10 Ripetete il punto 8 per posizionare e incollare la seconda striscia della trama. Continuate a tessere e incollare assicurandovi che le strisce siano ben ordinate fino a formare un quadrato. Come per l'ordito, alternate o mescolate i due motivi decorativi e inserite le strisce più strette dove preferite, per variare il disegno. Può darsi che avanzino un paio di strisce. Lasciate asciugare. Rifinite i bordi e stirate.

11 Preparate un composto di colla vinilica e adesivo per parati come nel punto 2 e usate un pennello piatto morbido per applicare la colla su tutto il lato decorato del quadrato intessuto. Foderate una ciotola bassa con la pellicola trasparente.

12 Facendo attenzione collocate la tessitura all'interno della ciotola, con il lato incollato rivolto verso l'alto. Premete con delicatezza e passate il pennello sui fianchi, applicando altra colla se necessario. Poco alla volta la carta si ammorbidirà e assumerà la forma della ciotola. In questa fase badate di non rompere le strisce umide. Con le dita lisciate le increspature sul bordo.

13 Tagliate la carta in eccesso intorno al bordo, ma lasciate un margine di 2 cm circa.

14 Una volta asciutta, togliete la ciotola di carta dallo stampo. Incollate il margine di 2 cm sull'esterno della forma intessuta, per rafforzare e rifinire il bordo. In alternativa tagliate via la carta in eccesso per ottenere un margine netto e liscio.

CIOTOLA DI CARTA INTESSUTA
Applicando uno strato di vernice acrilica, la ciotola diventerà più resistente. Inoltre, se volete, potete decorarla incollando bottoni o un nastro coordinato.

OCCORRENTE

Lo strumento essenziale per l'intaglio è un cutter di buona qualità con la lama affilata e intercambiabile. In generale vi serviranno:

- Matita
- Cutter
- Tappetino
- Righello di metallo
- Forbici affilate (le forbicine da ricamo sono l'ideale)
- Colla vinilica (procuratevi una confezione dotata di beccuccio erogatore, per distribuire facilmente la colla sulle forme più intricate)
- Pennelli (utili anche per applicare la colla vinilica)

UNITÀ 7

INTAGLIO

LE TECNICHE PER INTAGLIARE LA CARTA SERVONO A CREARE FORME FIGURATIVE O ASTRATTE A SCOPI ORNAMENTALI, MA ANCHE PER COSTRUIRE SOPRAMMOBILI E COLLAGE. A DIFFERENZA DEL DÉCOUPAGE, DOVE SI RITAGLIANO MOTIVI PRESTAMPATI, L'INTAGLIO SI OTTIENE DA FOGLI PULITI DI CARTA COLORATA O FANTASIA, SEGUENDO DISEGNI NATI DALLA TRADIZIONE O SVILUPPATI DAGLI ARTISTI STESSI.

LA CITTÀ DELLE MONGOLFIERE
BÉATRICE CORON

La serie di Béatrice Coron intitolata "Città personali" è nata dall'idea di immaginare un luogo che contenga tutti gli elementi essenziali della vita di una persona: l'artista ha chiesto agli amici di descrivere la città che potrebbero considerare "casa", poi ha realizzato un'immagine intagliata raffigurante i desideri di ciascuno. L'opera riprodotta qui è ispirata al concetto del "mondo fluttuante" (ukiyo), di fondamentale importanza in Giappone durante la dinastia Edo, e all'idea di un pianeta verde. Il mondo fluttuante ricorda la modernità nella sua rappresentazione di una società orientata al piacere e nell'analogia con la visione odierna del villaggio globale. L'approccio ecologico è fondamentale in un mondo sempre più inquinato, e l'artista immagina come si potrebbe lasciare il pianeta alla natura riorganizzando le comunità umane sospese nel cielo.

ESTATE NASCOSTA
LIZZIE THOMAS
Con una tecnica di intaglio molto attenta ai particolari l'artista ha creato una vera e propria stagione in miniatura. La carta riproduce vari alberi e tra un pezzo e l'altro è inserito un foglio piegato per costruire una sorta di ventaglio. Il tutto è racchiuso in una scatola di legno incernierata che si apre con un effetto pop-up. L'artista ha preso ispirazione dal modo in cui i giapponesi celebrano le stagioni e ha scelto questa carta per rappresentare la transitorietà della natura.

BREVE STORIA

Nella Cina settentrionale sono stati rinvenuti intagli decorativi risalenti al 207 d.C., e si pensa che i cinesi praticassero questa arte già da tempo. Si tratta di una tradizione diffusa anche in Giappone, Messico, Polonia, Germania, Svizzera, Olanda e nelle zone degli Stati Uniti soggette all'influsso culturale olandese, come la Pennsylvania.
In origine gli intagli erano legati a pratiche religiose e cerimoniali, ma quando la carta raggiunse una diffusione più ampia le immagini iniziarono a essere incollate alle pareti, sui mobili e alle finestre per rallegrare la casa. Gli artisti rappresentavano fiori e animali noti e illustravano storie e leggende. Alla fine del XIX secolo l'esecuzione di ritratti intagliati divenne una pratica popolare nei paesi occidentali e talvolta gli artisti itineranti creavano profili ironici dei soggetti, da soli o con la famiglia. Questa attività divenne un passatempo comune, ma entrò in declino con l'avvento della fotografia.

Al giorno d'oggi l'intaglio è usato diffusamente da artisti e illustratori e compare su riviste, volantini, poster e borse di tela. Tenete sempre d'occhio le ultime novità per raccogliere idee originali da riadattare per i vostri lavori.

TIPI DI CARTA

Nel caso dell'intaglio, qualsiasi tipo di carta risulta di grande effetto. La carta per le belle arti è tra le preferite, perché permette di effettuare tagli molto precisi, ha uno spessore adatto ed è disponibile in una grande varietà di colori. La carta fatta in casa è soggetta agli strappi, ma grazie alla consistenza particolare e all'aspetto traslucido può servire come sfondo su cui assemblare pezzi più delicati. La carta riciclata (per esempio pagine di libri o cartine geografiche), la carta per origami e la carta lucida sono solo alcune delle altre opzioni possibili.

IL MARE DORATO HA I DENTI
PATRICK GANNON
Poiché nella mitologia giapponese lo squalo è poco presente, l'artista ha creato il proprio "dio squalo". Il tempo sullo sperone di roccia rende l'idea delle proporzioni, ma accresce anche l'atmosfera religiosa e mitologica dell'opera. La carta chiyogami fantasia è l'elemento essenziale, e il motivo decorativo è legato alla cultura di riferimento. Il disegno intricato è tagliato con il cutter e i vari pezzi sono sovrapposti l'uno all'altro con una tecnica di stratificazione che crea l'impressione della profondità.

L'UCCELLO CHE SI CREDE UN AEREO
BOVEY LEE
Fatta a mano con corteccia di gelso, la carta di riso intagliata da Bovey Lee è sottile come carta velina, compatta e morbida al tatto. Per renderla più resistente è rivestita di seta e l'intaglio è fatto a mano con un coltello. La carta di riso color bianco sporco non è stata colorata, dunque il gioco di luci e ombre è essenziale per l'impatto complessivo dell'immagine. L'opera esplora il concetto della percezione di sé raffigurando un uccello la cui ombra assume la forma di un jumbo.

TECNICHE DI INTAGLIO

LA CARTA PUÒ ESSERE INTAGLIATA CON LE FORBICI O IL CUTTER: CIASCUNO STRUMENTO PRODUCE UN EFFETTO LEGGERMENTE DIVERSO. QUESTI ATTREZZI SONO USATI IN MODO EFFICACE IN UNA GRANDE VARIETÀ DI STILI, DAI DISEGNI PIÙ DETTAGLIATI E COMPLESSI ALLE SAGOME STRATIFICATE.

Per tagliare con le forbici, il foglio va tenuto sollevato. Con una mano afferrate saldamente le forbici e con l'altra muovete la carta fra le lame: in questo modo otterrete curve lisce e precise. Gli spigoli appuntiti invece si tagliano con la punta delle forbici. Si può utilizzare un foglio singolo o carta piegata più volte per produrre ritagli simmetrici.
Nel caso del cutter, la lama deve essere affilata e il foglio va appoggiato su una superficie resistente. È possibile impilare più strati per effettuare ritagli multipli in un colpo solo.

LA CITTÀ DEL SOLE
BÉATRICE CORON
Compresa nella serie "Città personali" (vedi pag. 112), quest'opera è stata creata per gli amanti del sole. L'artista lavora con il Tyvek della DuPont, un materiale in fibre di polietilene ad alta densità che, benché molto resistente, si taglia con facilità. La prima fase consiste nell'abbozzare un disegno sul lato bianco del foglio; dopodiché altri due fogli vengono aggiunti sotto il primo e fermati con il nastro adesivo (i fogli vengono puliti e rifiniti singolarmente, e numerati da 1 a 3 dall'alto in basso). Con una lama 11 della X-acto dalla punta sottile l'artista procede poi a intagliare tutti e tre i fogli inserendo dettagli e modifiche in corso d'opera.

INTAGLIARE TIPI DIVERSI DI CARTA
È utile cercare di capire come i vari tipi di carta rispondono al taglio.

La carta per le belle arti si taglia molto bene con il cutter.

La carta fatta a mano è più difficile da tagliare se ha la grana grossa. Con il cutter si taglia bene in un verso, ma tende a strapparsi facilmente nell'altro, perciò non è adatta per gli intagli più delicati. Tuttavia è indicata per le forme semplici, da ritagliare con le forbici, ed è ottima per produrre forme simmetriche.

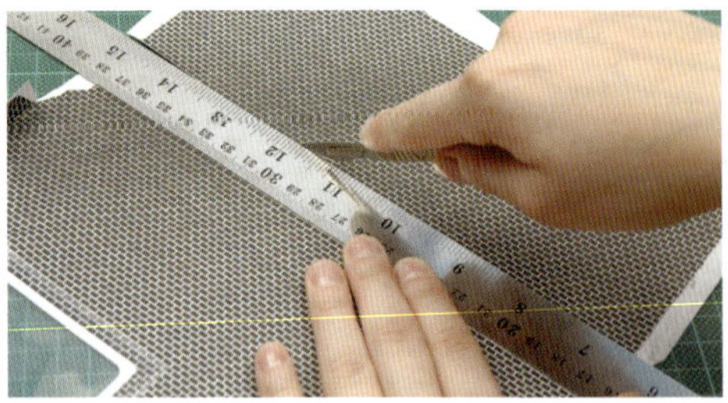

Con la carta riciclata si possono creare ritagli unici. Poiché in genere è molto delicata, usate con estrema attenzione il cutter o un paio di forbici affilate.

La carta per origami è divertente da usare, perché i motivi e i colori rendono subito affascinanti i ritagli prodotti. Tuttavia tende a essere fragile, dunque anche in questo caso è necessaria molta attenzione: più la lama è affilata, meglio è. Per ridurre il rischio di strappi, lavorate dall'interno verso l'esterno (vedi Forme dettagliate, pag. 116) o usate forbicine da ricamo affilate.

La carta semitrasparente come la pergamena o la carta lucida è più difficile da tagliare, ma è ottima come sfondo per ottenere effetti di chiaroscuro. In questo caso è consigliabile usare le forbici.

INTAGLI SIMMETRICI

Piegando la carta è possibile ritagliare più forme identiche.

1 Piegate più volte una striscia di carta su se stessa. In questo esempio la striscia è lunga 40 cm e alta 6 cm; la superficie finale dopo le pieghe è lunga 10 cm e alta 6 cm.

2 Tracciate il disegno sulla superficie. Per collegare i pezzi fra loro, è necessario inserire un elemento di giunzione su entrambi i lati. In questo caso sono le zanne e la coda dell'elefante a svolgere tale funzione.

3 Ritagliate con cura il contorno. Qui sono state utilizzate forbicine da ricamo affilate per tagliare carta delicata fatta a mano.

4 Aprite delicatamente la carta per ottenere una catena di forme simmetriche. Per aumentare il numero di forme, usate una striscia più lunga e semplicemente piegatela su se stessa più di quattro volte.

FORME DETTAGLIATE

In genere i disegni più dettagliati vengono lavorati con il cutter, ricorrendo a uno di due metodi: o si procede dall'interno verso l'esterno, o dall'esterno verso l'interno, in questo caso inserendo la figura in un contorno definito.

1 Se non vi sentite sicuri, disegnate prima la forma con la matita e alla fine eliminate i segni con la gomma. Altrimenti tagliate a mano libera, basandovi su un'immagine mentale o ispirandovi a un disegno o una fotografia.

2 A partire dal margine del foglio, procedete a tagliare la forma desiderata, in questo caso il tronco di un albero. Ritagliate con attenzione il contorno della figura, seguendo le eventuali linee del disegno realizzato al punto precedente.

3 Premete il tronco con il dito per tenerlo fermo mentre tagliate i rami, procedendo dal tronco verso l'alto.

4 Quando lavorate dall'esterno verso l'interno, iniziate ritagliando un contorno. In questo caso la chioma dell'albero nasce dalla forma di un calice di vino.

5 Lavorate all'interno di questa forma definita, ritagliando piccoli rombi con il cutter. Studiate il disegno dell'albero e ritagliate forme di dimensioni variabili e con inclinazioni leggermente diverse per ottenere un effetto naturale e l'impressione del movimento.

6 Continuate a ritagliare le forme lasciando una linea più spessa al centro come prosecuzione del tronco.

STRATIFICAZIONE

Questo metodo può produrre risultati variabili a seconda della tecnica impiegata.

1 Per creare una scena come un paesaggio di campagna o una città, prendete diversi fogli di colori diversi. Ritagliate il pezzo anteriore, intermedio e posteriore, ricordando che gli elementi in primo piano devono essere più grandi delle immagini sullo sfondo.

2 Posizionate i ritagli uno sopra l'altro per controllarne la disposizione, poi fissateli con la colla vinilica.

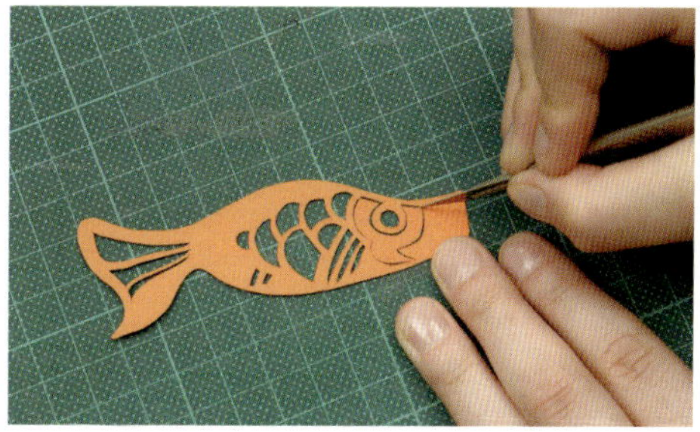

3 Per ottenere un effetto diverso, ritagliate una forma esterna, come il profilo di questo pesce in stile giapponese, poi lavorate all'interno eliminando i dettagli, come le scaglie.

4 Ricalcate il pesce su un foglio di carta fantasia, in questo caso carta per origami, e ritagliate con forbicine da ricamo affilate.

5 Con la colla vinilica fissate il pezzo superiore ritagliato sul pezzo in carta fantasia.

SAGOME OMBREGGIATE

Le tradizionali sagome di carta da posizionare controluce possono essere aggiornate con un impiego innovativo della carta di sfondo.

1 Per lo sfondo scegliete una carta traslucida, come pergamena o carta fatta in casa. Ritagliate la sagoma da un foglio colorato: più il colore è scuro, più la sagoma sarà evidente.

2 Fissate la sagoma sullo sfondo con la colla vinilica. Usatene una quantità ridotta per evitare che la carta si deformi.

3 Posizionate una luce dietro il foglio per osservare l'effetto finale, o giratela per proiettare l'ombra della sagoma.

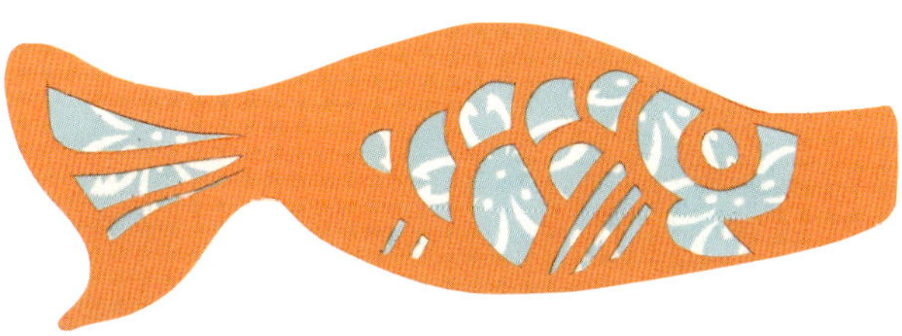

L'INTAGLIO STRATIFICATO COMPLETATO

La carta fantasia è visibile attraverso i dettagli ritagliati dallo strato superiore.

PROGETTO

ADDOBBO INTAGLIATO

SEGUITE LE ISTRUZIONI DI QUESTE PAGINE PER COSTRUIRE UNA DECORAZIONE INTAGLIATA DA APPENDERE ALLA FINESTRA. IL PROGETTO SI ISPIRA A UN ADDOBBO NATALIZIO DI CARTA DI ORIGINE TEDESCA. L'OGGETTO FINITO VA APPESO A UNA FINESTRA CHE NON RICEVA TROPPA LUCE DIRETTA, PER EVITARE CHE LA CARTA SI DEFORMI, O IN ALTERNATIVA VA INSERITO IN UNA CORNICE TRASPARENTE E APPOGGIATO SUL DAVANZALE.

OCCORRENTE

- 3 fogli di carta per le belle arti di colori diversi
- 1 foglio di carta semitrasparente, per esempio pergamena o carta sottile fatta a mano
- Matita
- Forbici
- Cutter
- Tappetino
- Compasso
- Gomma per cancellare
- Colla vinilica
- Pennello
- Ago e filo

VEDI ANCHE

Tecniche di intaglio, pagg. 114–117

ADDOBBO INTAGLIATO
Il progetto può essere realizzato anche con un solo strato o due, per un effetto più semplice, o con quattro, se si desidera una scena più complessa. È possibile aumentare o diminuire il raggio del cerchio per creare immagini di dimensioni maggiori o minori.

1 Con il compasso disegnate su tutti e tre i fogli un cerchio di raggio pari a 10 cm (4in). Ritagliate con le forbici.

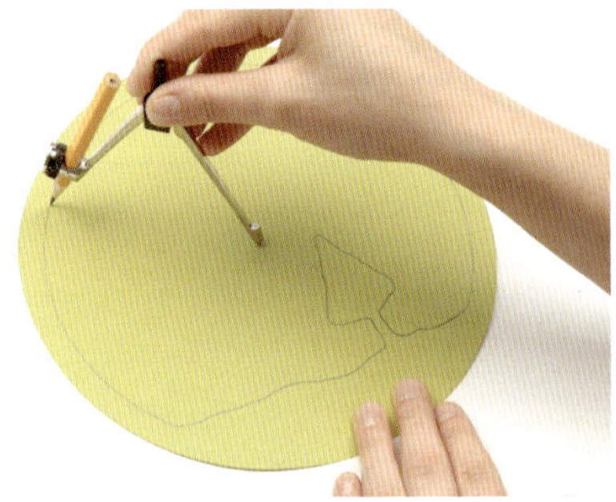

2 Per gli oggetti in primo piano, disegnate il profilo del paesaggio e dell'albero su uno dei tre cerchi. Aggiungete un bordo di 1 cm intorno al cerchio impostando il compasso su un raggio di 9 cm.

3 Con il cutter tagliate lungo le linee tracciate a matita. Cancellate con la gomma eventuali segni rimasti, poi ritagliate le forme all'interno dell'albero seguendo le indicazioni "Forme dettagliate" a pagina 116.

4 Ripetete i punti 2 e 3 per lo strato intermedio, stavolta disegnando una casetta e aggiungendo un bordo di 1,3 cm all'interno del cerchio (per farlo, impostate il compasso su un raggio di 8,7 cm).

5 Ripetete ancora una volta per lo strato dello sfondo, stavolta aggiungendo un piccolo albero pieno e aggiungendo un bordo di 1,6 cm (per farlo, impostate il compasso su un raggio di 8,4 cm).

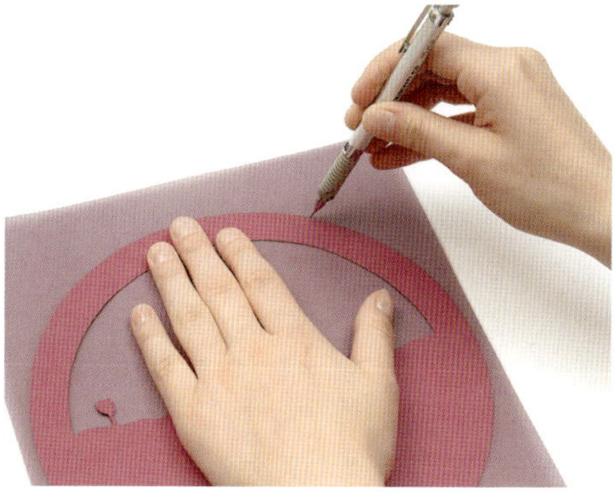

6 Ricalcate il contorno di uno dei cerchi sulla carta semitrasparente e ritagliate.

7 Incollate gli strati, iniziando con il foglio semitrasparente sul fondo e procedendo in avanti per costruire la scena. Per appiattire l'oggetto mentre la colla asciuga, potete pressarlo fra alcuni libri voluminosi.

8 Abbellite l'opera con pezzi tagliati singolarmente, come la sagoma di una bambina con un aquilone.

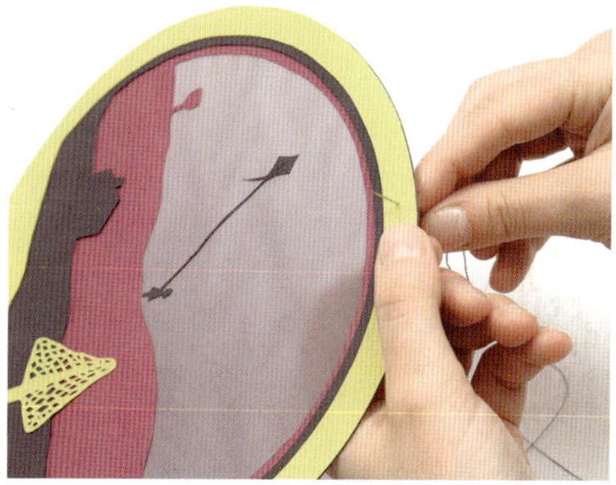

9 Inserite l'oggetto in una cornice trasparente oppure, con ago e filo, create un occhiello sulla sommità del cerchio in modo da poterlo appendere davanti a una finestra o a un lampadario.

OCCORRENTE

Per realizzare un collage con una procedura base sono necessari pochi strumenti; nella maggior parte dei casi l'attrezzatura generica per il fai da te è più che sufficiente.

- Matita
- Cutter (facoltativo)
- Tappetino
- Righello di metallo
- Forbici
- Colla (fra le più comuni, la colla vinilica e l'adesivo per parati; una colla stick è utile per i punti più delicati)
- Pennelli
- Rullo piccolo
- Acquarelli (facoltativi)
- Olio di semi di lino e panno (facoltativi)

UNITÀ 8

COLLAGE

UNA TECNICA DIVERTENTE E VERSATILE CHE NON RICHIEDE GRANDI CAPACITÀ TECNICHE: È SUFFICIENTE SAPERE APPREZZARE FORME, TRAME E COLORI DELLA CARTA.

KYLESKU, SUTHERLAND
ANN DAVIDSON
Questo collage produce un'impressione di tridimensionalità, perché alcuni punti non sono del tutto incollati. Le parti non incollate si sovrappongono ad altre e le nascondono, formando ombre che aggiungono profondità. L'artista crea gli elementi dei propri collage rovesciando il colore sulla carta umida e strappando le sezioni più accattivanti. Il collage si presta a evocare paesaggi aspri, come quello di Kylesku, un villaggio delle Highlands, in Scozia; le campiture ad acquarello rendono la nebbia e la pioggia che avvolgono l'ambiente.

STRUMENTI UTILI
Gli elementi in carta dei collage possono essere tagliati con le forbici o con il cutter oppure strappati con le mani, a seconda degli effetti che si desidera ottenere. Progettate la composizione con la matita, tracciando segni leggeri nei punti dove collocare i vari elementi, e usate i pennelli per applicare la colla o per dipingere i pezzi del collage o lo sfondo.

BREVE STORIA

L'uso del collage come forma d'arte fu esplorato per la prima volta nel XX secolo da artisti come Pablo Picasso e Henri Matisse, che iniziarono a tagliare e incollare sagome di carta sui loro dipinti. Matisse si spinse a creare collage puri, senza elementi dipinti. Da allora molti artisti hanno fatto ricorso alla versatilità della carta per elaborare o migliorare le proprie opere.

TIPI DI CARTA

I collage possono essere costruiti con svariati tipi di carta, dai volantini pubblicitari ai fogli fatti a mano, fino alla carta riciclata di giornali, francobolli e biglietti dell'autobus. Ricordate tuttavia che il tipo, la grammatura e l'aspetto della carta modificano drasticamente l'effetto dell'opera finita. Strati di carta sottile e trasparente, per esempio, conferiscono un'aria delicata, mentre il cartone ondulato pesante e la carta marrone danno l'idea di qualcosa di più funzionale o industriale. In generale, la carta pesante dotata di una certa consistenza porta a effetti più marcati; la carta sottile induce una sensazione di leggerezza.
Più l'immagine da raffigurare è semplice, più potrete sbizzarrirvi nella scelta dei materiali, ma badate di non appesantire il lavoro aggiungendo troppi tipi diversi di carta.

METODI

Dopo avere acquisito una certa dimestichezza con le tecniche per tagliare, strappare, stratificare e disporre gli elementi, è quasi impossibile commettere errori. Le sezioni del collage possono essere realizzate separatamente senza saldarle subito, permettendovi di riflettere sulla composizione e sul contenuto. Potete spostare gli elementi, aggiungerne di nuovi, cambiarli o scartarli.
Per la maggior parte dei progetti, l'adesivo per parati e la colla vinilica sono l'ideale. L'adesivo per parati va allungato con acqua fino a raggiungere una consistenza fluida. La colla vinilica può essere usata subito o, se preferite, diluita con acqua fino a una consistenza cremosa.

LE ROCCE DI LOCH LAXFORD, SUTHERLAND
ANN DAVIDSON
Per valutare la composizione dell'immagine da una certa distanza, l'artista usa il nastro adesivo removibile per fissare gli elementi su una superficie verticale e apportare le modifiche necessarie; un sistema di numerazione progressiva permette di ricordare la composizione definitiva quando il nastro adesivo viene tolto per incollare i pezzi sullo sfondo. Questo metodo concede un buon livello di controllo e precisione. La tavolozza limitata trasmette l'impressione di un paesaggio remoto.

TAGLIARE E INCOLLARE

LA TECNICA DEL COLLAGE È INCREDIBILMENTE CREATIVA E VERSATILE. MODIFICANDO IL METODO CON CUI SI CREANO FORME E MOTIVI DAI PEZZI DI CARTA, È POSSIBILE OTTENERE UNA GRANDE VARIETÀ DI EFFETTI.

BURRASCA A STRATH FLEET, SUTHERLAND
ANN DAVIDSON

L'artista è solita creare i propri fogli rovesciando il colore sulla carta umida e lasciando scorrere la pittura, una tecnica da lei stessa definita "incidente controllato"; i vari pezzi del collage vengono poi preparati strappando le zone del foglio più evocative. In questo esempio il colore, asciugandosi, ha dato vita alle forme delle betulle, intorno alle quali Davidson ha deciso di comporre un paesaggio.

TAGLIARE E STRAPPARE

I due metodi di base per creare le forme dei collage sono il taglio e lo strappo. Il taglio è più preciso ed è un modo rapido per ottenere forme e motivi complessi. I bordi netti e rigidi che ne derivano sono adatti a disegni geometrici astratti e alle architetture metropolitane.

Lo strappo, controllato, serve a produrre immagini semplici. Con un po' di pratica è possibile gestire meglio il risultato. I fogli vanno strappati nel senso della grana o contro la grana. Nel secondo caso la difficoltà è maggiore ed è necessario più controllo per creare forme definite. Se è richiesto un bordo "più dritto", è necessario strappare nel senso della grana.

VEDI ANCHE

Grana della carta, pagg. 10–11
Piegare e tagliare, pagg. 12–13

TAGLIARE

Il taglio va eseguito con le forbici o il cutter. Le forbici sono più facili da usare, ma non garantiscono la stessa accuratezza della lama del cutter. Tenete le dita lontane dalle lame e tagliate lentamente, con cura e attenzione.

MANIPOLARE LA CARTA

La carta può essere increspata, schiacciata, pieghettata, arrotolata. Usando varie tecniche di questo genere è possibile modificare l'aspetto complessivo della carta e la sua consistenza al tatto. Se il foglio è stato piegato e increspato più volte, potrebbe iniziare a logorarsi, un effetto da non sottovalutare in un collage.

STRAPPARE

Talvolta un bordo strappato dà luogo a un interessante contrasto rispetto allo sfondo. Esistono varie tecniche di strappo tra le quali scegliere.

1 Per strappare un cerchio o parte di un cerchio, appoggiate un piatto sul foglio e strappate la carta lungo il bordo ricurvo del piatto.

2 Per strappare lungo una linea dritta, ricorrete al righello di metallo. Appoggiatelo sul foglio e strappate lungo il bordo.

3 Potete strappare a mano libera qualsiasi altra forma, e con la pratica diventerete sempre più accurati.

INCOLLARE

Nella maggior parte dei casi la colla va spalmata sul pezzo del collage da posizionare sul foglio che funge da base. A volte, tuttavia, risulta più facile applicare la colla sulla base.

1 Con il pennello applicate la colla sul retro del pezzo.

2 Voltate il foglio cosparso di colla e posizionatelo sulla base. Fissatelo con un pennello pulito e asciutto, procedendo dal centro verso i bordi per eliminare eventuali bolle di aria.

3 Incollate gli altri elementi al loro posto. Se avete a disposizione un piccolo rullo, passatelo sull'intero collage per assicurarvi che tutti i pezzi siano fissati saldamente.

IL COLLAGE STRAPPATO COMPLETATO

I bordi strappati della carta fatta a mano impiegata in questo esempio generano una trama interessante e dettagli a contrasto.

COMPOSIZIONE

LA COMPOSIZIONE DELL'OPERA – OVVERO DOVE VENGONO COLLOCATI I MOTIVI E LE FORME DI CARTA – È CRUCIALE PER L'EFFETTO COMPLESSIVO DEL COLLAGE FINITO. IL DISEGNO PUÒ ESSERE FIGURATIVO O ASTRATTO, GLI ELEMENTI POSSONO ESSERE DISPOSTI A CASACCIO O CON UNA CERTA SIMMETRIA, E L'INTERO PROGETTO PUÒ ESSERE SEMPLICE O COMPLESSO, A VOSTRO PIACIMENTO.

VEDI ANCHE

Tagliare e incollare, pagg. 122–123

MODIFICHE CONTINUE

Pianificate con calma il lavoro per visualizzare una versione approssimativa dell'opera finita. Per raccogliere i pezzi del collage e schiarirvi le idee usate un blocco da disegno o una bacheca di sughero. Potrebbe essere utile disporre le immagini in base al colore o al soggetto; a quel punto, probabilmente, coglierete un tema da sviluppare.

È importante valutare costantemente il lavoro man mano che procedete. Non abbiate paura di scartare elementi che non funzionano nell'insieme. Spostate i pezzi tutte le volte che serve per ottenere l'effetto desiderato: le scoperte casuali fatte durante la risistemazione dei pezzi sono le più divertenti.

COLLEGAMENTI

I pezzi che presentano analogie per quanto riguarda forma, colore e tonalità aiutano a unire aree del collage dissimili e a creare un insieme fluido. Riflettete su come lo sfondo interagisce con gli elementi disposti sopra di esso. Chiedetevi se le aree grandi in tinta unita hanno bisogno di essere suddivise in pezzi più piccoli e se le aree più ricche di dettagli vanno separate da una forma con un colore a contrasto o pieno.

EQUILIBRIO E PROPORZIONI

Le dimensioni delle forme e dei motivi hanno un peso notevole sull'equilibrio dell'opera. Se gli elementi sono tutti nella stessa scala, il disegno potrebbe sembrare statico e poco interessante. L'inserimento di motivi o forme in una scala diversa aggiunge movimento e vivacità.

COLORE

L'uso attento del colore contribuisce a equilibrare il disegno. Non è consigliabile ricorrere solo ai colori chiari o alle tinte scure: un collage scuro dà una sensazione di oppressione, ma può essere notevolmente alleggerito con l'aggiunta di tocchi più chiari. L'impiego eccessivo di un solo colore rischia di rovinare l'equilibrio dell'opera finita. Se un colore compare in una forma di grandi dimensioni o riempie del tutto un settore, fatene un uso limitato nelle altre aree.

CREARE LO SFONDO

La natura dell'immagine di sfondo e lo stile in cui viene creata dipendono dal tema e dalle sensazioni comunicate dall'opera nel suo complesso.

La carta reperibile in commercio, dipinta, rappresenta una soluzione veloce. Con gli acquarelli si ottengono sfondi tenui e impalpabili. Per un effetto sfumato, scegliete tre colori che si sposano bene fra loro; dipingete un terzo del foglio con il primo colore, poi passate al secondo colore sovrapponendolo parzialmente al primo. Ripetete con il terzo colore e usate un pennello umido per eliminare gli sbalzi fra una tinta e l'altra.

CEATHRAMH GARBH, ARDMORE, SUTHERLAND
ANN DAVIDSON
Il punto focale di questo collage è il piccolo lago in mezzo alle colline. L'artista prova una serie di accostamenti tra fogli colorati strappati, fino a trovare la combinazione cromatica perfetta.

Per iniziare, prendete immagini di colore simile. Fate una selezione e disponetele secondo la tonalità, le dimensioni o il soggetto. Nell'esempio sono state collocate prima le parti più ricche di azzurro, quindi sul quadrato base sono stati aggiunti gli elementi più piccoli.

Lo sfondo può essere costruito anche a strisce. Scegliete fogli di colore simile o, come in questo caso, con la stessa consistenza, per ottenere un effetto unitario. Tagliate strisce di uguale larghezza, poi fissatele con la colla sovrapponendo i bordi o incollatele su un foglio o un cartoncino di supporto.

STRATIFICAZIONE

Dopo avere creato lo sfondo, è possibile aggiungere i dettagli su cui si concentrerà l'attenzione. È possibile disporre numerosi strati, con varie parti di ciascuno visibili da sotto quello successivo, oppure ricorrere a un solo strato oltre allo sfondo.

Fate vari esperimenti sulla disposizione dei pezzi, riflettendo sulla dimensione, la forma e la posizione nel disegno. In questo caso le persone, per via delle dimensioni, sono adatte al piano medio della sulla spiaggia.

Gli strati semitrasparenti sono ottimi per lasciare intravedere lo sfondo al di sotto. Fotocopiate l'immagine su carta lucida e sovrapponetela allo sfondo per stabilire la posizione migliore. Ritagliate la forma e incollatela usando colla vinilica diluita.

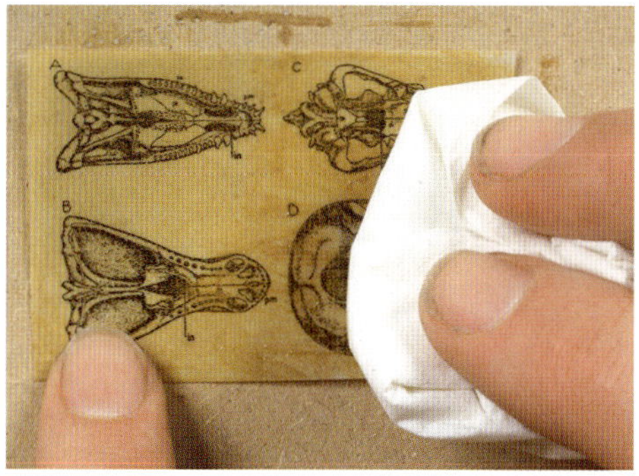

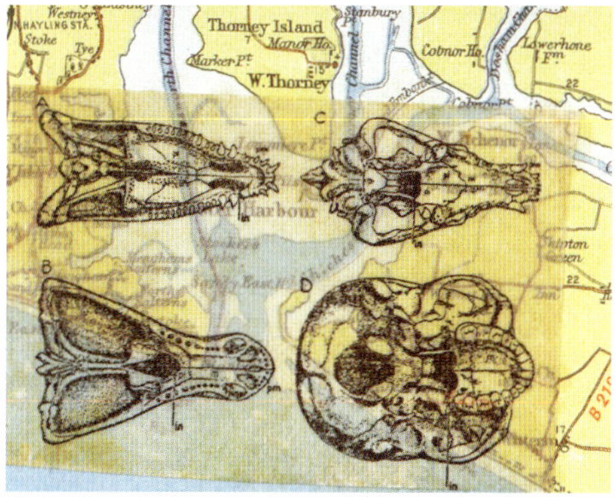

Per rendere semitrasparente la carta, applicate abbondante olio di semi di lino sull'immagine prescelta con un pennello. Lasciate penetrare, poi rimuovete l'olio in eccesso con un panno. Applicate la colla sul rovescio, posizionate il pezzo sopra lo sfondo e premete bene. Una volta asciugata la colla, le parti dello sfondo saranno visibili attraverso la carta.

PROGETTO

COLLAGE DI CARTA DIPINTA

QUESTO PROGETTO È UN'INTERPRETAZIONE ACCURATA E REALISTICA DI UNA NATURA MORTA.

Lavorare con un soggetto reale davanti agli occhi consente un'interpretazione più accurata di forme e colori. Iniziate dipingendo fogli bianchi con i colori desiderati o, se volete, usate la carta colorata reperibile in commercio. Come base del dipinto è necessaria carta di buona qualità, per non correre il rischio che si deformi. Una volta asciutti, i fogli dipinti vanno strappati per ottenere lo sfondo e le forme del recipiente e della frutta.

VEDI ANCHE

Tagliare e incollare, pagg. 122–123
Composizione, pagg. 124–125

OCCORRENTE

- Fogli di buona qualità
- Acquarelli: blu di Prussia, giallo limone, bordeaux, crema, bianco e verde erba
- 1 foglio di carta velina
- Pennelli
- Righello di metallo
- Matita
- Pastelli
- Colla vinilica

PEZZI DEL COLLAGE
Scegliete con cura le parti della carta dipinta da strappare per creare le forme, lasciandovi guidare dal colore e dalla trama del foglio. Aggiungete i dettagli con i pastelli o di nuovo con gli acquarelli, come preferite.

1 Iniziate dipingendo tutti i fogli. Eseguite pennellate piatte di blu di Prussia, giallo limone, bordeaux e crema mescolati con il bianco. Non preoccupatevi se i segni sono imprecisi: rendono il collage più affascinante. Lasciate asciugare i fogli.

2 Con il verde erba eseguite pennellate graduate, diluendo il colore con l'acqua via via che scendete sul foglio per ottenere la gradazione. Questo foglio verrà utilizzato per creare i chiaroscuri delle pere. Dipingete un foglio di carta velina con lo stesso verde e lasciate asciugare.

3 Strappate il foglio di carta velina nel senso della grana con un unico gesto deciso, formando strisce larghe 1,3 cm. Disponetele in orizzontale a una distanza di 2,5 cm l'una dall'altra e fissatele con la colla vinilica. Ripetete in verticale per creare una tovaglia a scacchi.

4 Per le singole forme, è necessario strappare i fogli dipinti in pezzi di dimensioni adatte. Tracciate il contorno delle forme sui fogli e strappate di poco all'interno dei segni a matita con movimenti brevi e precisi.

5 Per ombreggiare le forme, colorate con i pastelli i pezzi di carta strappata e sfumate con il dito per ottenere un effetto più tenue.

6 Assemblate lo sfondo, quindi la frutta e infine il recipiente. Se necessario, strappate ulteriormente le forme per adattarle. Quando la disposizione vi soddisfa, applicate la colla sul retro di ciascuno dei pezzi e fissateli.

COLLAGE DI CARTA DIPINTA
La stratificazione e la sovrapposizione di tutti gli elementi conferisce al collage l'impressione della profondità.

OCCORRENTE

Prima di iniziare, assicuratevi di avere a portata di mano tutto il necessario:

- Stampo
- Vaselina o sapone liquido (da cospargere sullo stampo per staccare facilmente la cartapesta una volta asciutta)
- Bacinella ampia per preparare la colla
- Adesivo per parati e/o colla vinilica
- Cutter
- Scalpellino di legno (facoltativo)
- Mestica acrilica
- Pittura e vernice (facoltative)
- Pennelli e/o stracci (per applicare le finiture, come la mestica, la pittura e/o la vernice)

UNITÀ 9

CARTA-PESTA

FINITURE

Per sigillare e rivestire un'opera di cartapesta si possono usare varie vernici, anche a seconda dell'effetto desiderato, per esempio un aspetto opaco o una tenue lucentezza. Se volete colorare l'oggetto, scegliere i colori acrilici.

NEGLI ULTIMI ANNI LA CARTAPESTA È TORNATA IN GRANDE AUGE. LA VERSATILITÀ E LA NATURA DI "ARTE POVERA" NE FANNO LA TECNICA IDEALE PER GLI ASPIRANTI ARTISTI CHE HANNO A DISPOSIZIONE POCO SPAZIO O POCHI STRUMENTI.

GRETA (IL GATTO GUARDIANO)
ANAT BAR AM

In molte culture i gatti sono considerati portafortuna e c'è chi crede che veglino su di noi. Questa scultura fatta con bottiglie di plastica riciclata da un lato contribuisce a tenere pulito il pianeta e dall'altro suscita il sorriso. Il corpo è costituito dalla parte superiore di una bottiglia, mentre la testa è fatta di carta di giornale arrotolata. La decorazione è costituita da un motivo di delicati fiorellini rossi sullo sfondo di un prato.

PAPPAGALLI
JOANNA JEDRZEJEWSKA

Questi pappagalli di cartapesta contengono uno "scheletro" di filo di ferro, fogli di giornale e carta alluminio. Lo strato di gesso è dipinto con colori acrilici brillanti e l'aspetto liscio è ottenuto con vari strati di vernice acrilica.

BREVE STORIA

La parola "cartapesta" non vuol dire altro che "carta macerata". Nota in Italia fin dal Cinquecento, due secoli dopo questa tecnica approdò in Inghilterra riscuotendo un immediato successo.

TIPI DI CARTA

La carta più comune è quella di giornale, in particolare dei quotidiani in formato lenzuolo: è di migliore qualità rispetto ai tabloid e più flessibile e duttile quando è imbevuta di colla. Alternando fogli bianchi e fogli rosa riuscirete a contare più facilmente gli strati. È possibile inoltre creare strati con tipi diversi di carta: nel caso di carta fatta a mano e più spessa, servono meno strati, anche se è necessario strapparla in pezzi più piccoli per coprire una superficie curva senza formare grinze. La carta velina conferisce un aspetto delicato, ma è molto fragile.

Un'alternativa è la carta colorata o tinta, che sottolinea e rivela la stratificazione e al tempo stesso contribuisce ad abbellire l'oggetto già durante la fase di costruzione. Sperimentando carta di vari tipi e diversa consistenza è divertente e vi permette di scoprire le infinite possibilità offerte da questa tecnica.

METODI

La cartapesta è una tecnica usata per ottenere oggetti da uno stampo, e prevede l'accumulo di numerosi strati di carta imbevuta di colla. In genere la carta viene strappata in strisce – nel senso della grana – e non tagliata, perché in questo modo i bordi sono più piatti e meno evidenti una volta premuti e incollati. Se la forma è particolarmente complicata, è meglio ricorrere a pezzi di carta di giornale piccoli e sottili, modellabili senza il rischio di produrre grinze.

Il numero di strati dipende dallo spessore desiderato per il prodotto finito: una decina è sufficiente per una ciotola che verrà ulteriormente rinforzata con pittura o vernice; otto strati bastano per una maschera. Per rendere più solido l'oggetto, disponete gli strati uno di traverso all'altro. Appiattite bene ogni pezzo con il dito in modo che fra gli strati non rimangano bolle d'aria o grumi di colla, perché rovinerebbero l'aspetto finale. È possibile aggiungere subito tutti gli strati, ma per un risultato migliore è consigliabile aspettare che ciascuno strato asciughi prima di passare al successivo. In ogni caso si tratta di gusti personali, poiché ogni artista inventa e perfeziona una propria tecnica.

Per incollare la cartapesta si ricorre all'adesivo per parati o alla colla vinilica. Potete anche mescolare i due prodotti, preparando un composto con la consistenza della panna da cucina. La colla va cosparsa separatamente su ciascun lato della striscia di carta; aspettate che penetri ammorbidendo la carta, ma senza inzupparla. Provate a incollare più pezzi alla volta, disponendoli sul bordo della bacinella per comodità, ma usateli subito, perché asciugano in fretta. In alternativa, spalmate di colla un foglio grande e solo dopo strappate le strisce.

CIOTOLA COLOR CREMA
JOANNA JEDRZEJEWSKA
L'oggetto è stato costruito usando come stampo un palloncino. Le strisce di cartapesta vengono applicate sullo stampo, seguite da uno strato finale di pasta di carta (vedi pagg. 136-141). Una volta asciutto il materiale, il palloncino viene scoppiato e l'opera completata con colori e vernice.

LEPRE
NANCY WINN
Questa splendida opera di Nancy Winn coglie la natura timida eppure curiosa della lepre. L'artista usa materiali riciclati per creare oggetti divertenti e di immediata comprensibilità. Al pari della creta, la cartapesta è un mezzo espressivo perfetto per creare opere tridimensionali.

MODELLARE DA UNO STAMPO PRONTO

È POSSIBILE REALIZZARE OPERE COSTITUITE DA UN PEZZO UNICO UTILIZZANDO COME STAMPI UNA GRANDE VARIETÀ DI OGGETTI, PURCHÉ NON ABBIANO UNA FORMA TROPPO COMPLESSA.

SCEGLIERE LO STAMPO

Palloncini, piatti, ciotole, vasi da fiori e persino le padelle sono ottimi stampi. Nella scelta dello stampo adatto, riflettete se modellare l'oggetto all'interno anziché all'esterno, per poter ottenere un pezzo unico: quando la cartapesta asciuga, infatti, l'oggetto tende a restringersi.

PRIMAVERA ETRUSCA
RENÉE PARKER
Lo stampo di questa brocca, ispirata dalla passione dell'artista per l'antichità, è stato costruito con materiali di recupero. La forma rudimentale nasce da un cono di carta fissato con il nastro adesivo sul fondo di un palloncino, con un tubo di cartone sopra; il manico è costituito da un pezzo di gruccia. Gli splendidi profili del collo, del becco e del manico si ottengono sovrapponendo più strati di carta di giornale in alcuni punti e meno in altri. Una volta asciutta la carta, il palloncino viene fatto scoppiare e tirato fuori, la superficie viene scartavetrata fino a diventare molto liscia e si applicano vari strati di pittura acrilica e sigillante opaco per ottenere un aspetto invecchiato.

MODELLARE UNA CIOTOLA

Le ciotole sono fra gli stampi più facili con cui iniziare. Per ottenere un buon risultato, gli strati devono essere disposti con cura: non abbiate fretta.

1 Cospargete l'interno di una ciotola con un lubrificante come vaselina o sapone liquido, senza tralasciare la parte superiore e l'interno del bordo. Strappate la carta nel senso della grana formando strisce larghe 4 cm. Strappatele ulteriormente perché siano lunghe 8 cm.

2 Versate la colla nella ciotola. Potete scegliere fra colla vinilica, adesivo per parati o un misto. Applicate la colla sulle strisce di carta, prendendone poche alla volta. Incollate ciascun pezzo singolarmente, aiutandovi con le dita e assicurandovi che la carta non sia inzuppata e che non ci siano grumi di colla.

3 Disponete le strisce di carta nello stampo, appiattendo ciascun pezzo singolarmente e sovrapponendolo al precedente. Continuate fino a completare il primo strato. Potete lasciare asciugare oppure passare subito al prossimo punto.

4 Applicate un secondo strato compatto, disponendo le strisce in perpendicolare rispetto alle precedenti per rinforzare la struttura e usando se possibile carta di colore diverso. Continuate alternando i colori fino a comporre dieci strati e ricordando di appiattire ogni strato per eliminare le bolle d'aria. Lasciate asciugare.

5 Quando la ciotola è completamente asciutta, staccate la parte superiore dallo stampo.

6 Ruotando l'oggetto, dovrebbe staccarsi del tutto. Se così non fosse, o se il primo strato sembra umido, lasciate asciugare ancora un po'.

7 Rifinite il bordo con il cutter e aggiungete due strati di carta incollata per rivestirlo.

METODI PER ASCIUGARE

Il tempo necessario perché la cartapesta asciughi dipende dal luogo in cui ci si trova. È consigliabile lasciare asciugare l'oggetto a temperatura ambiente (una credenza ventilata è l'ideale). Per velocizzare il processo si può ricorrere al forno a calore moderato; questo sistema rapido, tuttavia, può distorcere la cartapesta e rovinare lo stampo, a seconda del materiale di cui è fatto.

DETTAGLI DECORATIVI

Nel caso della ciotola, il bordo può essere decorato in molti modi alternativi e creativi, che condizionano la forma e il carattere della ciotola stessa. Per esempio, nel disporre gli strati, lasciate sporgere la carta dallo stampo; una volta asciutta, strappatela seguendo una linea ondulata. Il bordo può essere tagliato in modo irregolare, a merli o a zigzag, o bucherellato come un centrino. In questo caso sono stati aggiunti sei strati di strisce incollate, poi modellati con le forbici.

SALVAGOCCE
RENÉE PARKER

Una bottiglia di plastica può diventare uno stampo pratico ed economico. Sulla parte superiore della bottiglia, a forma di cupola, vengono applicate strisce di carta di giornale imbevute di colla vinilica. Una volta asciutta, la cupola viene tagliata via dalla bottiglia e il bordo ricomposto con il nastro adesivo. Sull'estremità più piccola viene fissato con il nastro adesivo un "salvagocce" ritagliato da una scatola di cereali, che costituirà il fondo della tazza, mentre su un lato viene saldato un manico di filo di ferro. L'intera forma viene rivestita con le strisce di carta e, una volta asciutta, la tazza viene scartavetrata e dipinta con i colori acrilici. L'esterno è coperto con un sigillante opaco, l'interno ha varie applicazioni di sigillante lucido per imitare la ceramica.

USARE ALTRI STAMPI

UN ALTRO APPROCCIO ALLA CARTAPESTA CONSISTE NEL COSTRUIRE IL PROPRIO STAMPO PERSONALIZZATO. QUESTA ALTERNATIVA OFFRE NUMEROSE POSSIBILITÀ, LA PIÙ SEMPLICE DELLE QUALI È LA TRADIZIONALE MASCHERA IN RILIEVO. TUTTAVIA È POSSIBILE PREPARARE SVARIATI ALTRI OGGETTI TRIDIMENSIONALI IN CUI GLI STRATI DI CARTA RIVESTONO TUTTI I LATI DELLO STAMPO.

VEDI ANCHE
Modellare da uno stampo pronto, pagg. 130–131
Idee decorative, pagg. 134–135

MATERIALI

Il materiale più indicato per preparare stampi personalizzati è la plastilina, che può assumere infinite forme. Anche il gesso si può combinare con la plastilina per creare uno stampo più duraturo e riutilizzabile.

REALIZZARE UNO STAMPO DI PLASTILINA

La plastilina con cui giocano i bambini è fra i materiali più pratici e semplici da usare per preparare uno stampo.

1 Per uno stampo in rilievo, posizionate sul piano di lavoro una tavoletta di plastilina tirata con il matterello e usate il cutter o uno scalpellino di legno per ritagliare il profilo. Asportate la plastilina dai punti da assottigliare.

2 Aggiungete i dettagli formati con altri pezzi di plastilina sovrapponendoli alla forma principale e lisciando la giunzione con le dita o lo scalpellino.

3 Quando la forma dello stampo vi soddisfa, incidete la superficie con gli strumenti che preferite. Assicuratevi di non creare tagli dal basso o dettagli troppo sporgenti che rendano difficile il distacco della cartapesta.

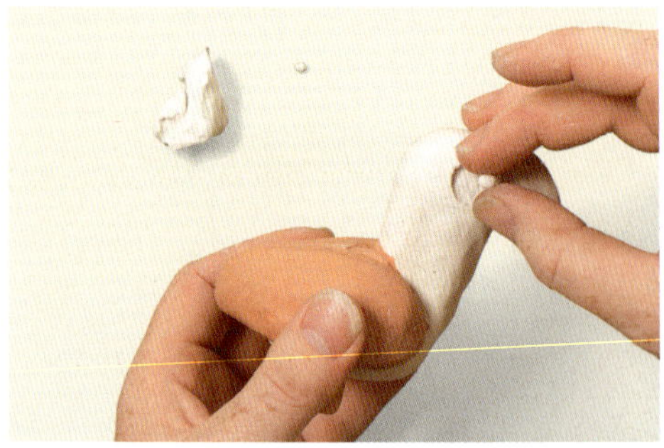

4 Per uno stampo tridimensionale, modellate la plastilina fra le mani e aggiungete gli altri elementi e i dettagli superficiali con lo stesso metodo degli stampi in rilievo.

UCCELLI TAMASHI
ANAT BAR AM

Mamma Luna e il piccolo Sunny sono stati modellati con bottiglie di plastica e carta di giornale. I due uccelli sono il simbolo della natura, per questo hanno la testa decorata con la luna e il sole e il corpo abbellito con nuvole, colline alberate, fiori e farfalle. L'artista crea disegni delicati con la penna e ottiene vari effetti cromatici con i pastelli acquerellabili. Per rafforzarli, gli uccelli sono rivestiti con uno strato di vernice.

REALIZZARE UNO STAMPO DI GESSO

Per realizzare uno stampo più resistente con cui creare una maschera in rilievo, si può utilizzare il gesso.

1 Modellate la forma con la plastilina, poi create un contorno di plastilina o listelli di legno che superi lo stampo di 2,5 cm in altezza. L'intera struttura va costruita su una tavola di legno e il contorno sigillato alla tavola per evitare perdite. Preparate il gesso seguendo le istruzioni finché assume una consistenza cremosa. Versate delicatamente il composto nello stampo fino al bordo del contorno. Picchiate sulla superficie di lavoro per fare uscire eventuali bolle d'aria.

2 Il gesso si solidifica e si riscalda. A questo punto rovesciate il tutto ed eliminate la plastilina. Lasciate asciugare del tutto il gesso, poi verniciate con la gommalacca per sigillare la superficie. Lo stampo in gesso è in negativo e può essere usato per creare una figura in cartapesta o come stampo per la pasta di carta (vedi pagg. 140–141).

MODELLARE SU UNO STAMPO FATTO IN CASA

Quando scolpite lo stampo dal modello iniziale di plastilina, assicuratevi di non creare parti troppo sporgenti, perché potrebbero rendere difficile il distacco della cartapesta.

1 Rivestite lo stampo con uno strato uniforme di vaselina o sapone liquido. Preparate strisce di carta e cospargetele di colla come nel caso di uno stampo pronto, ma ricordate che i pezzi devono essere molto più piccoli per potersi curvare sulle forme intricate dello stampo. Applicate il primo strato di carta, lisciandolo per eliminare bolle d'aria e grumi di colla.

2 Applicate otto strati di carta alternando i colori e lasciate asciugare completamente. Staccate la forma facendo leva sui bordi con le dita o con un coltello non affilato.

3 Rifinite i bordi irregolari della maschera in modo che resti orizzontale sul piano.

4 Rivestite i bordi tagliati con due strati di carta. Lasciate asciugare prima di dipingere la maschera.

LA MASCHERA DI CARTAPESTA COMPLETATA

Il modello finito può essere dipinto con i colori acrilici (vedi pag. 135).

IDEE DECORATIVE

LE TECNICHE PER DECORARE E ABBELLIRE GLI OGGETTI DI CARTAPESTA SONO PRESSOCHÉ ILLIMITATE. È POSSIBILE PRENDERE SPUNTO DA IMMAGINI DI RIFINITURE DELICATE, MA NON ESISTONO REGOLE FISSE E GLI ORNAMENTI DIPENDONO SOLO DALLA VOSTRA IMMAGINAZIONE.

Si possono ottenere effetti decorativi interessanti aggiungendo elementi in rilievo sotto lo strato finale di carta oppure sopra, ma coprendoli con uno strato di mestica o pittura. Lo spago permette di formare linee a sbalzo dalle forme libere, mentre semi, conchiglie e pezzi di cartone vanno fissati con la colla.

SIGILLARE

Per poter essere decorata, la superficie della cartapesta va ricoperta con uno strato di mestica: in questo modo si evita che la pittura venga assorbita dalla carta porosa. Con la mestica acrilica si ottiene una buona superficie di colore bianco opaco su cui lavorare.

FELIX
RENÉE PARKER
Quest'opera fa parte di una serie ispirata alla collezione di tazze da tè appartenuta alla nonna dell'artista. Le strisce di carta di giornale vengono applicate sulla porzione superiore di una bottiglia di succo, intorno al collo, per ottenere la forma principale. Una volta asciutta, la tazza viene tagliata per essere staccata dalla bottiglia e il bordo ricomposto con il nastro adesivo. Poi si aggiunge il manico, modellato su filo di ferro, e con il nastro adesivo si fissa un cerchio di cartone che costituisce il fondo della tazza. Il pezzo viene rivestito di cartapesta, lasciato asciugare e scartavetrato, e infine dipinto con i colori acrilici. Per completare il tutto si applica un sigillante opaco.

Prima di applicare la mestica, è possibile rendere parzialmente impermeabile l'oggetto di cartapesta ricoprendolo con tre o quattro strati di olio di semi di lino e mettendolo ad asciugare in forno a calore moderato.

VERNICI

Con l'impiego di vernici diverse si ottiene una grande varietà di finiture. Numerosi strati di vernice al poliuretano, ognuno scartavetrato leggermente prima di passare al successivo, producono un effetto simile al vetro. La vernice, però, ha il difetto di ingiallire con il passare del tempo; un singolo strato di vernice opaca a base d'acqua è sufficiente a sigillare una superficie dipinta e non dà nell'occhio. Gli oggetti di cartapesta rifiniti in questo modo non sono completamente impermeabili e non sono adatti a contenere liquidi, ma possono essere puliti con un panno umido senza il rischio di danneggiarli.
Con la tradizionale lacca si può ottenere una superficie senza dubbio più interessante. Asciugandosi, la lacca si indurisce, rafforzando l'oggetto e conferendogli un aspetto simile alla porcellana. Inoltre la lacca può essere colorata con pigmenti. Distribuendo il colore uno strato dopo l'altro sopra la lacca e scartavetrando ogni strato mentre asciuga, si ottiene un effetto screziato dal sapore antico.

VEDI ANCHE
Modellare da uno stampo pronto, pagg. 130–131
Usare altri stampi, pagg. 132–133

MOTIVI DIPINTI

Gli oggetti di cartapesta possono essere dipinti con pennelli, spugne o stracci. I colori acrilici e le tempere gouache (a base d'acqua) sono l'ideale.

1 Applicate uno strato di mestica acrilica e lasciate asciugare bene.

2 Per un effetto luminoso e uniforme, dipingete con la pittura acrilica al naturale. Per una tinta più sfumata, diluitela con l'acqua.

3 Per variare il risultato potete rimuovere parzialmente il colore usando uno straccio. In alternativa intingete un tovagliolo nella pittura e picchiettatelo sull'oggetto.

CARTA FATTA A MANO E LAMINA DORATA

L'applicazione di una lamina di metallo prezioso è sorprendentemente facile e permette di trasformare in modo radicale il vostro lavoro. In questo caso è abbinata a fogli di carta fatta a mano usati per lo strato finale della cartapesta.

1 Strappate spirali, quadrati e cerchi da vari fogli di carta fatta a mano. Cospargete di colla e sovrapponete le forme sulla superficie dell'oggetto di cartapesta. Lasciate asciugare.

2 Ritagliate alcune strisce o altre forme da una lamina dorata. Spennellate la colla vinilica sulla superficie della cartapesta nei punti in cui andrà posizionata la lamina e aspettate finché la colla diventa vischiosa.

3 Applicate delicatamente le forme dorate sulla colla e rimuovete la pellicola protettiva della lamina.

4 Quando la colla è asciutta, sigillate la decorazione con una vernice a base d'acqua.

LA DECORAZIONE COMPLETATA

Per abbellire il piatto sono state usate tinte neutre, ma potete impiegare fogli di colori diversi a vostro piacimento.

CARTA A BRANDELLI
Sono molte le persone che a casa usano una distruggi-documenti. Fate un passo in più e usate i fogli distrutti per preparare la pasta di carta.

OCCORRENTE

Nella vostra cucina troverete gran parte dell'attrezzatura necessaria.

- Forbici
- Assortimento di ciotole
- Frullatore o frusta elettrica
- Setaccio
- Guanti protettivi
- Cartone (per realizzare una base su cui disporre la pasta di carta)
- Cutter (per tagliare la base di cartone)
- Nastro adesivo forte
- Colla vinilica
- Pennello
- Mestica acrilica
- Stampo
- Pellicola trasparente

UNITÀ 10

PASTA DI CARTA

UNA TECNICA ALTERNATIVA ALLA CARTAPESTA, MA SIMILE NELLA REALIZZAZIONE, È LA PASTA DI CARTA. AL POSTO DI STRAPPARE LA CARTA SI PREPARA UNA POLPA MESCOLATA ALLA COLLA; IL COMPOSTO VIENE POI PRESSATO O MODELLATO IN UNO STAMPO, FISSATO SU UNA BASE O PERSINO PLASMATO A MANO LIBERA.

IN CIMA AI CUSCINETTI D'AUTUNNO
IRMA IRSARA
La base dell'opera è costituita da uno strato di pasta di un azzurro pieno. Per creare la foglia al centro, trasportata dal vento, sono stati disposti svariati strati di rosso e arancio autunnale. Un filo di carta attorcigliata viene inserito nella foglia e poi strappato via, lasciando una traccia, e infine ripristinato per creare un effetto tridimensionale.

STIVALI ROSSI
ERIKA TAKACS
Ispirandosi ai leggendari stivali delle sette leghe, citati in numerose fiabe, l'artista ha ricoperto un'armatura di filo di ferro con pasta di carta e, una volta solidificato il primo strato, ne ha aggiunto un secondo per ricostruire i dettagli scomparsi con la riduzione di volume. Il pezzo è completato con colori acrilici e sigillato con vernice a base d'acqua.

LAMPADE A PESCE
BARBARA FLETCHER
Il metodo originale elaborato dall'artista consiste nel vaporizzare numerosi strati sovrapposti di pasta di carta su una struttura di filo di ferro, per mezzo di una pistola ad aria compressa progettata per dipingere i soffitti, ma riadattata al volume della pasta di carta. La scultura viene poi dipinta con tintura per tessuti. Fletcher ha scoperto il fascino della pasta di carta osservando un suo lavoro in controluce.

TIPI DI CARTA

Questa tecnica è un ottimo sistema per riciclare i documenti destinati alla distruzione. In alternativa potete usare strisce di carta di qualsiasi tipo, purché non siano patinate o rivestite: giornali, fotocopie, opuscoli e volantini pubblicitari sono fonti inesauribili di materia prima.

METODI

L'aggiunta di adesivo per parati alla pasta di carta riciclata permette di ottenere un materiale che si indurisce quando asciuga ed è dotato di una buona compattezza. La pasta di carta è una tecnica molto più veloce della cartapesta e gli oggetti creati tendono a deformarsi meno. Oltre a usare uno stampo, potete modellare la pasta su una base con l'aiuto della colla vinilica. Per preparare la pasta di carta servono utensili da cucina quali un frullatore e un setaccio. Se avete intenzione di utilizzare spesso la pasta di carta, vale la pena di acquistare strumenti da destinare esclusivamente a tale scopo; se invece ne fate un impiego occasionale, sarà sufficiente lavarli con cura dopo l'uso.

DECORAZIONE

Gli oggetti realizzati con la pasta di carta possono essere completati con le stesse tecniche descritte per la cartapesta (vedi Idee decorative, pag. 134).

ZUCCHE MAGICHE
LIAT BINYAMINI ARIEL
Le zucche sono ottenute da pasta di carta riciclata mescolata con acqua e colla. La pasta è applicata su uno stampo a forma di zucca preparato con buste di plastica usate. Una volta asciutto lo strato esterno, il coperchio viene tagliato e le buste di plastica rimosse affinché la zucca asciughi anche all'interno. Infine viene scartavetrata, rivestita con la mestica, dipinta e verniciata come un'opera di cartapesta.

PREPARARE LA PASTA DI CARTA

LA PASTA DI CARTA SI OTTIENE IMMERGENDO IN ACQUA PICCOLI PEZZI DI CARTA CHE POI VENGONO LAVORATI. TUTTAVIA È L'AGGIUNTA DI ADESIVO PER PARATI A TRASFORMARLA IN UN MATERIALE RESISTENTE E LEGGERO, ADATTO A ESSERE PLASMATO E MODELLATO PER CREARE OGGETTI TRIDIMENSIONALI.

PREPARARE LA CARTA

Nel caso utilizziate fogli, strappateli in quadrati con il lato di 4 cm circa. La carta della distruggi-documenti dovrebbe essere tagliata a strisce di 5 cm circa; pezzi più lunghi rischiano di arrotolarsi attorno al meccanismo del frullatore bloccandolo.

ESPERIENZE DI COLORE
IRMA IRSARA
Ispirata dai giochi di luce di una cascata, l'artista ha disposto strati di pasta di carta in colori a contrasto. Fili di carta attorcigliata sono inseriti nella pasta e poi strappati via per rivelare i colori al di sotto; alcune delle strisce eliminate sono state poi incollate in altri punti. Le opere vengono lasciate asciugare lentamente e in modo naturale all'aria aperta per ottenere la massima intensità di colore.

LAVORARE LA PASTA DI CARTA

1 Immergete i pezzi di carta in una bacinella grande piena d'acqua e lasciate riposare per almeno tre ore, anche se è preferibile per tutta la notte. Spostate una manciata di carta in un frullatore, poi aggiungete acqua fino al livello massimo indicato sul bicchiere. Frullate il composto fino a ridurre in poltiglia la carta.

2 Versate il composto in un setaccio per separare l'acqua dalla pasta. Scuotete il setaccio per eliminare l'acqua in eccesso. La pasta deve essere umida ma non inzuppata.

3 Sbriciolate la pasta riducendola in pezzetti. Ripetete i punti 1 e 2 fino a ottenere la quantità di pasta sufficiente per il vostro progetto.

4 Mescolate l'adesivo per parati finché assume una consistenza piuttosto densa e poco alla volta, preferibilmente indossando guanti protettivi, aggiungete la colla alla pasta di carta per ottenere una poltiglia duttile ma non bagnata. Modellata in una colonnina alta 5 cm, dovrebbe restare dritta; se crolla è troppo bagnata ed è necessario aggiungere altra pasta, se è secca e si sbriciola va aggiunta altra colla.

CARTA COLORATA

Per ottenere pasta colorata, sarà sufficiente utilizzare fogli variopinti. Il cartoncino colorato, i tovaglioli di carta decorati e la carta velina sono solo alcuni esempi.

ARRESTARSI AI RAGGI NOTTURNI
IRMA IRSARA
La pasta di carta, colorata con la tintura, viene disposta a strati, dalla tonalità più chiara a quella più scura, senza aspettare che asciughi. Il giallo e il verde ricordano gli acquarelli; in effetti l'artista ha dovuto controllare la quantità d'acqua utilizzata, per evitare che i colori si mescolassero troppo. Le sfumature prescelte evocano una foresta, gli alberi ricoperti di muschio e i raggi di luna.

APPLICAZIONI

COME NEL CASO DELLA CARTAPESTA, LA PASTA DI CARTA PUÒ ESSERE PLASMATA USANDO STAMPI GIÀ PRONTI, PER ESEMPIO CIOTOLE O PIATTI, OPPURE MODELLATA SU UNA BASE.

VEDI ANCHE

Modellare da uno stampo pronto, pagg. 130–131
Usare altri stampi, pagg. 132–133
Idee decorative, pagg. 134–135

EVOLUZIONE
ERIKA TAKACS
Ispirata al Pensatore e alla Donna seduta, due statuette della civiltà neolitica Hamangia, questa scultura riflette sui processi evolutivi scatenati dalle mutazioni genetiche, dalla selezione naturale e dagli incroci fra gli uomini di Neanderthal e l'Homo sapiens, a lungo sospettati e ora confermati dagli studi più recenti. Un'armatura di acciaio è ricoperta di pasta di carta reperita in commercio; la scultura è stata poi sigillata con vernice a base d'acqua e dotata di una leggera patina di tempera acrilica.

Un metodo semplice per costruire opere di grandi dimensioni è iniziare con una base di cartone, creare volume con carta di giornale e coprire la struttura con uno strato sottile di pasta di carta. In questo modo si usa meno pasta e il lavoro asciuga più in fretta e in modo più omogeneo. Per la base si può usare cartone di qualsiasi tipo; perché sia particolarmente solida, sovrapponete vari strati e assemblateli con la colla.

LAVORARE SU UNA BASE DI CARTONE

È la struttura di cartone – non la pasta di carta – a rafforzare la struttura, perciò è importante fissare saldamente le maniglie e gli altri elementi aggiuntivi prima di applicare la pasta.

1 Disegnate la base di cartone e ritagliate tutti gli elementi con il cutter. Usate il nastro adesivo forte per assemblare i pezzi e creare una struttura solida, in questo caso un vassoio.

2 Costruite il bordo con carta di giornale arrotolata e fissatela con la colla e il nastro adesivo.

3 Con il pennello applicate poco alla volta la colla vinilica sulla base e modellatevi sopra la pasta di carta.

4 La pasta è abbastanza compatta da essere modellata a mano libera per creare piccoli motivi ornamentali.

5 Continuate ad applicare colla e pasta di carta per coprire tutta la base. Aggiungete altra pasta nei punti da rafforzare. Lasciate asciugare completamente.

6 Quando il vassoio è asciutto, applicate uno strato di mestica acrilica per sigillare la superficie.

IL VASSOIO COMPLETATO

Se volete, rifinite l'opera con la pittura e la vernice.

MODELLARE UN PIATTO

Assicuratevi che la pasta sia asciutta prima di provare a staccarla dallo stampo.

1 Iniziate foderando con la pellicola trasparente il piatto che userete come stampo.

2 Distribuite la pasta di carta sul piatto in modo omogeneo, con uno spessore compreso fra 6 mm e 1,3 cm. Premetela bene e lasciate asciugare un poco.

3 Spianate la superficie della pasta con il retro di un cucchiaio di metallo.

4 Decorate il bordo con altra pasta di carta, poi lasciate asciugare al caldo.

5 Staccate l'oggetto dallo stampo. Rifinite il fondo creando un supporto con altra pasta. Quando l'oggetto è completamente asciutto, sigillatelo con uno strato di mestica acrilica.

USARE ALTRI STAMPI

In commercio si trovano stampi per le decorazioni natalizie o piccole sagome da incollare sui biglietti di auguri o le copertine dei libri. In alternativa provate a usare gli stampi per il budino.

OCCORRENTE

Per preparare la carta riciclata o la pasta di fibra vegetale, vi serviranno:

- Tovaglie e grembiuli protettivi
- Forbici
- Frullatore
- Barattoli di vetro
- Setaccio
- Pigmenti per carta (sono i più indicati se volete colorare la pasta)
- Cenere (ottima per preparare una soluzione alcalina con cui spezzare le fibre vegetali)
- Pentole (solo per preparare le fibre vegetali)
- Guanti protettivi (da indossare durante la preparazione delle soluzioni alcaline)
- Colla turapori

Per formare i fogli di carta vi serviranno:

- Stampo e cascio
- Tinozza
- Due tavole, più grandi della lamina di feltro (dovrebbero essere rigide e impermeabili; se di legno, rivestitele con la mestica)
- Lenzuolo
- Feltro
- 4 morse a G o mattoni
- Corda del bucato e mollette, o una superficie liscia come vetro, melamina o linoleum
- Ferro da stiro
- Pennello
- Coltello
- Pipetta e stampi per biscotti (facoltativi)

UNITÀ 11

CARTA FATTA A MANO

PRODURRE LA CARTA CON LE PROPRIE MANI DÀ GRANDI SODDISFAZIONI. SERVE UN PO' DI TEMPO PER PREPARARE LO STAMPO E PROCURARSI L'ATTREZZATURA, MA DOPO LA PRIMA VOLTA POTRETE REALIZZARE LA CARTA TUTTE LE VOLTE CHE VOLETE.

STAMPO E CASCIO

Lo stampo ha lo scopo di eliminare l'acqua lasciando sulla rete le fibre necessarie a formare i fogli di carta. Il cascio dà la forma al foglio e al tempo stesso produce il bordo ondulato tipico della carta fatta a mano.

PASTA VEGETALE E AGGIUNTE NATURALI

Le piante e i fiori coltivati o spontanei possono essere utilizzati per preparare la pasta di carta o aggiunti allo strato finale. Semi, petali, foglie e anche interi capolini danno alla carta artigianale un tocco molto personale.

BREVE STORIA

Per quasi tutta la sua storia, lunga duemila anni, la carta è stata fatta a mano. Solo dopo la Rivoluzione industriale il processo è diventato meccanizzato. La tecnologia moderna con cui viene prodotta la carta è molto complessa, tuttavia il principio base è così semplice che anche un bambino potrebbe dedicarsi a questa attività.

TIPI DI CARTA

Per preparare fogli nuovi si può riciclare carta di ogni tipo: fotocopie, volantini, carta velina, tovaglioli di carta, carta da regalo. Evitate la carta stampata con caratteri neri: più è semplice e vuota, meglio è. La carta di giornale, essendo molto acida, ingiallisce e si sbriciola troppo in fretta. Anche le riviste patinate andrebbero evitate.
Le fibre vegetali devono subire una lavorazione leggermente più lunga prima di ottenere la pasta di carta. Alcune piante richiedono la cottura, altre necessitano l'aiuto di una soluzione alcalina per spezzare le fibre. Una soluzione alcalina classica, composta di cenere e carbonato di sodio, è adatta a quasi tutte le piante; per casi più resistenti, come la yucca e la rafia, la soda caustica è un'alternativa più aggressiva. Quando preparate e usate le soluzioni, indossate sempre i guanti protettivi.

ATTREZZATURA SPECIALE

Gli attrezzi indispensabili per formare un foglio di carta sono lo stampo e il cascio. Lo stampo è una semplice cornice con una rete che raccoglie la pasta di carta e lascia defluire l'acqua. Il cascio è una cornice simile allo stampo, ma del tutto aperta e priva di rete. Durante il processo il cascio viene appoggiato sopra il lato dello stampo con la rete, per distribuire la pasta in modo omogeneo e delineare il foglio.
Questi strumenti sono reperibili presso i distributori specializzati e alle vendite di attrezzatura usata. In alternativa potete creare uno stampo artigianale applicando pezzi di filo di ferro su una cornice portafoto e usandone un'altra uguale come cascio.
La tinozza è il contenitore in cui disporre il composto di acqua e pasta di carta con cui si preparano i fogli. Deve essere abbastanza grande per potervi immergere lo stampo e il cascio durante il processo. Il lavello della cucina è sufficiente per le misure standard di questi attrezzi (14 x 21 cm).
I pezzi di feltro sono necessari per distendervi sopra i fogli di carta. Questo materiale, infatti, contribuisce a conservare la forma del foglio appena creato quando viene staccato dallo stampo. Inoltre assorbe l'acqua permettendo alle fibre di serrarsi e rafforzarsi. I panni usati in cucina per asciugare i piatti sono un'ottima alternativa economica, purché siano privi di cuciture.
Per preparare la lamina di feltro e facilitare il distacco del foglio dallo stampo, potete tagliuzzare un lenzuolo e disporre i pezzi sotto il primo e l'ultimo strato di feltro, in modo da proteggere il foglio quando si esercita pressione per eliminare l'acqua in eccesso.

BIGLIETTINI
KATHY SAWATZKY
Con pasta riciclata e l'aggiunta di fiorellini gialli essiccati si ottengono questi deliziosi bigliettini per appunti.

CIOTOLA MODELLATA
HEIDI REIMER-EPP
Realizzata inserendo petali nella carta e abbellita con rafia e filo d'oro, questa piccola ciotola è uno splendido esempio di carta fatta a mano modellata ad arte.

PREPARARE LA PASTA DI CARTA

L'ACCURATA PREPARAZIONE DELLA PASTA GARANTISCE CHE IL PROCESSO DI PRODUZIONE DELLA CARTA SIA OTTIMALE. LAVORATE SEMPRE CON PICCOLE QUANTITÀ E SMINUZZATE LA PASTA CON IL FRULLATORE PER EVITARE LA FORMAZIONE DI GRUMI E MACCHIE NELLA CARTA.

CONSERVARE LA PASTA

La pasta di carta inutilizzata può essere scolata e conservata in frigorifero. In alternativa, eliminate l'acqua in eccesso modellando la pasta in palline da riporre in freezer o disidratatele lasciandole asciugare all'aria e riponetele in un luogo asciutto. Per prolungarne la resistenza è possibile aggiungere un conservante (olio di chiodi di garofano o di timo). La pasta riutilizzata è di qualità leggermente inferiore a quella appena preparata, ma può essere integrata con nuova pasta. Non versate mai il composto di pasta di carta nello scarico del lavello, perché rischiate di intasarlo.

DIARIO

Nel corso dei vostri esperimenti con tipi di carta, fibre vegetali e pigmenti diversi, potete tenere un diario in cui elencare gli ingredienti utilizzati nei singoli casi. In questo modo, quando ottenete un foglio che vi piace particolarmente, potete riprodurlo con lo stesso risultato.

VEDI ANCHE

Grana della carta, pagg. 10–11
Piegare e tagliare, pagg. 12–13

PASTA DI CARTA RICICLATA

I pezzi di carta vengono immersi nell'acqua e suddivisi in piccole quantità.

1 Tagliate o strappate la carta in quadrati con il lato di 2,5–5 cm. Immergeteli in una bacinella piena d'acqua per almeno mezz'ora, o per tutta la notte. In questo modo le fibre iniziano a spezzarsi e la pasta si romperà più facilmente nel frullatore.

2 Riempite per tre quarti di acqua tiepida il bicchiere del frullatore, poi aggiungete cinque o sei pezzi di carta bagnata. Fissate il coperchio e iniziate a frullare a intervalli brevi, controllando spesso l'interno per assicurarvi che la pasta non si accumuli sulla lama.

3 Quando non si vedono più grossi grumi nel composto, prendetene un pizzico e immergetelo in un barattolo pieno d'acqua. Chiudete con il coperchio e agitate energicamente per un minuto. Sollevate il barattolo e osservatelo controluce per controllare che la consistenza sia omogenea. Se notate grumi di fibre, è necessario frullare ancora.

4 Versate il composto dal frullatore alla tinozza e ripetete il processo. Per formare i fogli, la tinozza deve essere piena per tre quarti; la pasta di carta deve avere la stessa consistenza della pastella per frittelle, perciò se è troppo densa aggiungete acqua nella tinozza e mescolate bene. Con la pratica potrete sperimentare per ottenere carta di consistenza e spessore diverso.

5 Se la pasta non vi serve subito o se volete colorarla con i pigmenti, scolatela dal frullatore in un altro contenitore attraverso un setaccio.

COLLA TURAPORI

Se avete intenzione di usare i fogli finiti per dipingere, stampare o fare esercizi di calligrafia, aggiungete la colla turapori alla pasta per rendere impermeabile la carta. La quantità dipende dallo scopo della carta: per esempio, i fogli per scrivere ne richiedono di più rispetto ai fogli per la pittura ad acquarello. Prima di aggiungerla alla pasta, diluite sempre la colla in acqua. Mescolate bene e, per un risultato ottimale, lasciate riposare la pasta di carta tutta la notte prima dell'uso.

PIGMENTAZIONE DELLA PASTA

Il modo più semplice per ottenere pasta colorata è usare carta colorata. In alternativa è possibile tingerla usando appositi pigmenti che non scoloriscono alla luce.

1 Aggiungete una piccola dose di pigmenti a un barattolo pieno d'acqua e agitate per cinque minuti. Così facendo i pigmenti si distribuiranno all'interno delle fibre in modo più omogeneo.

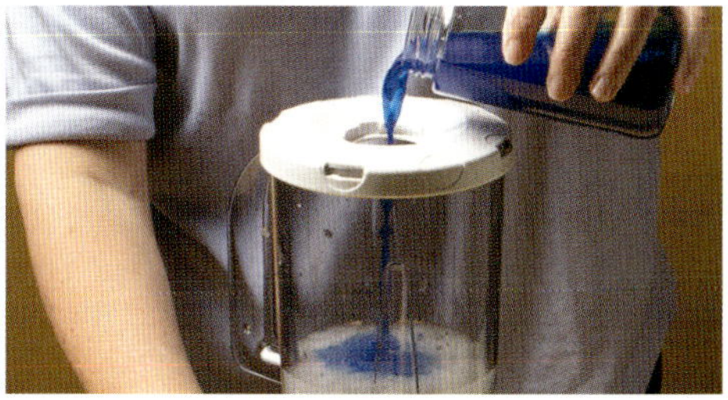

2 Disponete la pasta nel frullatore e poco alla volta versate i pigmenti diluiti. Mescolate bene a velocità moderata. Per garantire il massimo assorbimento, lasciate riposare il composto tutta la notte prima dell'uso.

3 Prima di versarlo nella tinozza, mescolate ancora una volta il composto.

PASTA DI FIBRA VEGETALE

Prima di preparare la pasta, il materiale di origine vegetale deve essere frantumato per separare le fibre e rimuovere i componenti indesiderati. I materiali non fibrosi, per esempio la parte superiore delle carote, vanno fatti bollire a fuoco lento in una pentola d'acqua per un paio d'ore, finché le parti più dure si distaccano facilmente. I componenti più fibrosi, invece, richiedono l'impiego di una soluzione alcalina.

1 Le foglie di iris, molto fibrose, vanno spezzate con una soluzione di cenere. Graffiate entrambe le facce delle foglie con i rebbi di una forchetta per facilitare il processo.

2 Tagliate le foglie in pezzi lunghi 2,5–5 cm circa e lasciateli riposare una notte in una pentola piena d'acqua per iniziare il processo.

3 Riempite per metà di cenere una pentola e completate con acqua. Portate a ebollizione, mescolando per sciogliere la cenere. Scolate la soluzione scartando il materiale non sciolto.

4 Aggiungete la soluzione al materiale vegetale e coprite con acqua. Portate a ebollizione e lasciate cuocere a fuoco lento finché il materiale diventa molle e si rompe con facilità. Scolate e risciacquate le fibre più volte per eliminare la soluzione alcalina.

5 Riempite per due terzi di acqua il bicchiere del frullatore e aggiungete una manciata di materiale vegetale. Frullate per pochi secondi se volete una carta grezza, per più tempo se preferite fogli più lisci.

6 Trasferite la pasta nella tinozza e coprite con acqua. Continuate finché la tinozza è piena per tre quarti e il composto ha la consistenza della pastella per frittelle.

PREPARARE LA CARTA

UNA VOLTA VERSATA LA PASTA NELLA TINOZZA, PREPARATA LA LAMINA DI FELTRO E APPRONTATI LO STAMPO E IL CASCIO, È POSSIBILE INIZIARE A PRODURRE I FOGLI DI CARTA VERI E PROPRI.

Il primo foglio è sempre il più difficile da fare. Potrebbe incollarsi allo stampo o essere troppo spesso o troppo sottile o pieno di buchi. Poco alla volta il processo diventerà più facile: non preoccupatevi dei piccoli inconvenienti.

STENDERE IL FOGLIO

Una volta formato, il foglio va trasferito su un'altra superficie. Questa tecnica permette di formare più fogli con un singolo stampo. Le pagine vengono impilate una sull'altra fino a un massimo di trenta. Talvolta, nel corso del processo, la pasta di carta stenta a staccarsi dallo stampo. Può darsi che il foglio sia troppo sottile: in tal caso aggiungete altra pasta nella tinozza. In alternativa, il foglio potrebbe essere troppo asciutto. Inumiditelo di nuovo collocando lo stampo in orizzontale, con la pasta rivolta verso l'alto, sulla superficie dell'acqua della tinozza, sfiorandola appena. In questo modo la pasta assorbirà più acqua. Dopodiché riprovate a staccare il foglio.

VEDI ANCHE

Preparare la pasta di carta, pagg. 144–145

LA LAMINA DI FELTRO

Prima di immergere lo stampo e il cascio nel composto della tinozza, preparate la lamina di feltro su cui andrà steso il foglio.

1 Piegate un pezzo di lenzuolo su una tavola impermeabile. Questo facilita lo scorrimento dello stampo e del cascio sulla lamina, permettendo il contatto tra il foglio di pasta e la superficie della lamina.

2 Coprite la lamina con un pezzo di lenzuolo non piegato, che formerà uno strato assorbente.

3 Disponete un pezzo di feltro in cima e spianate le grinze per non rischiare che si trasferiscano sulla carta. Versate acqua sull'intera lamina per aumentare il contatto tra il foglio e la superficie. La lamina deve essere umida, non inzuppata.

STACCARE UN FOGLIO

Agitate la tinozza prima di estrarre ogni singolo foglio, per mescolare la pasta e l'acqua e assicurarvi che la pasta non si depositi sul fondo. Cercate di realizzare i passi seguenti come un'unica azione omogenea.

1 Disponete il cascio sullo stampo e teneteli fermi con i pollici. Raggiungete il fondo della tinozza e, con un solo movimento continuo, spingete lo stampo e il cascio sotto la superficie e poi tirateli fuori.

2 Mentre iniziate a estrarre gli strumenti, tenete lo stampo e il cascio paralleli alla superficie dell'acqua. In questo modo la pasta si distribuisce in modo omogeneo sulla rete. Inclinando lo stampo si rischia che la pasta si accumuli solo in alcuni punti, ottenendo un foglio di cattiva qualità.

3 Sollevate lo stampo e il cascio con un movimento deciso, rompendo la tensione superficiale dell'acqua e scolando parte del liquido. Spostate delicatamente il cascio dallo stampo per evitare che sul foglio appena formato si depositi troppa acqua.

LACRIME DI TINOZZA

Se l'acqua gocciola sul foglio quando spostate il cascio – un difetto chiamato "lacrime di tinozza" – è necessario immergere di nuovo il foglio.

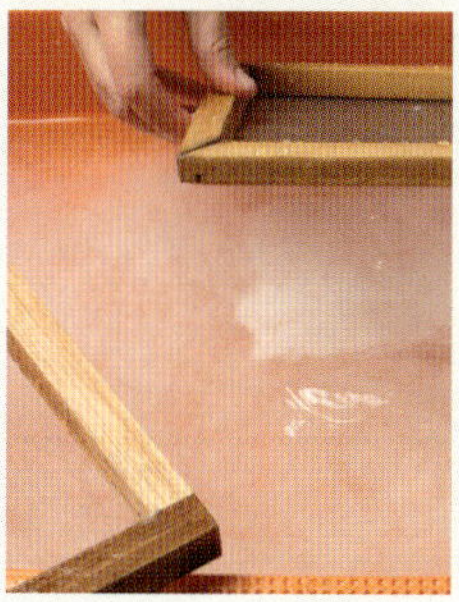

Tenete lo stampo sopra la tinozza con la pasta rivolta verso il basso. Con un movimento rapido e deciso sfiorate la superficie dell'acqua con lo stampo. La pasta si solleva e può tornare nella tinozza per essere riutilizzata.

STENDERE IL FOGLIO

Per trasferire la pasta dallo stampo alla lamina di feltro dovrete esercitare una certa pressione. Come quando staccate il foglio, cercate di realizzare la procedura come un'unica azione continua.

1 Appoggiate il lato lungo dello stampo sul bordo del panno più vicino a voi.

2 Rovesciate lo stampo sul panno fino a stenderlo completamente.

3 Premete con decisione i bordi dello stampo perché entri in contatto con il panno.

4 Continuando il movimento oscillatorio, sollevate il bordo inferiore e staccate lo stampo lasciando sulla lamina il foglio appena formato.

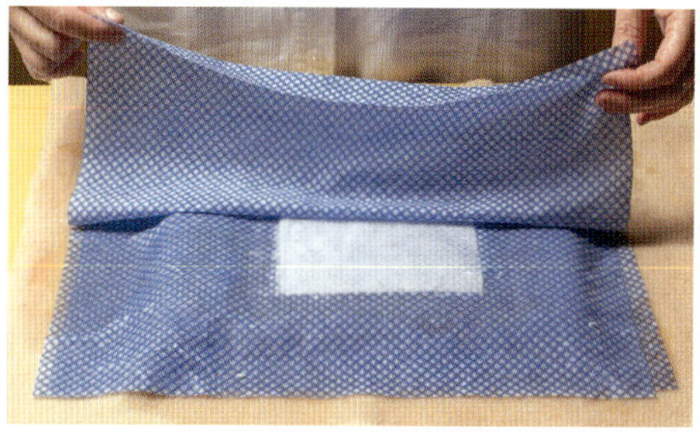

5 Coprite il foglio con due pezzi di feltro e ripetete l'intera procedura per formare un altro foglio. Coprite anche questo con due pezzi di feltro e continuate fino a formare una pila di fogli separati dal feltro.

6 Coprite la pila con un pezzo di lenzuolo e sistemate in cima una tavola impermeabile, preparandovi a pressare i fogli.

PRESSARE E ASCIUGARE

I FOGLI APPENA PREPARATI SONO FORMATI PER IL 96 PER CENTO DI ACQUA. PERCHÉ POSSANO INIZIARE AD ASCIUGARE, È NECESSARIO RIMUOVERE IN FRETTA PARTE DEL LIQUIDO.

PRESSARE

Il modo migliore per rimuovere l'acqua in eccesso consiste nel costruire una pressa che sprema l'acqua applicando una pressione decisa e omogenea: in questo modo le fibre della pasta si legano e creano un foglio più resistente. Ricordate che all'inizio l'acqua si riverserà fuori dalla pressa in quantità notevole. Alla fine del processo i fogli umidi dovrebbero essere abbastanza solidi da poter essere trasferiti nel luogo dove asciugheranno.

ASCIUGARE

Ciascun artista sviluppa un proprio metodo per asciugare la carta, adatto all'ambiente, ai materiali a disposizione e alle condizioni variabili del luogo in cui si lavora. La temperatura, l'umidità, lo spazio e il tempo sono tutti fattori da tenere presenti.

VEDI ANCHE

Preparare la carta, pagg. 146–147

METODI PER PRESSARE

Per spremere l'acqua potreste salire in piedi sulla pila di fogli e muovervi con la massima delicatezza per schiacciare bene tutti i punti. In alternativa applicate la pressione necessaria con morse a G o mattoni.

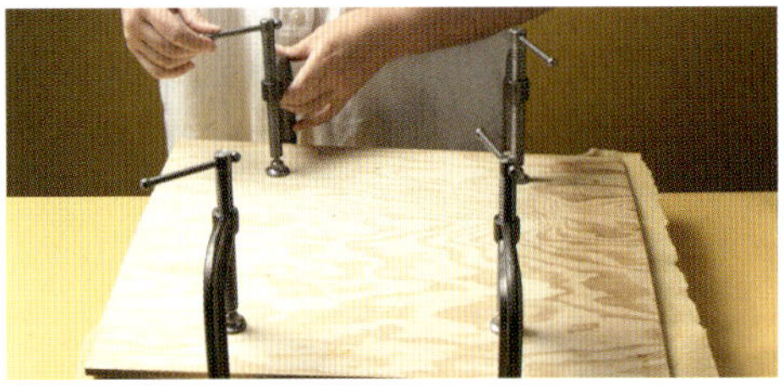

1 Fissate quattro morse a G intorno alle tavole disposte sopra e sotto la pila di fogli. Stringete le morse finché l'acqua smette di defluire.

2 Se non avete a disposizione delle morse adatte, usate oggetti pesanti, per esempio alcuni mattoni, come peso da applicare sulla pila.

METODI PER ASCIUGARE

Il luogo in cui i fogli vengono asciugati – appesi o stesi in orizzontale – determina anche la velocità del processo. Più l'ambiente è caldo, meglio è: potrebbe essere una stanza riscaldata o all'aperto sotto i raggi del sole. I fogli lasciati vicini a un termosifone asciugano in fretta, ma rischiano di piegarsi.

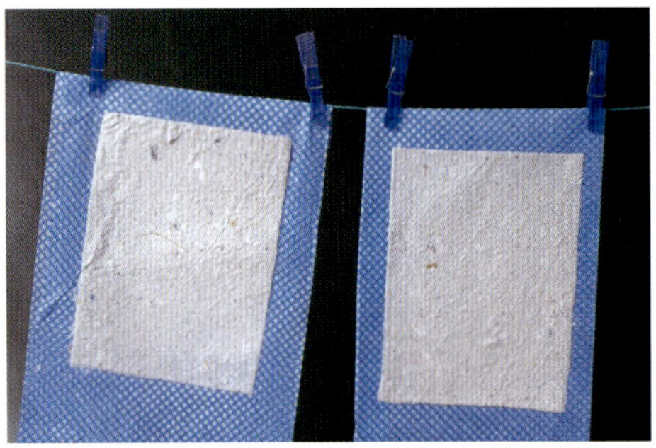

1 Per appendere i fogli, toglieteli dalla lamina afferrando il feltro sottostante. Piegate su se stesso un bordo del feltro e assicuratelo a una corda del bucato usando due mollette. Una volta asciutto, staccate con cura il foglio dal feltro. Stirate con il ferro caldo per appiattirlo del tutto.

2 Se preferite una superficie orizzontale, togliete il foglio dalla lamina afferrando il feltro sottostante e depositatelo sulla superficie liscia con il foglio rivolto verso il basso. Passate delicatamente un pennello asciutto e rimuovete il feltro. Lasciate asciugare in un luogo caldo per una settimana circa.

3 Quando il foglio è asciutto, usate il cutter per sollevare i lembi e staccare delicatamente il foglio. La faccia che era a contatto con la superficie sarà liscia e lucida, mentre quella asciugata dall'aria avrà un aspetto più grezzo.

TECNICHE DECORATIVE

UNA VOLTA ACQUISITA DIMESTICHEZZA CON LE TECNICHE BASE, LA CARTA FATTA A MANO PUÒ RAGGIUNGERE LIVELLI INESPLORATI DI CREATIVITÀ ARTISTICA. SPERIMENTANDO CON LE TECNICHE PER DECORARE LA CARTA POTRETE CREARE FOGLI PERSONALIZZATI CHE RIFLETTONO IL VOSTRO STILE O SI ADATTANO A IMPIEGHI PARTICOLARI.

VEDI ANCHE

Preparare la pasta di carta, pagg. 144–145
Preparare la carta, pagg. 146–147
Pressare e asciugare, pag. 148

TECNICHE DI AGGIUNTA: LAMINATURA

Questo processo consiste nel distendere due o più fogli uno sopra l'altro che, una volta pressati e asciugati, si legano insieme formano un unico foglio piuttosto solido. La difficoltà consiste nel disporre il foglio superiore nel modo desiderato: sovrapposto con la massima precisione, inclinato con una certa inclinazione o liberamente.

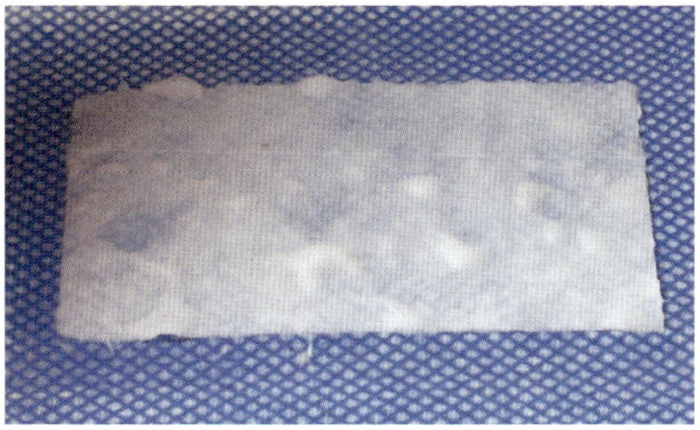

1 Preparate un foglio di carta con il solito metodo.

2 Per accertarvi di allineare con precisione il secondo foglio, appoggiate delicatamente il cascio sul foglio e segnate i bordi con spago o filo.

3 Spostate il cascio e depositate sul foglio una piuma, fiori, foglie o qualsiasi altro oggetto che volete laminare.

4 Preparate il secondo foglio stendendolo sul primo e servendovi dei fili come guida per la disposizione.

5 Sollevate con attenzione lo stampo e il cascio e pressate il foglio da solo, per evitare di goffrare il motivo decorativo sugli altri fogli.

IL FOGLIO LAMINATO

Le fibre della pasta di carta si sono unite e la piuma è racchiusa all'interno di un singolo foglio.

TECNICHE DI AGGIUNTA: INCLUSIONE

Prima di creare i fogli, è possibile aggiungere nella tinozza ogni sorta di piccoli oggetti: semi, fiori essiccati, lustrini, coriandoli, foglie di tè, fili e persino oli per profumare la carta.

IL FOGLIO CON INCLUSIONE

Questa tecnica consente un'infinità di esperimenti per provare numerose combinazioni di oggetti vari e curiosi.

1 Versate gli oggetti nella tinozza e mescolate bene per distribuirli in modo omogeneo.

2 Immergete lo stampo e il cascio e agitateli con decisione da destra a sinistra per distribuire gli oggetti sulla superficie del foglio. Proseguite con la solita procedura e lasciate asciugare il foglio su una superficie liscia.

TECNICHE DI GOFFRATURA

La goffratura è praticabile sui fogli ottenuti dalla fibra vegetale, anche se i risultati migliori si ottengono con la carta riciclata. La tecnica richiede un foglio spesso, quindi aumentate la percentuale di pasta di carta rispetto all'acqua contenuta nella tinozza.

1 Preparate un foglio spesso e pressatelo leggermente. Disponete sulla sua superficie una serie di oggetti la cui trama possa essere trasferita sul foglio e premeteli uno alla volta con forza.

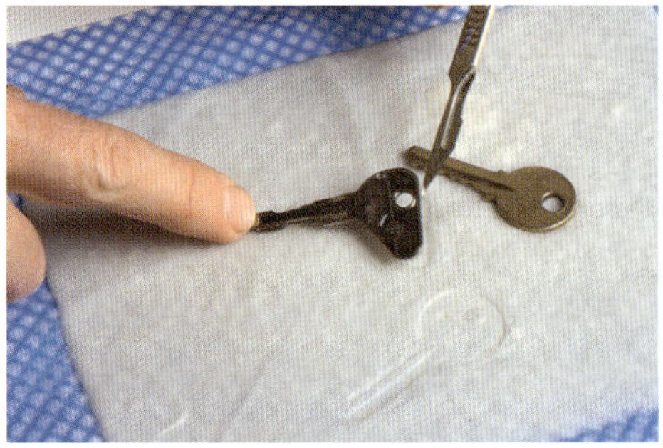

2 Sollevate delicatamente gli oggetti, se necessario usando un cutter per evitare di lasciare impronte sul foglio. Appendetelo ad asciugare.

3 Per realizzare la goffratura con la pressa, collocate gli oggetti sul foglio e coprite con numerosi pezzi di feltro e alcuni pezzi di lenzuolo. Procedete come al solito, ma cercate di limitare la pressione, perché gli oggetti rischiano di attraversare il foglio. Togliete gli oggetti e appendete ad asciugare.

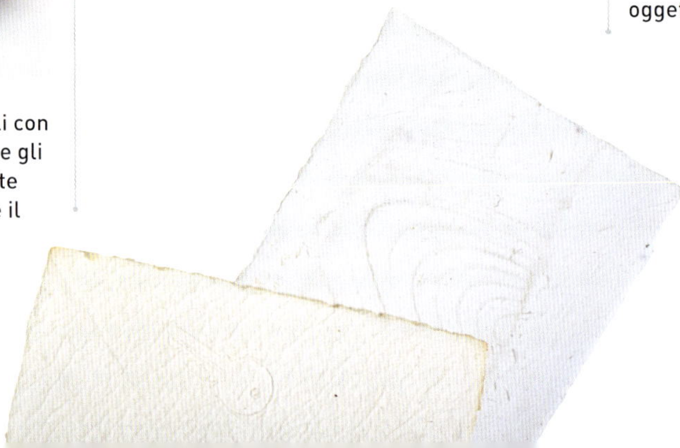

IL FOGLIO GOFFRATO

Qualsiasi oggetto con un profilo interessante, come chiavi, suole delle scarpe, pizzo, tessuti, può essere impresso sulla carta fatta a mano. I cavi elettrici sono particolarmente utili, perché potete piegarli portandoli ad assumere la forma voluta.

DIPINGERE CON LA PASTA DI CARTA

Per imparare ad applicare la pasta di carta con una pipetta serve un po' di pratica. Non bisogna essere troppo veloci, perché la pasta potrebbe rimuovere quella già applicata o rompere il foglio nello stampo. È consigliabile esercitarsi prima su un foglio di carta straccia asciutto. La pasta colorata, inoltre, va diluita per non intasare la pipetta. Fate una prova per verificare la densità della pasta e se necessario aggiungete acqua nella tinozza fino a ottenere la concentrazione adeguata.

1 Disponete uno stampo con un foglio appena fatto su un vassoio basso, per raccogliere l'acqua in eccesso. Collocate sul foglio alcuni stampi per biscotti, o oggetti simili, badando di non premere troppo; è sufficiente appoggiarli sulla superficie.

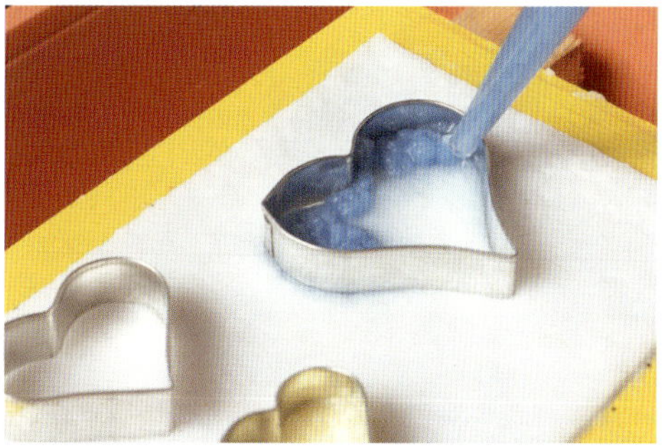

2 Con la pipetta assorbite la pasta di carta tinta e diluita. Posizionatevi sopra uno stampo e premete delicatamente per versare la pasta. Iniziate percorrendo il contorno dello stampo con la pipetta, quindi riempite il centro. Ripetete per gli altri stampi e colori.

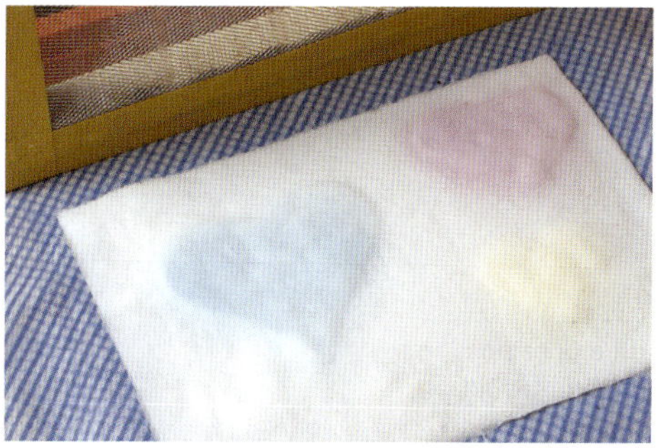

3 Spostate con attenzione gli stampi dal foglio e distendetelo. Sul rovescio del foglio si noteranno le forme colorate. Pressate leggermente e fate asciugare su una superficie liscia.

IL FOGLIO DIPINTO CON LA PASTA DI CARTA

Con questa tecnica si ottiene un effetto splendido e delicato.

RICETTE

REALIZZARE ESPERIMENTI CON LA PASTA FATTA A MANO È UN PROCESSO DIVERTENTE E CREATIVO; TUTTAVIA IMPARARE ALCUNE TECNICHE E COMBINAZIONI GIÀ AFFERMATE NON PUÒ CHE AVVANTAGGIARE L'ARTISTA ALLE PRIME ARMI.

RICETTE E TECNICHE

A partire dalle tecniche illustrate finora, le ricette e le tecniche decorative presentate in queste pagine sono già testate e forniscono un esempio di ciò che si può ottenere con la carta fatta a mano. Si tratta di un campionario essenziale nato dall'esperienza degli artisti e dal quale potete prendere spunto per sviluppare altre idee.

Ricordate che le ricette vanno usate in combinazione con le tecniche per preparare la pasta di carta e la carta e per asciugare i fogli, spiegate alle pagine 144–151.

VEDI ANCHE

Preparare la pasta di carta, pagg. 144–145
Preparare la carta, pagg. 146–147
Pressare e asciugare, pag. 148
Tecniche decorative, pagg. 149–151

CAMPIONI DI CARTA RICICLATA

Tempi diversi di preparazione della pasta di carta riciclata producono risultati finali variabili. Se la pasta viene frullata più a lungo, i fogli sono più lisci. Usando carta stampata, come in questo caso, la stampa sarà più o meno visibile. Sperimentate con il frullatore per ottenere la consistenza desiderata.

CARTA RICICLATA LISCIA (A)

- *Carta riciclata*
- *Acqua*

1 Immergete la carta nell'acqua e lavoratela nel frullatore per 20–30 secondi, con brevi scariche di potenza.

2 Risciacquate la pasta e formate i fogli con il solito metodo. La carta sarà liscia con lievissime tracce di inchiostro.

CARTA RICICLATA MEDIA (B)

- *Carta riciclata*
- *Acqua*

1 Immergete la carta nell'acqua e lavoratela nel frullatore per 15 secondi, con brevi scariche di potenza.

2 Risciacquate la pasta e formate i fogli con il solito metodo. La carta sarà liscia con alcune lettere visibili.

CARTA RICICLATA LEGGERMENTE GRUMOSA (C)

- *Carta riciclata*
- *Acqua*

1 Immergete la carta nell'acqua e lavoratela nel frullatore per 10 secondi, con brevi scariche di potenza.

2 Risciacquate la pasta e formate i fogli con il solito metodo. La carta sarà più grezza e presenterà parti di testo visibili.

CARTA RICICLATA MOLTO GRUMOSA (D)

- *Carta riciclata*
- *Acqua*

1 Immergete la carta nell'acqua e lavoratela nel frullatore per 5 secondi.

2 Risciacquate la pasta e formate i fogli con il solito metodo. La carta sarà molto grezza, con ampie parti di testo visibili.

CARTA DI CASA

In casa troverete fonti inesauribili di carta riciclabile. Tuttavia evitate le pagine troppo cariche di testo stampato, i documenti distrutti e i Post-it. Fate attenzione alle graffette.

CARTOLINE

- *1 tazza di cartoline strappate in pezzi da 8 x 8 cm circa*
- *2 tazze (500 ml) di acqua*

1 Scegliete cartoline di colori diversi per creare contrasti interessanti nella pasta di carta. Immergete i pezzi nell'acqua per 30 minuti, o più a lungo se la carta ha un rivestimento pesante.

2 Frullate metà della carta per 30–60 secondi, o più a lungo per ottenere una pasta più fluida.

3 Aggiungete la carta rimanente e frullate poco per ottenere macchie di colore.

4 Risciacquate la pasta e formate i fogli con il solito metodo.

SACCHETTI DI CARTA MARRONE

- *1 tazza di sacchetti di carta marrone strappati in pezzi da 8 x 8 cm circa*
- *2 tazze (500 ml) di acqua*

1 Immergete i pezzi di carta nell'acqua per 15–20 minuti.

2 Disponete diversi pezzi nel frullatore e lavorateli per 30 secondi.

3 Continuate a frullare aggiungendo la carta rimanente fino a ottenere un composto omogeneo e cremoso. La pasta di carta sarà marrone chiaro.

4 Risciacquate la pasta e formate i fogli con il solito metodo.

CONSERVARE LE PROPORZIONI

Nel sistema metrico decimale una tazza equivale a 250 ml. Quando è riferita alla pasta di carta, tuttavia, questa misura non è stata convertita. Per non incorrere in errori, si consiglia di utilizzare sempre lo stesso contenitore durante il processo di preparazione, poiché in questo caso le proporzioni sono più importanti del peso o del volume.

CARTA PIGMENTATA

I cartoncini colorati sono ricchi di pigmenti e basta aggiungerne pochi pezzi per colorare una tinozza di pasta di carta riciclata. Stabilite i tempi di lavorazione in base a come volete distribuire il colore: frullando a lungo si ottiene una colorazione omogenea; brevi scariche di potenza producono macchie di colore separate all'interno della pasta.

La carta velina ha un comportamento simile al cartoncino colorato, ma poiché si rompe più facilmente non va immersa nell'acqua per spezzare le fibre: solo per estrarre la tinta.

BLU GHIACCIO

- *4 fogli di cartoncino blu strappati in pezzi da 2,5 x 2,5 cm circa*
- *2 tazze (500 ml) di acqua*
- *1 tazza di pasta di carta riciclata*

1 Immergete i pezzi di cartoncino nell'acqua per 10–15 minuti.

2 Disponete il cartoncino bagnato nel frullatore in cui avrete già versato la pasta di carta. Frullate il composto per 2–5 secondi per ottenere una poltiglia con macchie di colore. Se preferite una tinta più omogenea, ricorrete a scariche di potenza più lunghe.

3 Formate i fogli con il solito metodo.

MACCHIE DI CILIEGIA

- *2 fogli di cartoncino rosso strappati in pezzi da 2,5 x 2,5 cm circa*
- *1 foglio di cartoncino blu strappato in pezzi da 2,5 x 2,5 cm circa*
- *2 tazze (500 ml) di acqua*
- *1 tazza di pasta di carta riciclata*

1 Immergete i pezzi di cartoncino nell'acqua per 15 minuti.

2 Disponete il cartoncino bagnato nel frullatore in cui avrete già versato la pasta di carta. Frullate leggermente il composto per 5 secondi. Assicuratevi che il cartoncino sia sminuzzato, ma conservi una discreta consistenza.

3 Formate i fogli con il solito metodo.

ROSA SHOCKING

- *1 tazza di carta velina fucsia in pezzi*
- *1 tazza (250 ml) di acqua*
- *½ tazza di pasta di carta riciclata*

1 Immergete la carta velina nell'acqua per 10 minuti.

2 Disponete la carta bagnata e il resto dell'acqua nel frullatore in cui avrete già versato la pasta di carta. Frullate bene per 5–10 secondi per ottenere una poltiglia omogenea di colore rosa acceso.

3 Formate i fogli con il solito metodo.

AGGIUNTA: LAMINATURE

Disponendo elementi decorativi su un foglio appena disteso, per poi coprirlo con un secondo foglio, potete creare deliziosi motivi sulla carta.

RICCIOLI

- *1 tazza di pasta di carta riciclata*
- *Filo da ricamo tagliato in pezzi di lunghezza diversa*

1 Stendete un foglio base di pasta di carta riciclata rosa.

2 Disponete riccioli di filo da ricamo su tutta la superficie del foglio, secondo un disegno di vostra scelta. Stendete un secondo foglio sottile sopra il primo.

3 Pressate e asciugate il foglio. Il risultato finale sarà un delicato motivo decorativo.

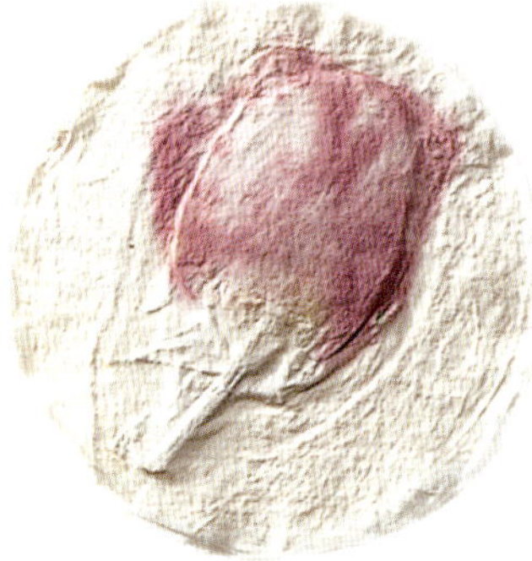

FIORE IN RILIEVO

- *1 tazza di pasta di carta riciclata*
- *Fiore voluminoso*

1 Stendete un foglio base di pasta di carta riciclata.

2 Disponete il fiore sulla superficie del foglio. Stendete un secondo foglio sopra il primo.

3 Per conservare l'aspetto tridimensionale, non pressate il foglio, ma lasciatelo asciugare all'aria.

FELCI A SORPRESA

- *1 tazza di pasta di carta riciclata*
- *Foglie di felce*

1 Stendete un foglio base di pasta di carta riciclata.

2 Disponete le foglie di felce sulla superficie del foglio. Stendete un secondo foglio sopra il primo.

3 Pressate e asciugate il foglio. Tenendolo controluce, il foglio rivela il tesoro nascosto al suo interno.

AGGIUNTA: INCLUSIONI

La carta fatta a mano e cosparsa di petali colorati o altri delicati materiali naturali è ricercata e apprezzata. Mescolando oggetti assortiti sulla base di un tema comune (colore, forma, dimensioni, specie) potrete ottenere infinite varianti.

CANNELLA E RAFIA

- *1 tazza di pasta di carta riciclata*
- *2 cucchiaini (10 ml) di cannella in polvere*
- *½ tazza di rafia tagliata in pezzi lunghi e sottili*

1 Versate la pasta di carta riciclata nella tinozza, aggiungendo acqua se necessario.

2 Mescolate la cannella e la rafia alla pasta nella tinozza usando la frusta elettrica.

3 Formate i fogli con il solito metodo. Il risultato è un foglio di un colore marrone caldo con tocchi di rafia.

MISTO DI PETALI

- *1 tazza di pasta di carta riciclata*
- *½ tazza di un misto di petali di garofano rosso intenso e petali viola*

1 Versate la pasta di carta riciclata nella tinozza, aggiungendo acqua se necessario.

2 Mescolate i petali e aggiungeteli alla pasta. Amalgamate con la frusta elettrica assicurandovi che si distribuiscano in modo omogeneo.

3 Formate i fogli con il solito metodo. I petali ricchi di pigmenti lasciano tracce nella pasta.

GERBERA ESSICCATA

- *1 tazza di pasta di carta riciclata*
- *⅛ tazza di petali di gerbera essiccati*

1 Versate la pasta di carta riciclata nella tinozza, aggiungendo acqua se necessario.

2 Mescolate i petali alla pasta di carta in modo omogeneo usando la frusta elettrica.

3 Formate i fogli con il solito metodo. I petali essiccati, asciugando, si scuriscono: in questo caso l'arancio originale è diventato un ruggine intenso.

GOFFRATURA

Utilizzando questa tecnica con gli oggetti di uso quotidiano, si può conferire alla carta fatta a mano una grande varietà di trame. I fogli così ottenuti si appendono alle pareti come decorazione, si applicano alle copertine dei libri (vedi pag. 80) o diventano carta per le belle arti.

GRAFFETTA

- *1 tazza di pasta di carta riciclata*
- *Graffetta grande*

1 Stendete un foglio appena fatto.

2 Piegate la graffetta nella forma desiderata e premete delicatamente sul foglio umido.

3 Riparate il foglio nel solito modo e schiacciatelo con un peso. Lasciate asciugare all'aria per 24 ore.

4 Togliete il peso e assicuratevi che il foglio sia completamente asciutto prima di rimuovere la graffetta.

FOGLIE

- *1 tazza di pasta di carta riciclata*
- *Foglie intere*

1 Stendete un foglio appena fatto.

2 Premete delicatamente le foglie sulla carta umida nella posizione desiderata.

3 Riparate il foglio nel solito modo e schiacciatelo con un peso. Lasciate asciugare all'aria per 24 ore.

4 Togliete il peso e assicuratevi che la carta sia completamente asciutta prima di rimuovere le foglie con attenzione.

INDICE ANALITICO

RINGRAZIAMENTI

Quarto ringrazia i seguenti artisti per la gentile concessione delle immagini riprodotte nel volume:

Anat Taler-Bar Am p.128bs, 132 *www.woodyloo.etsy.com*
Ann Davidson p.120–121b, 122b, 124bs
Anne Rizk p.77bs
Anne Willitts p.103bd, 108
Barbara Fletcher p.137a
Béatrice Coron p.112bs, 114bs
Bovey Lee p.113bd
Cecelia Louie p.93bd, 96b
Ellen Jackson p.102bs/bd, 103bs
Erika Takacs p.136, 140 (sp) *www.erikatakacs.com*
Evi Binzinger p.14a *www.artrovertiert.de; fotografia: Hubertus Schueler www.hubertus-schueler.de*
Gilad Aharoni p.15bs *www.giladorigami.com; progetto: Miyajima Noboru*
Hannah Brown p.15bd, 76bs/bd, 78 *www.han-made.net*
Heather Weston p.77bd
Heidi Reimer-Epp p.143bd *www.botanicalpaperworks.com*
Ingrid Siliakus p.10, 62bs, 64bs, 68r *http://ingrid-siliakus.exto.org*
Irma Irsara p.136bs, 138b, 139b *www.oleary-irsara.com*
Jeffrey Nishinaka p.62bd, 69b *www.jeffnishinaka.com*
Jemma Westing p.44bd, 45bd
Joanna Jedrzejewska p.128bd, 129bs *www.papier-mache.eu*
John Blackman p.28
Kathy Sawatzky p.143bs
Liat Binyamini Ariel p.137 *www.liatart.com*
Lizzie Thomas p.112ad *http://lizziethomas.co.uk*
Marc Kirschenbaum p.26 *http://origami.home.pipeline.com*
Matthew Shlian p.63bs/bd *www.mattshlian.com*
Miri Golan p.14b *photographer: Leonid Patrol-Kwitkowski, Eretz Israel Museum*
Nancy Winn p.129bd *www.nancywinnsundawg.com*
Patrick Gannon p.113bs *www.pgannon.com*
Paul Jackson p.6, 45bs, 106bs, 107bd *fotografia p.6: Leonid Padrul-Kwitkowski, Eretz Israel Museum; fotografia p45bs, 106bs, 107bd: David Birch*
Paul Johnson p.44bl
Renée Parker p.130, 131, 134 *www.reneezanceart.com*
Yulia Brodskaya p.92bl, 93bl *www.artyulia.com; fotografia: John Ross*

OPERE COMMISSIONATE
Quarto ringrazia i seguenti artisti per l'elaborazione di opere create appositamente per la nuova edizione del volume:

Ayako Brodek p.16–43
Fondatrice di OriCraft.com, in cui espone al pubblico gli origami di sua creazione, e autrice di Origami Jewellery (Search Press, 2007).

Jemma Westing p.58–61
Autrice di libri interattivi, lavora per un ampio ventaglio di clienti. Per approfondire la sua opera, visitate il sito www.jemmawesting.com.

Cecelia Louie p.92–101
Da sempre innamorata della carta, si è diplomata presso l'Emily Carr College of Art and Design di Vancouver, in Canada. Lavora come graphic designer e la sua passione è il quilling rivisitato con un tocco moderno. Per approfondire la sua opera, visitate il sito www.craftingcreatures.blogspot.com.

Anne Willitts p.108–111
Artista sensibile, ha lavorato con una grande varietà di tecniche, tra cui filatura e tessitura, ricamo, feltro e carta fatta a mano. Porta avanti lo studio dei tessuti e della carta arricchendolo con l'interesse per la combinazione dei mezzi espressivi e le installazioni 3D. Per approfondire la sua opera, visitate il sito www.annecreative.co.uk.

Lizzie Thomas p.118–119
Artista della carta, si ispira in particolare al modo in cui la carta viene utilizzata in Giappone nell'ambito della vita culturale e spirituale. Per approfondire la sua opera e commissionare lavori, visitate il sito www.lizziethomas.co.uk.

Alcuni dei materiali presenti in questa edizione riveduta sono apparsi per la prima volta nel volume *Encyclopedia of Papercraft and Origami Techniques* e delle tecniche con la carta di Paul Jackson, pubblicato anche con il titolo *Artistry in Paper*.
